Hannes Ringlstetter

Paris
New York
Alteiselfing

Wer berühmt werden und später als Rock'n'Roller die Welt eroben will, muss sich erst mal einen Namen machen. Da kommt man dann auch nach Alteiselfing. In die Provinz halt. Mittlerweile im Nightliner tourend, durchlebt Hannes Ringlstetter die letzten 25 Jahre mit ihren Höhen und Tiefen, mit all dem Lustigen, Traurigen, Schönen, und auch mal Ernüchternden. Er erzählt von den Anfängen mit der Blockflöte, ersten Auftritten und Erfolgen, vom Alleinsein und vom Aufgehobensein, von durchfeierten Nächten, großartigen Kollegen, zerplatzten Träumen und der schieren Lust, auf der Bühne zu stehen. Selbstironie, so weiß er mittlerweile, ist unverzichtbar, um im Rock'n'Roll zu überleben. Doch letztlich ist es für einen wie ihn die einzig mögliche Existenz und natürlich ein großes Glück, wenn es dann mal so wird, wie man sich das immer erhofft hat: »when dreams come true«.

Hannes Ringlstetter, geboren 1970, wuchs in Niederbayern auf. Er studierte Germanistik und Geschichte. Fertig. Zunächst nebenbei als Liedermacher unterwegs, gründete er Anfang der 1990er-Jahre die Band Schinderhannes. Seit 2005 tritt er mit seinen Musikkabarettprogrammen auf, seit 2013 geht er auch immer wieder mit Band auf Tournee. Neben seiner Bühnenarbeit hat er eine eigene TV-Show und arbeitet als Autor und Schauspieler u.a. als Yazid in der ARD-Kultserie ›Hubert und Staller‹. Er lebt sowohl in München als auch weit draußen auf dem Lande.
www.hringlstetter.de

Hannes Ringlstetter

PARIS
NEW YORK

ALTEISELFING

Auf Ochsentour durch die Provinz

dtv

www.hringlstetter.de

Tourdaten und News sowie Anfragen/Booking:
www.konzertagentur-friedrich.de

Originalausgabe
5. Auflage 2024
© 2015 dtv Verlagsgesellschaft mbH & Co. KG, München
Das Werk ist urheberrechtlich geschützt.
Sämtliche, auch auszugsweise Verwertungen bleiben vorbehalten.
Umschlagkonzept: Balk & Brumshagen
Umschlaggestaltung: Katharina Netolitzky
unter Verwendung von Fotos von Ingo Pertramer und
Catherine Ledner
Gesetzt aus der Concorde 9/12,75 pt
Satz: Bernd Schumacher, Friedberg
Druck und Bindung: CPI books GmbH, Leck
Printed in Germany · ISBN 978-3-423-26098-5

»Ich lasse mir doch von der Wahrheit
eine gute Geschichte nicht versauen!«
Frei nach Gandalf (›Der Herr der Ringe‹)

»I don't feel Rock 'n' Roll today.«
Jerry Lee Lewis

»Jeder Preis sucht sich seinen Träger.«
Gerhard Polt

»Augen starrrrr. Aufs Honorarrrrr.«
Chefgitarrist

»Letzte Woche war der Priol da, da war's voll!«
Hausmeister

»Was is denn mit unserer Jugend los?
Die hören Helene Fischer und den Gabalier!!!!«
Simon

»Shine On You Crazy Diamond!«
Pink Floyd

Inhalt

Vorbemerkung in Sachen Status quo 9
Drei Kinder, drei Flöten 12
Ein Russe fürs Gymnasium. Der Übertritt 14
Hinauf in den vierten Stock der Klassik 17
When Rock 'n' Roll comes to the Kinderzimmer 20
Und schon geht's den BACH runter 21
Qualtinger, Pumuckl und Reinhard Mey 25
Erster unbeholfener Versuch, ein Rockstar zu werden 28
Zweiter Schritt: Künstlernamensgebung 31
Dritter Schritt: Auftritt! Im Café National 33
Benötigt werden: ein Gitarrist und ein Fahrzeug 36
I don't feel Rock 'n' Roll today! 39
Das ist was für die Tauben: Proberäume 47
Hinaus in die Welt! When Rock-'n'-Roll-dreams don't come true … Die B85-Tour 59
Scarlett 65
Das Hendlmonster von Wiener Neustadt 70
I'm not from Austria 76
Der, mit dem die Hunde spielen 82
Ba-Ba-Banküberfall! Fast ein Skandal 83
Himmelfahrt! 85
Mach dich frei! I'm too sexy … 90
Paris. New York. Alteiselfing 97
Vor dem Ende ist nach dem Anfang 110
Solo! 114
Vienna calling? 115
München – jetzt also doch! 121
Schmerzensgeld 126
Winseln an der Luhe 137
Es lebe der Regionalrassismus! 140
Junge, komm bald wieder, nein: Fahr nie wieder hinaus! 143
Hamburg – du Perle 158

»Ich würde ja so gerne auf ner Nordseedüne sitzen –
und nicht schwitzen – aus allen Ritzen« 165
I took Berlin and Berlin took me oder: Michael Jackson,
Wolfgang Lippert und: Pamela Anderson! 174
Quatsch nicht! 178
DAS wäre Ihr Preis gewesen, Herr Ringlstetter! 181
»Vorsicht, Kopf!« Die Krone der Schöpfung:
der Hausmeister 187
Simon's speech 193
Sterbezimmer! 198
»So. Dann krieg ich hier von Ihnen
bitte noch ein Autogramm!« 203
Einfach nur: Oed 206
Kaffee, Kippen, Kopfhörer 210
Dank 216

Vorbemerkung in Sachen Status quo

Der erste Satz in einem Buch ist der entscheidende, hab ich mal gelesen, also wie wär's mit dem: Seit vierundzwanzig Stunden sitze ich jetzt schon mit meinem Hintern auf demselben Fleck. Auf La Gomera. Es ist Dezember und dieses Buch soll geschrieben und einiges, was mir wichtig ist von den letzten fünfundzwanzig Jahren Provinz-Rock 'n' Roll mit anschließendem Kleinkunsteinstieg, erzählt werden. Ich hab viele Geschichten im Kopf, einige hab ich schon angerissen, manche sind fast fertig, andere werden rausfliegen. Viel Zeit hab ich nicht mehr dafür. Aber das ist immer so und daran hab ich mich gewöhnt. Ohne Druck, das gebe ich zu, würde ich es eh nie hinkriegen. Typisch ist, dass zwar ich hier bin zwischen Bananenstauden, Orangenbäumen, Atlantikwellen, Althippies, Esoterikern, Heilpraktikerinnen, Musikern, Kabarettisten und Hängengebliebenen, aber mein Gepäck: nicht!

Vergessen worden. In München. Am Flughafen. »Kommt die Tage nach!« Aha. Also Unterhosen, T-Shirts, Zahnbürste gekauft und nun endgültig getrennt von jeglichem Komfort und Gepampertsein, was ja so eine Tour, wenn sie erfolgreich läuft, mit sich bringt. Hotels, Fahrer, jeden Abend wird gekocht, wenn auch meist eine Spur zu bürgerlich. Ich konzentriere mich aufs Spielen, Leute-Bespaßen, Kundenpflege sozusagen, Interviews; regenerieren, reisen, Massagen, essen, trinken, rauchen, telefonieren, mailen, schlafen, duschen, warten. Viel warten. Zu viel warten. Permanente Ruhe vor irgendwelchen Stürmen. Andauernd angezogene Handbremse und professionelle Kontrolliertheit, um dann irgendwann nach der Show den Adrenalinabfall zu bewältigen und in Ruhe was zu trinken, aber nicht zu viel. Früher hab ich gepennt wie ein Kleinkind, wenn ich Alkohol intus hatte. Vorbei. Ich schlafe am besten mit wenig oder noch besser ohne Alkohol im Blut. Leute sind um mich und mit mir verbunden, mein Tontechniker, seit 1997 machen wir schon gemeinsame Sache, mein Tourmanager, Fahrer und Backliner, den ich noch länger kenne. Ab und zu, wenn es das Budget hergibt, ist ein Keyboarder dabei, manchmal ein weiterer Begleitmusiker und alter Gefährte, der »Professor«, und mal eine ganze Band, alles Freunde, aus den letzten Jahrzehnten ins Jetzt mitgenommen. Wir fahren viel rum. Auf Tour sein kann ich, ich weiß, wie das geht, da kann ich die Balance halten zwischen Vernunft und Rock 'n' Roll, Schlafen und Wachheit, Ärger über Hotels und anderes Ungemach sowie Spaß haben und lustig sein müssen. Ich kann, und das möge jetzt nicht überheblich klingen: abliefern, ohne abgefuckt zu sein. Ich halte es relativ gut aus, fast permanent von Menschen umgeben zu sein, die was von mir wollen, aber es strengt mich an. Natürlich. Es ist harte Arbeit, diese Heimatlosigkeit. Und das Funktionierenmüssen, das ständige Gefordertsein, perfekte Shows zu zeigen, der hohe Anspruch an mich selbst machen das Ganze oft nicht »easier«. Kein Gejammer, einfach Fakt. Ein großes Glück ist, dass ich grundsätzlich die Menschen mag, am liebsten natürlich die, die in meine Liveshows kommen.

Wenn dann so ein Block vorbei ist: sechsundvierzig Shows, acht Drehtage sowie zwei bis drei TV-Shows, und das alles in zwei Monaten, dann, ja dann muss ich mich wirklich hinsetzen. Wenn ich Glück habe, geht es mir gut, meistens okay, selten, aber hin und wieder eben bin ich schon auch: LOST!

Mein Gepäck ist also nicht da. Keine Klamotten. Keine Ladegeräte, die Süßigkeiten von der Frau nicht, kein iPad. Nur eine Gitarre, ein Schreibbuch, ein Notizblock, ein Kugelschreiber. Das war's.

»Ich weiß ja nicht, was Sie jetzt machen, aber ich geh auf die Weihnachtsfeier«, sagt die Frau in der teuren Lost-and-found-Auslandsleitung, die eigentlich dafür sorgen soll, dass mein Gepäck hier mal eintrudelt. Lost-and-found. Bisher nur lost. Es hört nicht auf. Das Leben ist eine Geschichtensammlung. Jedenfalls meins. Hier sind jetzt meine. Ein paar davon.

Etwas muss ich aber vorab noch loswerden, schließlich geht

es in diesem Buch um Rock 'n' Roll, also die dritte Säule einer weltweit anerkannten Aneinanderreihung, die mit »Sex & Drugs« beginnt und vielleicht eine bestimmte Erwartungshaltung weckt. Wobei es eigentlich heißen müsste: Sex und Drugs = Rock 'n' Roll, so man den Lifestylebegriff meint und nicht die Musikrichtung. Rock 'n' Roll wird im Folgenden verwendet als Oberbegriff für das Lebensgefühl von Lautheit, Wildheit, Freiheit, Trunkenheit, Draufheit und Geilheit. Denn das ist ja das Wesen sowie die Botschaft des Rock 'n' Roll: OPEN YOUR MIND! Wie selbiges Menschen aus der (tiefen) Provinz gelingen kann, wird zu klären sein. Aber das sei vorweggenommen: Einstellungsmäßig stehen wir den Granden des Rock 'n' Roll in nichts nach, im Gegenteil.

Was den anderen Teil dieser Kombination anbelangt, »Sex and Drugs«, so will ich natürlich nicht den Duft des Gediegenen verbreiten, aber ich bin halt der Meinung, man muss nicht jede Eskapade jedes Mal ausschmücken, anders und somit noch ehrlicher formuliert: Der Leser kann stets davon ausgehen, dass sowohl bestimmte Substanzen als auch Phantasien sowie deren Umsetzung im erotischen Bereich beim Berufswunsch »Rockstar« eine Rolle spielten. Noch anders: Das Testosteron ist neben Straßen aller Art, Kippen, Bier und Elektrosmog ein stetiger Begleiter dieses Berufsbildes.

Ich mache mir jetzt einen Kaffee, rauche eine Zigarette und lasse einige der Anekdoten aus diesen fünfundzwanzig Jahren an mir vorüberziehen. Niederlagen, Siege, Lustiges, Trauriges, Schönes, Hartes, Banales. So oder zumindest so ähnlich passiert, und in jedem Fall immer Teil meines Lebens geworden. So viel also zum Status quo. Apropos: Die Band Status Quo hat ihr letztes Album und die dazugehörende Welttournee ›In Search of the Fourth Chord‹ genannt. Das ist extrem selbstironisch für eine Band, die über Jahrzehnte mit drei Akkorden auskam. Selbstironie ist übrigens die einzige Fähigkeit, die man wirklich braucht, um im Rock 'n' Roll zu überleben. Das mal dazu.

Drei Kinder, drei Flöten

Was für eine Idee. Hausmusik. Miteinander musizieren in der Familie. Musikalische Früherziehung heißt das, was ich genossen habe, wohl heutzutage. Und es wird pädagogisch gelobt. Man vergisst dabei etwaige Höllenqualen, die sich im Leben erst zu einem Zeitpunkt auszahlen könnten, wo das diesbezügliche Trauma bereits jeglichen positiven Effekt weggewischt hat. Kurz: Das Erlernen der C-Blockflöte, gern der Marke Moeck, ist eine unausrottbare Idee der Kindererziehung. Bei so viel kollektivem Leid ist es eigentlich unverständlich, dass es weiter und weiter geschieht, denn man müsste doch meinen, dass meine Generation spätestens bei den eigenen Kindern auf diese seelische Akustikgewalt verzichten würde, da sie selbst darunter gelitten hat. Aber weit gefehlt, auch heute noch höre ich in Nebenwohnungen und über der Straße Kinder abwechselnd flöten, tuten, heulen und den Holzstab mit Löchern drin gegen Wände knallen.

Weihnachten war der Höhepunkt des Jahres und der innere Widerstand so grenzen- wie sinnlos. Es wurde »In dulci jubilo« und »Ihr Kinderlein kommet« direkt in die Weihnachtskrippe hineingeflötet mit des Vaters Cembalobegleitung und dem einsamen Gesang der Mutter, denn von uns konnte keiner singen, da ja Flöte im Mund. Sopran, Alt, Tenor, dem Alter nach von oben nach unten wurden die Stimmen verteilt, ich hatte die Tenor, die große, an den Lippen, und vom Mögen war ich weit entfernt, vom Können leider nicht. Das ist das Problem mit den Talenten, dass wenn man sie hat, irgendjemand der Meinung ist, man müsse sie ausbauen, ohne Rücksicht auf Spaß und Leidenschaft; einfach nur, weil man sich nicht blöd anstellt, muss man es dann machen. Man sollte als Kind in solchen Dingen also Ungeschick zeigen, Lehrer zur Verzweiflung bringen, die Eltern gleich mit, bis sie einen im Turnverein anmelden, und dann hat man seine Ruhe vor der Überei und dem Pfeifen in den Ohren, das dreiflötiges, noch so richtig gespieltes Musikmaterial auslöst. Zumindest in meinen.

Wir Kinder wurden zu Auftritten in Kirche und bei Verwandtschaft zumeist in gleiche Kleidungsstücke verfrachtet, und schon sah das aus nach einem Trio, vom selben Stamme. Da auch meine Geschwister alles andere als untalentiert waren, dachte man sich von erzieherischer Seite wohl: Dann lass uns mehr daraus machen. Ich überlege gerade, ob man eigentlich von Tragik sprechen muss, dass das meine erste Band war. Ein Blockflötentrio. Moeck statt Fender.

Außer bei den Weihnachtshits ist die Musik für Blockflöten zum einen spärlich und zum anderen alt. Sehr alt. Alte Musik ist dann auch gleich der korrekte Fachausdruck, da, ja da haben sie noch geschrieben für diese Instrumente, später dann eher nicht mehr so viel, was nicht schlimm ist. Heute, hoffe ich, setzt sich kein Komponist mehr hin und verfasst Menuette und Ähnliches für drei bis acht Flöten. Bitte nicht. Falls doch, bitte ich diese Komponisten aufzuhören, wieder als Lehrer zu arbeiten, oder zumindest die Noten nie einem Verlag zu geben, denn was soll aus Kindern werden, wenn musikalische Früherziehung so endet, im Blockflötentrio.

Dabei war das Trio noch gar nicht das Ende der Karriere. Nein, ein Lehrer hatte im Bayerischen Wald eine Gruppe für mittelalterliche Flötenmusik gegründet, und da wurden wir hingefahren und eingepasst. Weitere Flöten, bis zu acht Stück, ergänzten unser Getröte, und weil das ja noch nicht reichte, stießen dazu mittelalterliche Instrumente wie Laute, irgendwelche falsch klingenden Hörner und Trommeln mit Schellen daran, um Rhythmus zu erzeugen, einen Rhythmus, zu dem nicht mal Justin Timberlake wüsste, was er darauf tanzen soll. Es kam zum Äußersten, denn das unselige Orchester wollte natürlich nicht nur im kleinen Kämmerlein blasen. Den Rest kann man sich denken, Scham machte sich in mir breit, bei jedem Öffentlichwerden der Kapelle, Scham, die sich so in mich hineinfräste, dass irgendwann Hass daraus wurde, Hass auf das gesamte Mittelalter und dessen Musik, so schlimm, dass Mittelaltermärkte und irgendwelche Leiern und Kettenhemden und eben Flöten aller Art bis heute bei mir Aggressionen der Stufe »Ich hätte Lust, in Polen einzumarschieren« auslösen. Irgendwann streikte ich, komplett, wollte nicht mehr in den Bayerischen Wald gefahren werden, nicht mit meinen Geschwistern und nicht allein, ich wollte nicht mehr hin zu dem Lehrer-Hippie-Mittelaltermann, der mit seinen Flöten-Lauten-Schellentrommeln-Arrangements fast meine gesamte gefühlte Musikalität vernichtet hat. Ich unterstelle ihm nichts, aber dass da keine Absicht dahinterstand, einem jungen Menschen das Musizieren zu verleiden, kann man bei Licht betrachtet eigentlich gar nicht glauben.

Ein Russe fürs Gymnasium. Der Übertritt

In Rechnen war ich in der Grundschule schon nicht wirklich talentmäßig gesetzt, später dann versaute mir Mathe jedes Zeugnis, jedes Wochenende und gern auch mal die Ferien, aber es reichte dennoch für den Wechsel von der Dorfgrundschule ans Gymnasium der Stadt, wo mein Vater Lehrer war. Die Konsequenzen aus dieser Tatsache sollten später in unserem Verhältnis zwar noch eine Rolle spielen, gehören aber nicht hierher. Mit zehn galt es, als Sohn des Gymnasiallehrers bei den Übertrittsfeierlichkeiten in der Aula der Grund- und Hauptschule Alburg einen Beitrag am Pianoforte vorzubereiten. Eines meiner ersten Solokonzerte also. Wenn man so will. Zusammen mit meiner Klavierlehrerin hatte ich ein Stück des russischen Komponisten Dimitri Schostakowitsch ausgewählt. Das war alles andere als leicht, eher schwer. Und es war relativ lang und hatte drei unterschiedliche Teile, die aber wiederholt wurden, an sich verändernden Stellen. Also komplex, zumindest für einen Zehnjährigen, der schauen muss, dass er die Finger überhaupt so weit auseinanderbringt, wie der russische Komponist auf seiner Taiga-Datscha das so aus seinen sicher langen, gelenkigen Tastengreifern rauskomponiert hat. Nach irgendwelchen Reden betrat ich also in meinem schicken Bühnenoutfit inklusive bereits damals verhasster Fliege die Grundschulbühne und ging zum Flügel, vielleicht auch nur zum Klavier, nahm Platz, das weite Elternrund verstummte, und ich begann mit der Darbietung des Stücks.

Ich habe immer auswendig gespielt. Nie nach Noten. Also zu Hause beim Üben schon, aber beim Vorspielen oder in konzertantem Umfeld nie. Eigentlich ein Wunder, dass ich ab diesem Tag nicht doch damit angefangen habe, oder vielleicht auch gerade nicht. Ich gab also den Wunderkindpianisten und spielte den Schostakowitsch, spreizte meine leicht angewursteten Fingerlein und vertuschte kleine Unsicherheiten mit dem Einsatz des Pedals. Ich kam problemlos, ja nahezu souverän bis zur ersten Wiederholung. Plötzlich gibt mein Grundschulhirn die Information in Sachen Tasten/Töne nicht mehr an meine Hände weiter. Kompletter Blackout. Ich habe nur eine Millisekunde Zeit in der Pause zwischen den Teilen – den einen hab ich soeben gespielt, an den anderen erinnere ich mich gerade nicht –, um mich zu entscheiden, wie ich mit dieser Situation umgehe. Ich kann hier aufhören, gut, dann ist das groß angekündigte Klavierstück vom Bub nach gefühlten zweiundvierzig Sekunden wieder beendet. Ich kann es noch mal bis hierher spielen und hoffen, dass ich dann an dieser Hürde in den richtigen Teil springe, oder aber ich mache jetzt einfach ganz was anderes, also irgendwas. Ich wusste damals gar nicht, dass das so heißt, aber die Lösung war natürlich: improvisieren. Das haben mein Körper und mein Geist irgendwie beschlossen, und ich habe bis heute das Gefühl, als hätte ich darauf gar nicht so viel Einfluss gehabt, es ist einfach passiert. Eine Stimme in meinem Kopf befahl: »Fühle russisch! Und spiel weiter.« Und ja, Babuschka, halt dich fest, ich fühlte russisch oder das, was mir so vorkam, und spielte weiter. Und wie. Meine beiden Hände griffen voll und mit leidenschaftlich von den Schallplattencovern großer Pianisten wie Rubinstein oder Horowitz kopierter Gestik in die linke, tiefe Tasten beherbergende Seite des Klaviers. Und ich ließ ein wahrlich beeindruckendes Bassgewitter meines Erachtens extrem russischer Art über die beeindruckten Mitschüler, Lehrer und Eltern hereinbrechen. Nur aus dem Augenwinkel sah ich meine Eltern in der ersten Reihe kreidebleich meinem Spiel lauschen, denn die kannten das Stück mindestens genauso gut wie meine Klavierlehrerin, meine Geschwister, unsere direkten Nachbarn, die zum Glück nicht anwesend waren, und ich selbst. Und da stimmte ja wohl im Moment so gar nix. Kein Ton nämlich. Geübt hatte ich es ja wirklich ausgiebig: über Wochen täglich stundenlang im Schweiße meines kindlichen Angesichts. Und jetzt spielte der Bub da einfach irgendwas in den tiefen Gefilden des Klaviers mit einem Showanteil in Sachen Körperlichkeit. Was genau deswegen niemandem den Verdacht in die Übertrittspublikum-Hirnmasse schraubte, hier könne etwas nicht stimmen. Eine Minute, vielleicht auch länger, wohl eher kürzer, dauerte das Spektakel, und plötzlich fiel mir wieder ein, wie der nächste Teil technisch ging. Alles war wieder da. Ich löste gefühlvoll das russische Maschinengewehrfeuer in einem Mollakkord in der Nähe der Tasten auf, die zum Weiterspielen nötig waren, und glitt wieder sanft hinüber in die Originalkomposition des Herrn Schostakowitsch.

Ach ja ... könnte man in Mathe improvisieren, dann hätte ich die nächsten Jahre auf dem Gymnasium nicht die algebraische Hölle durchlebt. Lieber hundert Mal in so einer Situation stecken als einmal im Zimmer völlig blank vor etwas sitzen, was mit »f von x« losgeht. Da ist nix mit Impro. Pythagoras und seine Bande dulden kein Gefühl. Auch kein russisches. Nebenbei: Schostakowitsch und meine darüber improvisierte Version waren so ein erster Vorgeschmack von Rock 'n' Roll. Denn das hatte schon Power. Also, die linke Hälfte des Klaviers, die hat definitiv was von Rock. Zumindest, wenn man sie emotional bearbeitet. Irgendwie.

Hinauf in den vierten Stock der Klassik

Obwohl das nach dem Übertritt von mir besuchte Gymnasium einen guten Ruf hatte und hat, war es in Sachen Musikunterricht ein Armageddon. Der Musiklehrer, leidenschaftlicher Leiter einer Bierzelt- und Prozessionsblaskapelle, war musikalisch gesehen feingeistig wie eine Kreissäge. Er spielte alles, was er spielte, nicht gut, das Klavier nicht, die Geige nicht, die Trompete nicht. Am liebsten ging er der Blaskapelle mit dem Dirigierstab voraus, und die Märsche hallten nur so über niederbayerische Dorfplätze, wenn er wieder mal gebucht war, um Fahnenweihen und Krieger- und Soldatenfestivitäten mit seiner 1-2-3-Musik zu beschallen. Er unterrichtete Zehnjährige an der Blockflöte und hatte den unvergleichlichen Spitznamen »Katzenfell-Toni«, da er sich wohl wegen eines Nierenleidens zur Erwärmung kritischer Körperstellen stets ein Fell umgebunden hatte. Während des Unterrichts verspeiste er gerne Äpfel aus dem eigenen Garten, auch gerne, während er zu uns sprach, wobei er das Kernhaus (den Butzen) in das Musiksaal-Waschbecken katapultierte und weiterhin unverständlich über Dominantseptakkorde und ähnliche musikwissenschaftliche Feinheiten vor sich hin brabbelte, die er, und das weiß ich heute, selbst nicht ansatzweise verstand und dennoch überzeugt an musikalisch zu verderbende Schüler weitergab.

Meine Klavierlehrerin hingegen hatte Ahnung von Musik, und sie wohnte direkt neben dem Gymnasium. So war mein Weg vorgezeichnet. Raus aus der Schule, hinein ins zweifelhafte Vergnügen des Klavierunterrichts. Ich quälte mich jahrelang die Altbaustufen hinauf, packte meine Noten aus, hatte dieses ungute Gefühl, sicher nicht genügend geübt zu haben, setzte mich auf den Klavierhocker, und schon schwebte diese stilvolle Dame, die in jüngeren Jahren wohl mal die großen Konzertsäle bespielt hatte, herbei, nahm neben mir Platz und dann wurde gearbeitet: an Fingersätzen, der Körperhaltung (»Früher hat man den

Klavierschülern einen Stock hinten in die Hose gesteckt, damit sie gerade sitzen!«), an Trillern, an der Schnelligkeit der linken Hand (bis heute meine Schwachstelle), an Stücken von Beethoven, Schubert, Schumann, Chopin, Schostakowitsch und Béla Bartók. Zwischendurch wurde ich durch die unsäglichen Etüden von einem gewissen Herrn Czerny »gepeitscht«, die jedem Klavierschüler das Leben versauen. Ich habe sie gehasst, und sie haben es in regelmäßigen Abständen geschafft, mir das Klavierspiel zu verleiden. Aber Lady Piano bestand darauf zwecks Technik und Training. Czerny ist quasi das Medizinballtraining des Pianisten. Jahre später habe ich in Wien in einem Beisel einen extrem versoffenen Typen unfreiwillig kennengelernt, der auf mich zustürzte und mir ins Ohr lallte: »Weißt du, wer ich bin? Wer ich bin? Haha … Ich muss überhaupt nix arbeiten, mein ganzes Leben lang, verstehst, und weißt du, warum? Ich bin der Czerny-Erbe, haha!« Und dann fuchtelte er mit seinem Rotweinglas, das an dem Tag sicher bereits Vorgänger im zweistelligen Bereich hatte, vor meinem Gesicht herum: »Die ganzen depperten Klavierschüler, die seine Etüden spielen müssen, sorgen dafür, dass ich mich anständig besaufen kann. Das ist geil, oder?« Antworten konnte ich darauf nicht. Mein Hass auf Czerny allerdings wurde durch diese Begegnung zwanzig Jahre nach dem Ende meiner Klavierschülerzeit noch einmal angefacht und potenziert.

Klar wollte ich ab meinem dreizehnten Lebensjahr keine klassische Musik mehr spielen. Meine Klavierlehrerin hat das zunächst ignoriert. Irgendwann kam sie dann mit Béla Bartók um die Ecke, was natürlich auch klassische Musik ist, aber halt nicht älter als hundert Jahre. Doch das meinte ich natürlich nicht, als ich immer wieder darum bat, mal »etwas Modernes« spielen zu dürfen. Kurz bevor ich dann hinschmiss, hatte sie sich erweichen lassen und ein Heft mitgebracht, auf dem ›Boogie-Woogie Piano‹ in geschwungenen Lettern stand. Wir begannen uns gemeinsam Boogie-Woogie zu erarbeiten; dass das nicht ihre Welt war und sie wahrscheinlich genauso viel üben musste wie ich, ahnte ich schon damals irgendwie. Tatsache ist, dass der Zug da bereits abgefahren war. Wenn man zehn Jahre lang neben einer Dame sitzt, die eigentlich im 19. Jahrhundert lebt und die Möbel in der Wohnung hat, die demselben Jahrhundert entstammen, dann passt da halt ein Boogie-Woogie nicht dazu. Er war ein Fremdkörper. Der Boogie. Und von Woogie war auch nichts zu merken, wenn wir am Klavier versuchten, wie lässige schwarze Zwanzigerjahre-Pianisten zu grooven. Wer normalerweise Czerny übt, der groovt nicht.

Sie hat mir dennoch viel beigebracht. Die Schubert-Regel etwa: »Hör keine schlechte Musik, sonst machst du schlechte Musik!« Das hab ich mir gemerkt. Auch wenn wir beide Unterschiedliches darunter verstanden, denn dass da Led Zeppelin dazugehören könnte, davon ist Lady Piano sicher nicht ausgegangen. Wenn sie die überhaupt kannte. Sie hat mir auch immer wieder erzählt, wie irre der Schumann war: Um den schwachen Ringfinger fürs Spiel zu stärken, hat er ihn an einem Faden an der Decke oder am Türgriff festgemacht und gezogen und gezogen, bis er Muskulatur aufbaute. Solche Methoden, und da bin ich wahrlich froh, hat sie nie bei mir angewandt, aber allein das nahezu beiläufige Erzählen solcher Maßnahmen führte immerhin dazu, dass ich ein passabler Klavierspieler geworden bin, der nur leider mit dem Erreichen der Pubertät alles sein wollte, nur eben kein klassischer Klavierspieler. Mit fünfzehn war es aus und vorbei. Ich bin raus aus meiner letzten Klavierstunde und dachte, ich habe es jetzt überstanden und muss nie wieder üben. Denn ich war bereits erweckt.

When Rock 'n' Roll comes to the Kinderzimmer

Ich glaube, es war mein vierzehnter Geburtstag. An meinem Geburtstag war ja nie im engeren Sinne »was los«, insofern kann es auch der fünfzehnte gewesen sein oder es war gar nicht mein Geburtstag, sondern einfach so, unterm Jahr. Jedenfalls war es ein Besuch mit Folgen. Weitreichenden, das kann man so sagen. Es ist auch nicht zu hoch gegriffen, von Erweckung zu sprechen. Ausgelöst hat sie der Besuch eines Freundes, der Oberministrant war. Heute ist der Mann Pfarrer. Was übrigens alle Theorien, dass die Rockmusik vom Teufel käme – sehr verbreitet war diese Ansicht in den ländlichen Siebzigern und Achtzigern –, in das Reich der Fabeln verweist, denn es war in meinem Falle ein heiliger Mann, der mir die Rockmusik ins Kinderzimmer brachte.

Er lieferte mir den Stoff, aus dem fortan meine Träume waren. Pink Floyd: The Wall. Vier Seiten Schallplatten voll mit von mir bislang ungehörten Klängen, Aussagen, Bildern und Rhythmen. Ich habe kein Album öfter gehört als dieses, ich kann es immer noch nahezu auswendig, und das Gitarrensolo von »Comfortably Numb« hat mich hinwegkatapultiert aus allem, was bisher war, und es hat mich weit entfernt von alldem, was bis zu jenem schicksalsträchtigen Tag elternfremdbestimmt in meinen Ohren war: Chopin, Schubert, Mozart, Beethoven. Ich saß auf dem Boden meines Zimmers, die Hand an der Plattennadel, wenn wieder eine Seite durchgelaufen war, und von vorne, beide Scheiben, alle vier Seiten. Seite drei wurde die Lieblingsseite, und ich war erleuchtet.

Die ganze Überei und die Erweckung fanden in meinem Elternhaus statt in einem niederbayerischen Dorf, das in meiner Kindheit der Stadt Straubing eingemeindet wurde. Unser Haus lag genau gegenüber vom Dorffriedhof.

Der war kalt. Gut, Friedhöfe sind gemeinhin nicht der Ort für Wärme und Geborgenheit, das liegt zum einen in der Natur der Sache, zum anderen daran, dass man sie vornehmlich im Winter besucht. Also eigentlich die dort liegenden Verwandten. Für mich als Ministrant war das ganze Jahr Friedhofsaison und ich habe über Jahre alles mitbeerdigt, was in unserem Dorf auf welche Art auch immer zu Tode kam. Wenn man nämlich aus akut traurigem Anlass eine Beerdigung buchen musste, bekam man das Sterbe-Allround-Paket mitgeliefert. Drei bis vier Blechbläser, rudimentäre weibliche Teile des überalterten Kirchenchores, den Pfarrer, die Ministranten, zwei stark alkoholisierte Sargträger und wenn man als Lebender dem Krieger- und Soldatenverein angehört hatte, dann noch Böllerschützen, die ihre Kanonen direkt vor dem Friedhof aufgebaut hatten und auf ihren Einsatz warteten, um den Toten ins Jenseits zu schießen. Pikanterweise immer auf das Stichwort »Ruhe in Frieden!«. Pafffff! Pafffff! Pafffff! Dann hat's richtig gekracht, sodass Hunde bellten, Katzen sich verkrochen, Vögel das Weite suchten, Kinder weinten und alte Frauen dachten, der Krieg ist zurück. »Alte Kameraden« wurde gesungen. Schaurig. Traurig. Falsch. Ich glaube, dass bei mir der Ausdruck »in sich hineinlachen« mit genau diesem Erlebnis kombiniert ist, denn laut rauslachen ging aufgrund des Anlasses nicht und gar nicht lachen ging auch nicht. »Alte Kameraden« von Frauen gesungen, ist schon mal nicht ganz der richtige Ansatz und dann so falsch. Alte Frauen, die singen, werden als Kriegswaffe hoffnungslos unterschätzt. Blockflötentrios nicht unähnlich.

Und schon geht´s den BACH runter

Schluss und aus mit Klavier. Ich hatte keinen Bock mehr, im Dachzimmer meines Elternhauses auf einem hundertzwanzig Jahre alten Tasteninstrument zu üben, denn ich pubertierte enorm und wollte sicher nicht Pianist werden und im historischen Rathaussaal meiner Heimatstadt auftreten, ich hatte schließlich Jimi Hendrix gesehen und gehört, Béla Bartók sollte bitte endgültig aus meinem Leben verschwinden, genauso wie die Czerny-Etüden, und Schumanns »Album für die Jugend« war jetzt auch nicht mehr mein Poesiealbum. »Stairway to heaven« statt »Mondscheinsonate«. Meine Erzieher akzeptierten meinen Rückzug notgedrungen, aber die Schlüsse, die sie daraus zogen, waren nebulös.

Kalter Rauch. Schummriges Licht. Finstere Gestalten in seltsamen Gewändern. Nein, hier ist nicht von einem abgefuckten urbanen Club die Rede, sondern von der Stiftskirche St. Jakob in Straubing. Eine stattliche Basilika, in der ich auch schon der Messe gedient hatte, mit einer beachtlichen Kirchenorgel. Der Organist der Kirche sollte auf Wunsch meiner Eltern die letzte Chance wahrnehmen, mich irgendwie der klassischen Musik und ihren positiven Einflüssen zu erhalten. Indem ich alle vierzehn Tage zur Orgelstunde zu erscheinen hatte. Sakrales Umfeld schien ihnen wohl notwendig, wenn es mit mir nicht komplett den Bach runtergehen sollte. Bach. Den und andere mathematisch angehauchte Tastenkomponisten versuchte mir mein Orgellehrer näherzubringen. Ich war in erster Linie an dem Generalschlüssel für die barocke Basilika und für das Orgelmonstrum interessiert, denn so konnte ich auch nachts meinen musikalischen Allmachtsfantasien nachgehen. Eine große amtliche Kirchenorgel, die laut und durchdringend anschwillt und den heiligen Raum durchflutet, ist schließlich das Stalingrad unter den Musikinstrumenten. Keine E-Gitarre, kein Doublebass-Schlagzeug, kein kreischender Heavy-Metal-Sänger, nicht einmal meine Schwester, wenn sie Geige übte, generiert Dezibel eines Ausmaßes, wie eine voll aufgerissene Kirchenorgel es kann. Der Bespieler muss für diesen Effekt nicht mal viel können. Es reichen ein paar einfache Akkordgriffe mit beiden Händen, dazu mit den Füßen das nötige Bassdröhnen, und fertig ist der »Alles Orgel!«-Effekt. Ein paar standardisierte Stücke reichen völlig. Ich hatte keinen ernstzunehmenden Ehrgeiz, dieses Instrument zu beherrschen. Ich wollte von seiner Wucht beherrscht werden. Mir reichte das Gefühl, alles zum Beben zu bringen, was nicht niet- und nagelfest war. Der Jesus am Kreuz und die Heiligen in ihren Nischen sollten erzittern unter meinem Spiel, wenn ich alle Register zog.

Da das Instrument größer ist als ein Einfamilienhaus und somit im privaten Umfeld nicht einsetzbar, musste dies in einem über zwölf Monate feuchtkalten Raum geschehen. Worin unter anderem die soziale Problematik des Kirchenorganisten liegt, der nahezu autistisch, dauerunterkühlt, auch im Sommer in einen dicken Wintermantel gehüllt, nur vom ewigen Licht schemenhaft beschienen, laute Wirkungsmusik erschafft, bei der ihm in der Regel niemand zuhört. So nachts. Wenn dann mal alle heiligen Zeiten außerhalb der Gottesdienste, wo sich seine Tätigkeit im Drücken der elektronischen Liedanzeige und im Begleiten eines stets schleppenden Laienchors erschöpft, ein Orgelkonzert auf dem kulturellen Gemeindeplan steht, sitzen die Menschen einige Meter unter der Empore mit Blick nach vorne Richtung verwaisten Altarraum. Und hat er nach eineinhalb Stunden das Konzert endlich in eine Party der Pfeifen verwandelt – so er das Glück hat, in einem Gotteshaus zu spielen, das über einen anständigen Kirchenorgelsound verfügt und nicht über ein verstimmtes dudelsackähnliches Geflöte –, folgt ein verhaltener, der Stätte angemessener Applaus, den er in luftigen Höhen entgegennimmt. Sprich: Wenn es endlich um den Organisten geht, sind seine Fans so weit von ihm weg, dass er nach der Show von diesen nicht mal erkannt wird. Also noch weniger als der Schlagzeuger einer Rockband, der verdeckt zwischen Becken und Kesseln sitzt. Merke: Ohne Erkennen keine Anerkennung. Warum meine Erzieher den Gedanken, dass ich zum Organisten tauge, nicht gleich verworfen haben, verstehe ich bis heute nicht, denn bei einer nur minimalen Kenntnis meiner Psyche hätte klar sein müssen, dass ein Instrument, das eigentlich so sehr zur Show taugt, aber so einsam eingeübt wie dargeboten werden muss, nix für mich sein kann. Nebenbei ist eine meiner körperlichen Schwächen die schwach ausgeprägte Koordination von Händen und Füßen. Weshalb ich ein unterdurchschnittlicher Sportler bin und untauglich zum Schlagzeugspiel und halt auch nicht geeignet, die Sprossen der Organistenkarriereleiter zu erklimmen.

Meine letzte Orgelstunde hat dann auch gleich gar nicht stattgefunden. Ich hatte sie wie schon einige zuvor heimlich abgesagt, um mich stattdessen in einem Lokal namens »Cairo« mit Bier, Ramazzotti, Freunden und Freundinnen zu beschäftigen. Nun hatte ich es an diesem Abend alkoholisch mehr als übertrieben, kam besoffen und zu spät nach Hause, wo mich des Vaters Pädagogik empfing.

Er: »Wo warst du?«

Ich: »Orgelstund!«

Den Schlussvokal »e« verschluckte ich in der Erwartung des Bevorstehenden.

Er: »Warum stinkst du dann so nach Rauch!?«

Ich: »Ja, Kirche halt … Weihrauch!«

Eine zugegebenermaßen grenzwertige Lüge.

Er: »Und warum stinkst du nach Alkohol!?«

Ich: »................«

Die Version, mich in der Sakristei mit Messwein betrunken zu haben, schied aufgrund von nicht zu überbietender Dreistigkeit sogar für mich aus.

Er: »Also, wo warst du!?«

Ich: »Orgelstunde!«

Diesmal immerhin mit Schlussvokal.

Er: »Gut, dann gehen wir zwei jetzt zum Klavier und du spielst mir vor, was du heute gelernt hast.«

Also hoch. Ins Klavierzimmer. Zwei Stockwerke. War das schon nicht einfach. Die Bach'schen Noten verschwammen vor meinen Augen und geübt hatte ich auch schon ewig nicht mehr. Wenigstens ging's ohne Einsatz der Füße ab. Über eine Stunde (vielleicht auch nur zwanzig Minuten, wer will das bei meiner Raum-Zeit-Kontinuum-Wahrnehmung in dem Zustand schon so genau wissen) ließ mich der Erzieher an den Präludien und Fugen scheitern, bis beschlossen wurde, was mir von Anfang an klar war: Schluss mit dem Georgel. Es hat keinen Sinn. Der pubertäre Lebenshunger macht weitere Investitionen in ein der hohen Kunst gewidmetes Leben sinnlos.

So war sie wohl jetzt wirklich abgewendet, die klassische Karriere. Ich kaufte mir auf Ratenzahlung sofort ein Keyboard: Roland E-15. Dieses Gerät würde heute zu Recht nicht mal mehr zur Verstärkung einer Tanzkapelle durchgehen, in den Achtzigern fungierte es aber als Synthesizer, aus dem plötzlich wirklich jeder was Vernünftiges herausbrachte, ohne tastentechnisch groß was können zu müssen.

Jedenfalls erlaubte mir dieses Teil den Einstieg in meine erste Band. Dass der Roland E-15 auch eine Taste hatte, die Kirchenorgelsound erschuf, tröstete mich schnell über den Verlust der majestätischen Kirchenmomente hinweg, wobei dieser »Church Organ Hall Sound« natürlich für jede vernünftige Kirchenorgel eine Beleidigung darstellte. Mir war's wurscht. Das Keyboard würde mir sicher ermöglichen, bald auf Bühnen zu spielen, wo die Menschen vor einem stehen und einen anschauen. Vielleicht sogar bejubeln. Dass man dafür auch üben musste, sollte ich noch erfahren.

Qualtinger, Pumuckl und Reinhard Mey

Zur Ehrenrettung meiner Erzieher muss hier dringend ausgeführt werden, dass neben dem kompletten Portfolio der klassischen Musik von Praetorius bis ›Peter und der Wolf‹, von Orchesterwerken über Solokonzerte bis hin zur Musik von mittelalterlichen Gambenspielleuten auch die gehobene Unterhaltung in unserem Familienhaushalt nicht zu kurz kam. Fernsehen fand bei uns allerdings nicht statt, abgesehen von dem pädagogisch wertvollen ›Neues aus Uhlenbusch‹ und hin und wieder den Vätern der Klamotte namens ›Dick und Doof‹. Im Radio lief klassische Musik und mal am Samstagnachmittag zum Reparieren des Fahrradschlauchs ›Heute im Stadion‹, Fußball zum Hören auf Bayern 1. Auf diesem Sender kam um 19 Uhr das ›Betthupferl‹, was hin und wieder dazu führte, dass wir Kinder freitags das anschließende Telefonwunschkonzert noch wach erlebten. So erfuhr ich, dass es »da draußen« Schlager und ähnliches Zeug gab, das Rockigste im Bayern-1-Wunschkonzert waren der frisch entdeckte Howard Carpendale und Simon & Garfunkel. Härteres drang in der niederbayerischen Provinz nicht zu mir durch. Denn Rockmusik lief auf Bayern 3, wie ich später mal durch Zufall beim Rumdrehen am Radiogerät herausfand.

Das zwar spärlich, aber doch konsumierte Entertainment reduzierte sich bei uns zu Hause auf drei damals aktuelle Vertreter der deutschsprachigen Unterhaltungsbranche. Auf Schallplatte in einer Holzkommode hatten wir: Alle ›Meister Eder und sein Pumuckl‹-Folgen, die es seinerzeit zu erwerben gab, alle Singles der Reihe ›Travnicek‹ von Qualtinger/Bronner und die 1972 erschienene Doppel-LP ›Live‹ von Reinhard Mey. Pumuckl weckte in mir den Anarchisten, und selbst mein Vater konnte über den Kobold lachen, was bewies, dass tief in ihm vergraben sehr wohl einer steckte, den er aber aufgrund pädagogischer Notwendigkeit geheim hielt. Der unsichtbar war. Wie der Pumuckl. Qualtinger faszinierte mich in seiner wienerischen Larmoyanz, die Stücke waren so tiefgründig, bösartig und sprachgewaltig und zogen mich immer wieder in ihren Bann. Meinem Vater gefiel auch das, somit verfügte er offensichtlich über einen besseren Humor als über den, den er gemeinhin mir gegenüber an den Tag legte. Bei Reinhard Mey fesselten mich die Sprachtiraden, die Geschichten und überhaupt die Liveaufnahme aus dem alternativen Berlin der frühen Siebziger, und dass mein Vater ihn gut fand, war ein Indiz, dass er sehr wohl auch von einer Gitarre erfreut werden konnte, die keine Renaissancemusik von sich gab. Reinhard Mey ist zwar weder Pop noch Rock noch

Punk, doch erschloss er mir ein Fenster in eine Welt außerhalb von Kirchen und historischen Konzertsälen, und ich bekam eine Ahnung davon, dass die verrauchte Protestsong-Kneipe meinem Vater doch nicht ganz fremd war, auch wenn ich davon nichts mitbekommen habe. Jetzt, wo ich etwa das Alter erreicht habe, das mein Vater damals hatte, stelle ich nicht ohne leichte Verwunderung fest, dass die Kombi Pumuckl/Qualtinger/Mey, also eine anarchistisch-humorige Darbietung von Unterhaltung mit Gitarre, meine berufliche Tätigkeit eigentlich trefflich beschreibt. Nur darf sie aufgrund des Nichtraucherschutzgesetzes nicht mehr in verquarzten Kaschemmen stattfinden. Und ich sag mal so: Qualtinger und Pumuckl als Vorbilder sind wahrlich nicht die schlechtesten, und sich mit Reinhard Mey beschäftigt zu haben, lehrt zum einen, dass man jahrzehntelang ausverkaufte Konzerte spielen kann, ohne im Fernsehen aufzutreten und alles mit Plakaten zuzuballern, und es ermöglicht einem weiterhin klugzuscheißern: »Die wenigsten«, so tut man zu gegebener Stunde kund, »wissen, wie erfolgreich Reinhard Mey unter dem Künstlernamen Frédérik in Frankreich ist, mindestens genauso wie als Reinhard Mey im deutschsprachigen Raum.« Dann erwähnt man sein bekanntestes Chanson,

»Christine ma belle,
ma douce, ma jolie
je chante pour elle
et pour elle je ris ...«,

um extrem gescheit in der Werkanalyse fortzufahren: »Ja, das ist die Christine, die auch in ›Ankomme Freitag, den 13., um 14 Uhr, Christine‹ Erwähnung findet, seine damalige Freundin nämlich.« Bis heute punkte ich mit diesem Wissen in Gesprächsrunden von Pädagogen und anderen Gutmenschen. Klar, in lässigen Rock-'n'-Roll-Kreisen macht man mit der Nummer keinen Stich. Mein Lieblingslied von Reinhard Mey war neben »Kaspar« und »Ich wollte wie Orpheus singen« der »Antrag auf Erteilung eines Antragsformulars, zur Bestätigung der Nichtigkeit des Durchschriftexemplars ...«. Und das sag ich auch auf die Gefahr hin, jegliche Rock-Credibility einzubüßen: Das ist immer noch lustiger als die meisten Songs, die heutzutage von einigen Comedians mit Hilfe von Playback-CDs gewaltsam in Stand-up-Programme eingefügt werden. Also: Reinhard Mey ist schon ein bissl ein Rocker. Nein isser nicht. Aber »Über den Wolken« hat jeder mal gesungen, und sei er noch so ein harter Kerl. Die meisten Helden, die ich kenne, wissen den Text sogar auswendig.

Erster unbeholfener Versuch, ein Rockstar zu werden

Rockstar. Jetzt. Wann sonst. Weg von der Orgel, dem Klavier, den langweiligen Räumen der Klassik, den Kirchen, den Vorspielzimmern, den Spießern im Anzug. Jetzt gilt's.

Dass meine Darbietung unter dem ästhetischen Aspekt eine Bereicherung für den Abend war, bezweifle ich. Im Nachhinein. Aber da es der erste Auftritt meines Lebens mit einer »Band« war und ich, in Sachen TV bekanntlich unterversorgt, nicht wusste, wie Rockstars sich a) kleiden und b) mitsamt der Kleidung so lässig bewegen wie benehmen, verzeihe ich mir die Idee, über den Jeans nur einen weinroten Alternativsweater zu tragen. Doch damit nicht genug, ich hatte ihn mir über den Kopf gezogen und ließ ihn hinten runterbaumeln, weshalb ich rücklings vollbekleidet und mit Stoffwurst am Nacken die Bühne zierte, von vorne allerdings meinen damals noch glatten und über weite Teile nackten Oberkörper dem überschaubaren Publikum schwitzend entgegenreckte. Ich also hinterm Keyboard stehend und an der zweiten Stimme mich mühend, beim ersten öffentlichen Auftritt von Silent Running (SR) mit meiner Beteiligung. Im Jugendzentrum von Straubing (SR). Wow. Dort hatte ich vorher alle meine lokalen Helden schon gehört. Einfürst. Godot. Und ein paar andere Krawallbands mit Mittelstand-Punk-Charakter. Gage? Natürlich keine. Spezi, Bier und Semmeln. Schließlich war das ein öffentlich gefördertes Jugendzentrum in der Provinz und kein Rockclub, hier würde niemals jemand wirklich Bekannter auftreten. Kein Hendrix, keine Led Zeppelin, schon gar keine Pink Floyd. Der Sozialarbeiter vor Ort, der neben Problemjugendlichen und »Zigeunern« die dort auftretenden Bands betreute, oft fiel auch beides zusammen, war der Sepp. Ein grummelnder, filterlos rauchender, gutherzig verschrobener Freak in unseren Augen, der sprachlich dem Bayerischen Wald zuzuordnen war, in seinem Verhalten auch. Wenig Worte. Klare Pragmatik, immer hilfsbereit, wenn jemand was brauchte, aber auch schroff, wenn jemand offensichtlich nur zu faul war, etwas selber zu machen. Dass sich einer blöd anstellte, mochte er gar nicht, für blöd verkauft werden noch weniger. Dass der Sepp der Papa vom Till ist, meinem späteren Münchner Kleinkunst-Förderer und Freund, hat sich erst fünfundzwanzig Jahre später herausgestellt, als ich in eines seiner Cafés einmarschierte und da saß der Sepp, mit Bier und filterlos rauchend. Der Till und ich müssen uns zu Jugendzeiten schon oft über den Weg gelaufen sein, aber ich hoffe inständig, dass er an besagtem Abend nicht im Jugendzentrum war, denn der Auftritt lief meinerseits alles andere als optimal, und das leider nicht nur optisch. Einer der Höhepunkte des SR-Konzertes sollte »School« von Supertramp werden, wo ich nicht nur das tragende Instrument spielte, sondern auch den Solopart hatte. Bekanntlich zeigt sich beim Soloteil eines jeden beliebten Stückes die Qualität des Instrumentalisten. »Grand Piano 1« hieß der Sound, den ich auf dem Synthesizer drücken musste, um dann mit nacktem Oberkörper richtig abzugehen. Der Sound war okay, das Timing auch, ich spielte alle Noten richtig, aber wie von Geisterhand stimmte sich der Synthie, während ich die Tasten schlug, Halbton für Halbton nach unten. Was erst noch wie ein cooler Effekt rüberkam, entwickelte sich zu einer haarsträubenden Performance. Irgendwie war der Strom »nicht sauber«, wie das Ende der Achtzigerjahre hieß, jedenfalls hörte sich mein Spiel erst nach Free Jazz, dann nach Postmoderne oder von mir aus sogar nach Avantgarde an, schlussendlich war es einfach nur falsch und klang schlicht scheiße. Vor allem aber hatte es mit dem ursprünglichen »School« von Supertramp leider gar nichts mehr zu tun, was das Publikum noch überschaubarer werden ließ, und die, die blieben, beobachteten meine verzweifelten Rettungsversuche (wie am Kabel wackeln), die allesamt scheiterten. Es kann einen bei seinem ersten Konzert nicht schlimmer treffen, als eben an den Stellen, wo man prominent hörbar ist, so richtig abzukacken. Es sei denn, man hat noch dazu seine Eltern nicht informiert, in meinem Falle wohl eher ihnen nicht gestanden, dass man statt zu Ministrantenstunden immer in die Bandprobe gelaufen ist, somit in einer Band spielt, die im anrüchigen Jugendzentrum einen Auftritt hat. Und die Presse ist da, macht Fotos und veröffentlicht in der elterlich abonnierten lokalen Tageszeitung ausgerechnet das Bild, auf dem der Herr Sohnemann mit schwitzendem, nacktem Oberkörper zu sehen ist, mit einem Arm in der Luft und einem ekstatischen Blick in Richtung Publikum/Kamera. Das hat geschepppert, das hat gesessen, als es nach dem Mittagessen bei Vaters Zeitungslektüre aufgeflogen ist. Verbot. Nie wieder. Willst du dein Leben in diesem Sumpf von Alkohol, Drogen und lauter Musik zubringen? Mit so vielen Talenten? Ja, wollte ich. Und genützt hat die ganze Verbieterei natürlich nichts, ich war trotz meines totalen Untergangs bei meiner ersten »Show« infiziert vom Rock 'n' Roll. Oder was ich dafür hielt.

Als die Band sich bald danach auflöste, startete mein Vater doch noch einen allerletzten Versuch, mich irgendwie auf die richtige musikalische Bahn zu lenken, und schenkte mir zu meinem sechzehnten Geburtstag eine Gitarre. Eine spanische Konzertgitarre natürlich, denn er dachte, dass ich mir dieses Instrument mit Lehrer und Noten draufschaffen und damit reüssieren würde. Das war ein großer Irrtum, alter Herr, und doch eigentlich meine Rettung. Mit Reinhard Mey im Hinterkopf. Ich habe nie eine Gitarrenstunde genommen, ich habe mich hingesetzt und gespielt und gespielt und gespielt, bis ich die Lieder konnte, die ich können wollte, nicht mehr und nicht weniger. Und das handhabe ich bis heute so. Ich posierte vor dem Spiegel in meinem Zimmer, lernte das Anfangssolo von »Shine On You Crazy Diamond« von Pink Floyd, das einzige Gitarrensolo, das ich bis heute »kann«, und auch da nur den Anfang, und ich begann Lieder zu schreiben, kleine, schlechte, in die Zeit passende Betroffenheitslieder, und ich hatte sie überall dabei, die Gitarre, auf Meditationswochenenden der katholischen Kirche genauso wie zu Mädchen-beeindruck-Wochenenden am Erdl-Weiher, dem Baggersee unserer Jugend. Zerstört wurde sie auch relativ zügig, wie sich das für eine Rockgitarre gehört. Ein frisch verliebter Freund fuhr mit seiner 50er-Zündapp in einer feucht-fröhlichen Baggersee-Nacht einfach drüber. Sie starb nicht in einem brennenden Verstärker, sie starb unter den Reifen einer Zündapp. Angeblich geschah die Vernichtung unabsichtlich und hatte nichts damit zu tun, dass ich sein junges Liebesglück durch das Absingen nahezu aller Hits aller Austropop-Sänger und selbstverständlich von »Lola, Lololololoooola« oder »If I Had a Hammer« penetrant störte. Angeblich. Also kein Rockstar, so vom Verhalten her. Eher leicht nervige 80er-Jahre-Liedermacherattitüde.

Zweiter Schritt: Künstlernamensgebung

Diese verlief völlig anders, als man erwartet oder vielleicht meinen möchte. Ja, ich komme aus einem Deutsch-und-Geschichte-Lehrerhaushalt, und ja, ich habe mich ein Jahr, nachdem ich mir einen Künstlernamen zugelegt hatte, für die gleichen Fächer wie mein Vater an der Uni Regensburg eingeschrieben und dieses Studium nach vierzehn Semestern mit einem Magister Artium abgeschlossen; und dennoch ist die historische Figur des

Schinderhannes, des Räubers mit Bande aus dem Hunsrück, nicht die Inspiration für den über zehn Jahre an mir haftenden Künstlernamen gewesen. Ich habe ihn einem Sänger in diversen Straubinger Hardrock- und Punk-Bands zu verdanken. Unübertroffen übrigens meiner Ansicht nach der Song »Die Queen von Wien« seiner Band Godot. Ich habe mit ihm Zivildienst gemacht, wir hatten viel Spaß, und einmal ist es uns beiden gelungen, an einem Freitagnachmittag ins verwaiste Büro zurückzukehren und jeweils nach einem Unfallbericht im Schreibtisch vom Chef zu suchen. Mich hatte es nahe dem Stadtpark aus der Kurve getragen und somit war ich mit überhöhter Geschwindigkeit an einem Baum gelandet, und der Sozialkollege war einem in der Donaugasse stehenden Auto mit knapp über siebzig hinten draufgefahren. (Vorher waren wir beim Griechen gewesen, aber das tut hier nichts zur Sache.) Er wurde nach dem Zivildienst der Partner meines zu dieser Zeit noch erfolgreich die Schule abbrechenden und somit arbeitslosen Managers.

Wir spätpubertierenden Gestalten verrichteten unseren Zivildienst im Bereich der Altenpflege und taten dies sehr aufopfernd. Allerdings hatte ich einen besonders renitenten Greis zu betreuen, der diverse aufmunternde Versuche meinerseits, ihn zu waschen, mit Schreien und körperlicher Gewalt unterband. Immer wieder. Über Wochen. Dieser Kerl war der Beweis, dass Menschen, nur weil sie alt sind, nicht nett sind. Wem Altersmilde kombiniert mit Weisheit in fortgeschrittenen Jahren beschieden sein soll, muss in der Jugend schon mal der Selbstkritik über den Weg gelaufen sein. Sonst wird man im Alter stur, böse, bitter, nervig und anstrengend. Meine Theorie. Der da war genau so ein Exemplar. Und da hatte halt meine christlich eingebläute Nächstenliebe mal Pause.

»Du bist so ein Schinder, Hannes«, rief der Sozialkollege aus dem anderen Raum, und ich wusste in diesem Moment: Das soll auf den Plakaten stehen. Das ist lustig und wild, und natürlich kam mir dann der historische in den Sinn, aber vor allem in der Verfilmung mit Curd Jürgens, die ich niemandem empfehlen kann, außer vielleicht die Stelle, wo der dramatische Abschied Einzug hält ins traute Liebespflänzchen-Heim. Draußen ist es kalt, sehr kalt, es schneit, und dann – wenn man genau hinschaut, Richtung Fenster – sieht man, wie die Schatten der Hände eines Filmsetpraktikanten Kunstschnee am Fenster entlangrieseln lassen. Super Moment. »Deswegen habe ich mich Schinderhannes genannt«, das würde ich, clever wie ich bin, antworten, müsste ich ein Interview für die ›Zeit‹ geben. Musste ich aber bis jetzt nicht.

Schinderhannes wurde später auch der Bandname und er verfolgt mich regelrecht, obwohl ich mich schon zehn Jahre nicht mehr so nenne und nicht genannt werden will. Ruft heute einer »Schinder«, werd ich schlagartig müde. Die anstrengenden Jahre standen ja nun erst bevor, insofern war der Name schon richtig, es sollte eine rechte Schinderei werden. Das mit dem Rock 'n' Roll. Wenigstens war ich jetzt ein Liedermacher mit einem leicht wilden Namen. Na ja.

Dritter Schritt: Auftritt! Im Café National

Was für ein würdiger Name. Wäre das Café in Paris, New York, London oder Barcelona beheimatet gewesen. In allen Fremdsprachen hört es sich nach einem Ort des Stolzes, ja paradoxerweise nahezu nach Internationalität, sogar Boheme an. Café National: Das klingt nach wirklicher Bedeutung, nach teuren Heißgetränken mit einem Schuss edlen Brandes, nach Schauspielerinnen mit zu rotem Lippenstift, nach Schriftstellern mit Federkiel, nach verruchter Intellektualität.

Das Café National in Straubing, Niederbayern, war in den Sechzigern, Siebzigern und ein bisschen noch in den Achtzigern des vorherigen Jahrhunderts sowie Jahrtausends ein Tanzcafé. Schwofen, Bier trinken, schlechte Schlagermusik, untalentierte

Bewegungen. Dann, in den Achtzigern, begann unter der Kanzlerschaft des »Weiter so!«-Helmut Kohl das große Wegziehen aus der Provinz oder wahlweise das Zu-Hause-hocken-Bleiben und Glotzen. Kneipen, Wirtshäuser und eben auch ländliche Tanzcafés machten der Reihe nach zu. Wurden entweder zu Discos, zu Boutiquen, zu Burger-Läden oder zu Gewerbe-/Wohneinheiten. Provinz-Gentrifizierung gewissermaßen.

Das Café National war schon eine Zeitlang dicht, da übernahm es jemand, der »nicht von da« war, das hatte sich herumgesprochen. Natürlich und gerade auch bis zu meinem Manager in spe. Der hatte den neuen Besitzer schon kennengelernt, er hatte ja Zeit und ein Händchen für problematische Geschäftspartner. Wir sollten uns mit ihm mal zusammensetzen, meinte er, und weihte mich noch ein, es handle sich um einen Italiener, einen echten Don. Dass die gefährliche italienische Mafia an abgehalfterten Straubinger Tanzlokalen interessiert sein sollte, hielt ich für unwahrscheinlich, also trafen wir uns.

In irgendeinem Hinterhof.

Er erschien. Er trug eine schwarze Sonnenbrille, schwarze Lederstiefel, einen langen schwarzen Mantel und ging an einem schwarzen Gehstock mit silbernem Knauf. Vollglatze. Ein Pizza-Kojak in mafiösem Look und dieses gebrochene Italienisch sprechend, das man nur bis in die späten Achtziger zu hören bekam, denn dann begann ja das Zeitalter der Integration.

Manager in spe und der Mafia-Don machten große Pläne ihrer künftigen Zusammenarbeit. Sie wollten die Stadt »aufmischen«, das war der Tenor. Und ausgerechnet ich sollte die erste Veranstaltung des neuformierten niederbayerisch-italienischen Geschäftsgespanns geben. Ich. Einen ganzen Abend lang. Allein. Ja, der »Schinderhannes« war jetzt bühnenreif. Ich hatte gerade mal fünf Stücke, bissl Gelaber, also netto nicht mehr als dreißig Minuten anzubieten, aber das störte weder den Manager in spe noch den Paten noch mich. Das würde schon werden. Es würde ja eh keiner kommen. Da war ich mir relativ sicher.

Es war die erste Nichttanzveranstaltung im National, ein linker Liedermacherneuling mit fünf Stücken, wenn das nicht genau die passende Wiedereröffnung dieses Ladens werden sollte. Die Abendkasse machte ein ehemaliger Schulbanknachbar von mir, und der Vorverkauf lief wohl eher so unter der Hand.

Es kamen zweihundert Leute, ich musste jahrelang warten, bis sich meinetwegen wieder einmal so viele Leute aufmachten. Ich spielte meine fünf Nummern und laberte drauflos, und ich glaube, es war so schlecht nicht, es war, würde man heute sagen: unbeschwert, spontan, mutig. Und: Es war ja sonst nicht viel los in Sachen Kleinkunst, in Straubing. Das half.

Gleich am Eröffnungsabend kam ich in den Genuss von Groupies, welche thematisch gleichfalls dem Rock 'n' Roll zuzuordnen sind. Diese Ersterfahrung fiel terminlich mit einer weiteren zusammen, kurz: Ich hatte Sex – das erste Mal so richtig. Mit einer Besucherin, also einem Groupie, die mich verführte. Sie war zehn Jahre älter und hatte es drauf angelegt. Auf der Rückbank ihres Ford Escort und vor dem Haus meiner Eltern wollte sie es wissen. Maikäfergleich verlor ich meine Unschuld und gewann wesentliche, nahezu zukunftsweisende Erkenntnisse über das Leben eines Bühnenstars.

Manager in spe und ich waren nach dem Erfolg dieses Auftritts der Überzeugung, dass man diesen Abend als »Startschuss« zu bewerten habe. Für eine Karriere in der Größenordnung Fredl Fesl, Ringsgwandl, Söllner. Das war der Plan. Er machte sich also ans Booking. Die Ausläuferzeit der Anti-WAA-Bewegung schien wie gemacht für einen Liedermacher mit kritischen, aber auch alltagsbeobachtenden Werken, den Begriff Musik-Kabarett gab es damals so noch nicht, zumindest war er uns nicht bekannt, aber der im Stall gehaltene Bühnengaul durfte jetzt raus. Endlich. Studium, mal sehen. Jetzt geht's erst mal ab. »100 pro!«, wie man damals so schön sagte. Manager in spe organisierte tatsächlich ein paar Auftritte, vielleicht zwanzig, für hundert, zweihundert, höchstens mal bei einer Partei: vierhundert Mark.

Ein echter Mann war ich jetzt endlich auch, also was sollte da noch schiefgehen.

Im Café National hat nie wieder eine Veranstaltung stattgefunden, glaube ich, der Mafiaboss war so schnell weg, wie er gekommen war, und er spielte in der Mafia nicht wirklich eine Rolle, ich habe ihn jedenfalls nie in einer Doku über die Mafia, und ich habe einige gesehen, wiedererkannt.

Wahrscheinlich betreibt er mittlerweile in Bologna eine »Bar Nazionale« mit gehobenem Interieur und Operettensängern, die von Tisch zu Tisch gehen.

Benötigt werden: ein Gitarrist und ein Fahrzeug

Der Manager in spe war jetzt wirklich mein Manager und kassierte von »allen Einnahmen« eine Provision, ich gab ihm wahrheitsgetreu den Namen Mister 30 Prozent. Und er kannte den Hansi. Der wurde mir praktisch dringend anempfohlen. Um das Projekt qualitativ zu steigern. Der Hansi war eigentlich Landschaftsgärtner und eben Hobbygitarrist mit Ambitionen. Er hauste in einem Nest zwischen Straubing und Regensburg. Da hatte er sich in einem Bauernhof eingemietet, und das Klo war im Freien. Hansi stammte aus einer kinderreichen Familie Nähe Rosenheim mit einem landwirtschaftlichen Betrieb, insofern schien dieser Lebensraum für ihn wie geschaffen. Er rauchte Gauloises-Tabak, wahlweise Schwarzer Krauser und nie: mit Filter. Neue Plakate wurden gedruckt, der Wahnsinn nahm seinen Lauf und nahte mit: Schinderhannes und Hansi. Hannes und Hansi. Gut. Das hätte auch in eine Volksmusikshow gepasst so vom Namen her, und »Liedermacherduo« klingt natürlich auch nicht wirklich sexy. Aber macht definitiv mehr her als ein Blockflötentrio …

Hansi war kein wirklich guter Gitarrist, aber allemal besser als ich. Also: Aufwertung auf der Bühne. Weiterer Pluspunkt: Er wollte nicht sprechen. Im Alltag schon nicht viel, aber auf der Bühne gar nicht. Das war perfekt. Denn ein Sidekick kann nicht schaden, gerade wenn er still ist, und ermöglichte mir, die Show auszudehnen, ohne an neuen Liedern arbeiten zu müssen. Wir spielten ein paar Auftritte, was nicht so leicht zu handeln war, da wir beide kein Auto hatten. Deshalb musste uns immer Mister 30 Prozent fahren, was aber wirtschaftlich nicht lange gut ging, denn wir verdienten schon nix, und der Erlös vom Manager landete im Sprit. So kaufte ich nach durchzechter Nacht bei Toni, einem Stadtplatz-Schreiner-WG-Hippie, in höchst bedenklichem Zustand mein erstes Auto. Einen Audi 80. Für fünfhundert Mark. Was mir alleine zu teuer war. Also überzeugte ich den Hansi, dass er sich doch am Bandgefährt beteiligen möge. Also ich zweihundertfünfzig, er zweihundertfünfzig, und der rote Schlitten aus Ingolstadt mit akustisch ausgefeiltem Auspuffgeräusch war unser. Somit hatten wir ein Tour- und »Sich gegenseitig zum Proben besuchen«-Fahrzeug. Der Audi hatte alles, was man dafür braucht, er fuhr, relativ zuverlässig, hatte ein Radio mit Kassettendeck, in dem eine Kassette mit dem Austria-Hörspiel-Klassiker ›Watzmann‹ vor sich hin eierte, Handschuhfach und Aschenbecher.

1990 sind wir mit dem Karren sogar nach Berlin gefahren. Zum Jahrhundertereignis und biografisch zu einer echten Zäsur. Zur Vereinheitlichung der beiden deutschen Staaten wurde in Berlin am Potsdamer Platz ein Rockspektakel abgehalten: ›The Wall‹ von Pink Floyd. Unter der Leitung von Roger Waters zwar, dem mir nicht so sympathischen Teil der gesprengten Band, aber in diesem Fall: egal. Das wirklich wichtige Ereignis für mich dabei war diese spezielle Wende: Da ging meine Jugend zu Ende. Sie begann irgendwie mit ›The Wall‹ und hier hörte die Geschichte auf. Oder sie begann. Zum ersten Mal in unserem Leben durchquerten wir im eigenen Auto den Osten der Republik. Mein Kumpel und unser »Mischer« Martin und noch die ein oder andere Person auf der Rückbank, fuhren wir zu dieser Geschichtsstunde. Und dann gleich mit dem abgerocktesten Fahrzeug des Kapitalismus. Was ihm nämlich irgendwie abhandengekommen war, war ein Tankdeckel. Das heißt, der Bolide verlor Sprit. Super verbleit. Jeder Trabbi behielt seine Ostblock-Takter-Mischung, der Wertarbeit-Audi: nicht. In jeder Linkskurve (da wird einem ja gleich politisch ums Herz) schwappte ein halber Liter auf die Ruckelpiste durch Thüringen, Sachsen und Brandenburg. Bis Berlin. Wir übernachteten im Tierpark, verspeisten Dosenravioli vom Campingkocher, der Sound war beschissen, dreihunderttausend Leute auf staubigem Boden, Marihuana in der Luft und in unseren Lungen, Bürgermeister Momper wurde ausgepfiffen, Ute Lemper sang sich in mein Herz und meine Hose, Cindy Lauper trällerte betroffen hinterher, und ich konnte eh jeden Text, da musste ich nix hören. Guter Sound wird überschätzt bei Sachen, die man kennt, ist allerdings nicht zu unterschätzen bei Sachen, die man nicht kennt. Das nebenbei.

Irgendwann auf der Rückfahrt war's dann genug mit dem Spritverlust. Ich stopfte fachmännisch eine Plastiktüte in den Tankstutzen. Das dichtete perfekt ab und hat auch gehalten. Also Berlin und zurück hat er noch gepackt, der rote Audi 80. Dann aber zersetzte sich langsam, aber sicher der Motor durch die vom Benzin aufgelösten Plastikpartikel.

Das Auto hatte auch vorher schon Auflösungstendenzen gezeigt, woran der Hansi nicht unbeteiligt war. Die Herangehensweise war seinem Gitarrenspiel nicht unähnlich. Hansi also wollte in seinem Bauernhauskabuff ein Regal aufstellen, für Schallplatten nehme ich an, aber es fehlten ihm zwei Muttern. Selbige fand er nach ausgiebiger Recherche an der Befestigung des Beifahrersitzes des roten Bandgefährts. Also: Mutter rausschrauben, Schraube gleich mitentwenden (dann den Sitz unbefestigt wieder in die Halterung stellen) und beides zum Aufbau des Regals zweckentfremden. Und kein Sterbenswort darüber. Ein paar Tage später übernahm ich das Fahrzeug und gedachte mit meinem ersten Auto meine Mutter vom Dorf in die Stadt zu fahren, und das nicht ohne Stolz. Sie nahm Platz. Erster Gang. Kupplung langsam kommen lassen, Spiegelarbeit aufgrund dörflichen Umfelds ebenso vernachlässigbar wie auch der Blinker, und los! Ich fahre also an und die gute Mutter schleudert es mitsamt dem Sitz Richtung Rückbank. Maikäfergleich lag sie da. Vor unserem Haus. Wenigstens nicht in einem Ford Escort.

I don´t feel Rock ´n´ Roll today!

Mister 30 Prozent wollte von Anfang an hoch hinaus. Ob mein Auftritt im Café National ihn dazu bewogen hat, mutig ins internationale Veranstalterbusiness einsteigen zu wollen, weiß ich nicht, ich halte selbst das für möglich. Fakt ist: Er tat es. Er holte Suzanne Vega nach Niederbayern (circa hundertzwanzig Zahlende fanden sich in einer Halle für zweitausend zu diesem Auftritt ein), er verhalf der Anfang der Neunzigerjahre extrem gehypten Band Jeremy Days zu einem Auftritt in der tiefen Oberpfalz, den sie wohl nie mehr vergessen werden, denn dort war die Bühne dann fast größer als der Zuschauerraum, so sehr musste die Halle für die circa hundert Leute, die gekommen waren, verkleinert werden. Und er übernahm gleich ganze Tourneen von Weltstars, allen voran: Jerry Lee Lewis, der Mann mit »Great Balls of Fire«. Auch dessen Kollegen Fats Domino holte er für das einzige Konzert nach Bayern. Er stieg aber auch in das Ende der Achtzigerjahre und mit der Wende weiter expandierende Geschäft mit der volkstümlichen Musik ein und veranstaltete in grauenvollen Umgebungen grauenvolle Abende mit den grauenvollen Granden dieser Musikgattung von Moik bis Lindner, mit Marianne und dem Michael, mit Geschwister-Duos, Quetschen-Kindern, jodelnden Japanern bis hin zu Volksschauspielern auf Abwegen und Traktoren sitzend wie Wolfgang Fierek. Alles eingebettet in Shownamen wie »Musikantenstadl unterwegs«, »Lustige Musikanten« oder »Frühlings-, Sommer-, Herbst- und Winterfest der Volksmusik«. Zur Durchführung all dieser Großveranstaltungen unterschiedlichster Couleur brauchte Mister 30 Prozent natürlich Personal. Und da man bei meinen Liedermacheranfangsjahren wahrlich nicht von »Erfolg« sprechen konnte, lag es auf der Hand: Wenn Mister 30 Prozent schon nichts an mir verdiente, dann sollte er wenigstens die noch jugendliche Arbeitskraft nutzen können; ich wiederum musste das angesichts der künstlerisch eher trüben Erfolgsaussichten notgedrungen begonnene Studium finanzieren. Eine Win-win-Situation in einer Lose-lose-Umgebung. Dankbar bin ich für diese Zeit bis heute, denn erstens hab ich die Mechanismen der Unterhaltungsbranche da wirklich kennengelernt und am eigenen Leib erfahren, des Weiteren passiert es mir bis heute nicht, dass ich Personal schlecht behandle, und außerdem hat die Branche mit diversen Geschichten derart bei mir verspielt, dass mir klar wurde, langfristig ergibt es für einen wie mich nur dann einen Sinn, wenn ich von hinter der Bühne auf die Bühne wechsle, sonst gehe ich hier ein. Und: Lieber verhungere ich oder jobbe wo auch immer, bevor ich künstlerisch was mache, was ich nicht machen will. Eine der wichtigsten Entscheidungen in einem Künstlerleben. Before you make shit, do something completely different! Notgedrungen bedeutete dies: schuften! Die Jobprofile hinter den großen Bühnen von Metal bis Volksmusik sind identisch und damit schnell aufgezählt. Von oben nach unten in der Nahrungskette:

Künstler, Manager, Tourmanager, Mischer »Front of House« Ton, Lichttechniker, Mischer Monitor Ton, Bühnenchef, Backliner, Busfahrer, LKW-Fahrer. Vor Ort werden über den Veranstalter Helfer angeheuert, die sogenannte Local Crew. Das sind die, die den LKW ausladen, das Zeug oft kreuzwegartig von Etappe zu Etappe Richtung Bühne rollen oder schleppen, in Windeseile organisieren müssen, was vergessen wurde (Gitarrenplektren, Schlagzeugsticks) oder ausgegangen ist (Milch, Alkohol,

Drogen), und die einfach da sein müssen, damit man jemandem die Schuld geben, ihn also zusammenscheißen kann. Denn die Local Crew ist selbstverständlich den Befehlen der festen Tourcrew unterstellt, was zumeist zur Folge hat, dass, sagen wir mal, der Respekt nicht zwingend vorhanden und Sympathie nicht erforderlich ist, da ja nach der Show der professionelle Tross weiterzieht, während die lokale Crew zurückbleibt und sich im Stammlokal betrinkt. Ich war jahrelang »Hand«, wie man den Helfer auch nennt, und habe eiskalte Metallkisten, die »Cases«, für Rockbands über Kopfsteinpflaster bugsiert, aber auch Holz- und Pappdekos für Musicals wie ›Phantom der Oper‹ mit Anti-Feuer-Spray eingeduftet; für Opern wie ›Nabucco‹ (angeblich eine der hundert Originalinszenierungen aus Verona) habe ich die halbe Arena aus Pappmaché aufgebaut, und fürs ›Schwanensee‹-Ballett aus Frankreich, dessen Mitglieder aber alle aus Russland waren, habe ich vergilbte Stoffbahnen aufwendig entrollt. Ich habe alles gemacht. Ich bin vor Bodyguards von Fats Domino geflüchtet, habe mich in französisch-russische Balletttänzerinnen verliebt und habe Shaolin-Mönchen bei der Nahrungsaufnahme zugesehen und dadurch gelernt, dass das chinesische Essen, das wir beim Chinesen bekommen, mit dem chinesischen Essen, das der Chinese isst, nichts zu tun hat. Die Mahlzeiten werden zudem mit den Händen in den Mund gestopft, es wird geschlungen, und danach ist eine Sauerei im Backstage, die nicht mal Metal Bands hinterlassen. Ich habe mir von homoerotisch interessierten Volksmusikstars an den Hintern fassen lassen und Schmusesängern wie Angelo Branduardi faden Matetee aus dem Supermarkt besorgt. Ich habe von eingeschweißten Milchbrötchen gelebt und auf Festivals Steaksemmeln auf Weltrekordniveau verdrückt, ich habe Unmengen von Apfelschorle und Spezi geschluckt, habe geschwitzt, geschuftet und bin aber auch Hunderte Stunden sinnlos rumgestanden. Und ich habe den Rock 'n' Roll kennengelernt. Den richtigen.

»Great Balls of Fire« ist ja schon eine Ansage gewesen, von dem Herrn Jerry Lee Lewis, dem Rock-'n'-Roll-Piano-Gott. Von großen Eiern, die brennen, singt so jemand wie der Branduardi zum Beispiel nicht. Um den Typ Musikant zu beschreiben. Der Jerry Lee Lewis trieb es zudem mit einer Minderjährigen, die glaube ich mit ihm verwandt war und die er dann auch noch heiraten wollte. Dazu braucht man sicher great balls, und brennen müssen die, sonst kommt man ja auf so was nicht. Der Herr Lewis hatte also zu seinem einzigen richtigen Hit auch das passende Leben, das hilft immer im Rock 'n' Roll.

Ich war Teil der Tourcrew, wurde aber trotzdem im Tätigkeitsportfolio nur als Helfer geführt. Und obendrein noch als Runner und Security. Europatournee. Das Publikum bestand zu 90 Prozent aus Hillbillyrockern und zu 10 Prozent aus deren Freundinnen. Alle in identischem Outfit: also Tolle, Lederjacke, Geldtaschenkette, Riesengürtelschnalle. Das wiederum stilsicher eingebettet in den zumeist von einem breiten Kinn gezierten Riesenschädel plus Stiernacken auf Quadratschultern, kurz: Kraft ohne Ende. Wahrscheinlich auch great balls. Und bereit zum Feiern.

Neben der Schufterei beim Auf- und Abbau war es die Aufgabe der Helfer, während der Show auf der Bühnenkante zu sitzen und mit den Beinen umgedrehte Casedeckel gegen oben genannte Exemplare in der ersten Reihe zu pressen, damit sie Jerry Lee Lewis nicht zu nahe kamen, denn wären sie das, ihm zu nahe gekommen, hätte er abgebrochen, sofort und auf der Stelle, und die Hillbillys hätten in der Folge die Halle »abgebrochen«, so viel war klar. Also hab ich Hänfling von Anfang zwanzig zusammen mit anderen auch nicht gerade Krafttraining-geschulten Freunden Ein-mal-zwei-Meter-Deckel gegen tätowierte Hälse gepresst, die eine Mischung aus Ekstase für den Künstler und Hass auf uns ausstrahlten, weil sie nicht näher an IHN rankamen. Irgendwie habe ich diese fünfundvierzig Minuten Klaviergewitter plus den Krieg gegen die Fans überstanden. Bedankt hat sich weder der Fan noch der Jerry. Der Jerry Lee Lewis hatte aber auch wirklich andere Sorgen: 1. Whiskey, 2. Kokain, 3. Reisestrapazen. Denn er hatte bedingt durch das Minderjährigengeficke eine gerichtliche Auflage und musste nach jedem Auftritt wieder zurück in die USA, Pass abstempeln lassen, dann wieder in den Flieger und retour nach Europa. Spätestens nach achtundvierzig Stunden musste er erneut amerikanischen Boden betreten, von Amts wegen, da halfen ihm auch seine großen brennenden Eier nichts, im Gegenteil. In Antwerpen kam es dann zum Showdown. Und ich wusste ab diesem Tag, was ein echter Star ist. Und wie sich so einer aufführen kann. Jerry Lee Lewis traf spätnachmittags mit dem Flieger ein, begoss sich sofort mit Whiskey, schnupfte ausgiebigst Kokain, sein Manager permanent hinter ihm her, ihn zum einen weiter versorgend, zum anderen aber auch mahnend, er möge es doch nicht übertreiben, wegen des Auftritts und überhaupt. Füttern und beschwichtigen gleichzeitig. Wie bei Babys.

Die Band ging auf die Bühne. Die spielte nämlich immer fünfundvierzig Minuten alleine ohne ihren Meister, bevor der Eiermann dann gnädigerweise weitere fünfundvierzig Minuten mit ihnen rockte, um schließlich in einer Longlong-Version von »Great Balls of Fire« zu enden, wo am Schluss so gut wie alles hin war. Dann ohne Zugabe und weiteren Menschenkontakt von der Bühne und ab in den Flieger, mit allerhand Rauschmaterialien. Nun, an diesem Abend war alles anders bzw. erst war alles wie immer: Band auf der Bühne, Halle voll, alle warteten auf die Eierparty, auf Ostern sozusagen. Der Manager jagte backstage Jerry Lee Lewis hinterher und versuchte ihn langsam, aber sicher von Frauen, Alkohol und Kokain weg- und stattdessen auf die Bühne zu bekommen. Er steuerte den alten, bleichen, völlig zugedröhnten, stolpernden Mann bis an die Seitentreppe zur Bühne. Plötzlich blieb Jerry Lee Lewis stehen, drehte sich um, wankte wieder Richtung Backstage an seinem Manager vorbei, und der brennende Rieseneiermann sprach:

»I don't feel Rock 'n' Roll today!«

Und ging also nicht auf die Bühne, sondern weiter feiern, dann wahrscheinlich ins Puff oder gleich zurück in die USA, um die Kindfrau verkatert und auf Turkey zu verdreschen. Irgend so was in der Art.

»I don`t feel Rock 'n' Roll today!«
Ist schon cool, der Satz, da gibt's nix.
Vor allem, wenn man den ganzen Tag den Rock 'n' Roll exzessiv betreibt und ihn dann einfach nicht fühlt. Great Balls of Fire!

Die Hillbillys fanden den Satz nicht cool. Auch wenn sie ihn gar nicht gehört hatten. Sie zerlegten fachmännisch die komplette Kongresshalle. Holz, Plastik, Metall, egal, alles auf die Größe von einem Lineal. Sie fühlten nämlich, dass sie ordentlich verarscht wurden vom Herrn Jerry Lee Lewis, und es war ihnen herzlich egal, ob ihr Eierkönig heute was fühlte oder nicht, denn sie hatten sich vermutlich mehrere Jahre auf diesen Abend vorbereitet. Und man kennt das ja, wenn so hochgesteckte Erwartungen beim Menschen nicht erfüllt werden, dann neigt er zur Zerstörung.

Goldfinger

Fats Domino war der andere Rock-'n'-Roll-Piano-Gott, den Mister 30 Prozent nach München holte. Auch für ihn habe ich Kabel gesteckt, seine Kisten gerollt und alles wieder im LKW verstaut. Yeah. I was walking for him, und »I'm Walking« war sein Lied. Das hatte Anfang der Neunzigerjahre mal wieder ein Revival, weil der Song in der deutschen Aral-Werbung fröhliche Hit-Wiederkehr feierte.

München. Mathäser-Keller.

Da saß in Goldborte eingepackt dieser dicke, ja fette Herr Domino: gemütlich, leibhaftig, breit grinsend, nett und sehr schwarz. Keine brennenden großen Eier, zumindest sang er nicht darüber. Allerdings war sein berühmtes »I'm Walking« auch nicht so einfach zu verifizieren, da er aufgrund seines Gewichts gar nicht alleine gehen konnte. »With a Little Help from My Friends« hätte besser auf ihn gepasst. Aber: Was für ein Pianist. Was für Hände. Ein Mister Goldfinger:

Mit 1,5 Millionen Dollar waren seine Hände versichert. Hat er mir erzählt, und die Goldklunker, welche die wurstigen Finger zierten, waren noch mal 1,5 Millionen Dollar wert. Hat er auch gesagt. Da hab ich dann schon mal kurz in die Vergangenheit Richtung Klavierlehrerin und Üben von Schubert, Schumann und Czerny-Etüden geblickt und meinen Vater innerlich zur Rede gestellt: Siehst du, Papa, so wär's auch gegangen, nix Klassikschmarrn. Rock 'n' Roll wär's gewesen, dann wären jetzt meine Tatzen vielleicht für drei Millionen Mark versichert, aber so laufe ich immer noch bei dir mit, weil ich ein armer Student bin, der dem Herrn Domino gleich bayrische Spezialitäten zum Essen bringen muss, damit der noch fetter werden kann. Ich habe vom selben Presssack und aus demselben Weißwursttopf gegessen wie Fats Domino. Und ich habe von der stehengelassenen Whiskeyflasche von Jerry Lee Lewis heimlich genippt. Und wenn ich mal keinen Bock habe aufzutreten, sag ich gerne: I don't feel Rock 'n' Roll today, und gehe dann aber pünktlich auf die Bühne. Ehrensache. Weil man das nicht macht und sonst nur was kaputtgeht. Hat mir also nicht geschadet. Moralisch. Das alles.

Goldkehlchen

Vom zweifelhaften Glamour internationaler Stars wieder zurück in die Untiefen nationaler Unterhaltungsmusik. Damit ich aus den ganz unteren Arbeitsregionen als Stagehand mal eine Stufe nach oben schnuppern konnte, nahm mich ein Freund (heute mein Backliner und Tourmanager) mit auf einen Job. Er war seinerzeit Monitormischer für all die »Lustigen Musikanten«, eine volkstümliche Liveshow. Vor der Tournee versammelte sich das »Showorchester« zum Einstudieren der Show in einem extrem finsteren Wirtshaussaal in einer extrem finsteren Gegend, nämlich irgendwo im frisch zum Westen geöffneten Landstrich zwischen Hof und Plauen auf thüringischer Seite.

Vergessenes Land bis heute. Damals noch mehr als vergessen, verdrängt stimmt eher.

In diesem Niemandsland also scharte der Bandleader, offiziell der »Orchesterchef«, um seine E-Schlagzeugburg Musiker aus allen Gemarkungen des Ostens. Tschechen. Slowaken. Polen. Billige Musikarbeitskräfte halt. Sprachlich war keine Verständigung möglich, der Zillertaler Hochzeitsmarsch war allerdings jedem bekannt, über das notenmäßig übersichtliche »Hölle, Hölle, Hölle« wusste jeder auf seine Art musikalisch Bescheid, und selbst über das »Prosit« der wie auch immer gearteten Gemütlichkeit musste nicht diskutiert werden. Es saßen da zusammen depressive Klarinettisten, unmotiviert die Ovation schrubbende Gitarristen, Rotkopf-Trompeter und eine tschechische Tuba. Nobody felt Rock 'n' Roll that day. Sure.

Außer mit dem Auf- und Abbau, dem gelegentlichen Nachstimmen und Kabelnachziehen sowie ein paar Einstellungen verändern hatten wir während der »Rehearsals«, wie so Proben im Fachjargon heißen, nicht viel zu tun. Die meiste Arbeit bestand auf psychischer Ebene. Irgendwie musste man es hinbekommen, sich nicht vom Sog schlechter Musik ins Volksmusik-Nirwana ziehen zu lassen, und vor allem musste man wenigstens jede zweite Runde Jägermeister/Ramazzotti/Averna auslassen, denn selbst die Hälfte der Menge, die die Musikanten zu sich nahmen, führte zu Befindlichkeiten jenseits der verkraftbaren Menge an Kräutern. Anders formuliert: Literweise Magenbitter ist in erster Linie für den Magen bitter. Dass das Gebläse und Gezupfe durch den Konsum ganzer Wälder und Wiesen, in Alkohol eingelegt, nicht besser und somit der Vorgang »Proben« mutwillig konterkariert wurde, liegt auf der Hand.

Für die letzten Tage der thüringischen Übungseinheiten wurde eine Südtiroler Trachtengesangsformation mit völlig übertriebenem Herz-Schmerz-Faktor zur Anreise gebeten. Ich nannte sie »die Goldkehlchen«. Als sie ankamen, waren sie schon schwer von der Rolle, denn sie zierten gerade unfreiwillig die Titelseiten des deutschsprachigen Boulevards, da ihr Manager unter mysteriösesten Umständen in rot beleuchtetem Umfeld auf offener Straße erschossen worden war. Der Klarinettist, ein kleiner, dicklicher Südtiroler Waldbauernbub, sagte immer vor sich hin: »Ich hab eine solche Angst, dass sie mich auch derwischen. Dann holen s' mich.« Dass Mörder aus dem Rotlichtmilieu Klarinettenspielern in thüringischen Auen überhaupt nachstellen würden, hielt ich für unwahrscheinlich. Dass aber über den thüringischen Tagen der Volksmusik ein Hauch von »Band(en)krieg« und »Blut und Sperma« lag, ist unbestritten. Volksmusik kann so gefährlich sein. Das sollte man sich immer vor Augen führen. Und im Vergleich zu der Geschichte der »Goldkehlchen«, so mit Mord und allem Pipapo, ist der Jerry Lee Lewis ein Weichei. Ein kleines noch dazu. Von wegen great balls.

So war ich also eine Art Backliner oder so etwas Ähnliches geworden. Ich setzte diese frisch erworbenen Fähigkeiten immer wieder in erster Linie für Tourneen nahezu aller Austropop-Stars ein. Ich glaube, kein Österreicher hat so viele Austria-Star-Konzerte erlebt wie ich. Inspiriert hat es mich allemal. Und angestachelt auch, denn ich hab in der Zeit beschlossen, es ist höchste Eisenbahn, die Seiten zu wechseln, endlich meine erste wirklich eigene Band zu gründen und die Bühnen zu entern, auch wenn man sein Zeug erst mal noch alleine schleppen und aufbauen muss. Aber das hatte ich ja jetzt gelernt.
Und ich konnte es weiter ausleben. Zur Genüge.

Das ist was für die Tauben: Proberäume

Jaja. Man muss halt doch auch im Rock 'n' Roll üben. Aber nicht in Klavierzimmern, sondern in Proberäumen. Aus ihnen heraus wird das Zeug geschleppt und nach den Auftritten wieder in ihnen verstaut. Hier werden sie geboren. Lautstark. Die

Songs, die Singles, die Alben, die Konzert-Playlists, die Träume. Der Proberaum ist dafür der richtige Ort. Auch für unendliche Banddiskussionen. Dort habe ich mehr Zeit verbracht als mit Frauen, auf Bühnen, in der Uni, na gut, in Kneipen war ich vielleicht noch länger und ausdauernder als in Proberäumen.

Ich mag heute auch keinen mehr von dieser Sorte. Ich probe nur noch in Studios oder an Orten, wo man sich gegenseitig auch hört, wo man nicht im Gestank erstickt und weder friert noch schwitzt und heiser wird von überdrehten Heizkörpern. Jedenfalls schießt mir allein schon bei der Erinnerung an die gleich zu erörternde Gemengelage von Taubenscheiße, Strom, Bier, Rauchwaren und Männerschweiß ein kurzer Hexenschuss ins Mitvierziger-Gebälk.

Der katholische Pfarrsaalnebenraum

»Unterm Pfarrheim St. Jakob neben dem Ritchie seiner Alten ihrem Laden!«, lautete die geografische Bezeichnung des Silent-Running-Proberaumes, des ersten, den ich neben Chorsälen und Kirchen je betreten habe. Kein Navi würde diese Ortsangabe akzeptieren. Gab's 1985 aber eh noch nicht. Also wurscht. Der Raum hatte diesen Bibelkreis-Charme und musste selbstverständlich »so hinterlassen werden wie vorgefunden«. Bei einem Proberaum ein Widerspruch in sich, wie ich später ausgiebig erfuhr. Also jedes Mal das ganze Gewerk rein und wieder raus. Dort probten wir »School« von Supertramp und »Wish You Were Here« von Pink Floyd und »Fellows« natürlich. Und Beatles. »Back in the USSR«. Dass an diesem Ort weder böse noch coole Rockmusik entstehen konnte, sollten wir uns rückblickend verzeihen. Dabei hockte permanent ein echter Provinzrockstar im Laden seiner »Alten«, die Rockerjacken, Espadrilles, farbige Tücher und lange Schals sowie Batikhosen verscherbelte. Da hockte er drin, der Richie, der eigentlich Harald Vogt heißt. Sich aber abwechselnd Richie Newton (wegen der Power, die er hatte, vermute ich), Richie V (V für Vogt nehme ich an) oder Rocka Ritch (wegen des Wortspiels Rocker und »rocke einen reichen Ritchie«) nannte. Harry V wäre eigentlich auch gut gewesen, aber so bezeichnete er sich nie. Der Teufel war er natürlich auch schon mal gewesen, als Shouter der Band Luzifer. Jetzt lebt er übrigens als Elvis-Imitator in Thailand und ist Real-Doku-Darsteller für ein Auswanderer-Format im deutschen Privatfernsehen. Von ihm stammt eine der schönsten Rock-'n'-Roll-Geschichten, die ich kenne: Der Richie hatte eine Single rausgebracht, »Women in Doubt«, und ein großer öffentlich-rechtlicher Radiosender meldete sich bei ihm und wollte den Song in den Neuvorstellungen spielen. Richie V war außer sich vor Vorfreude und stolz war er und inszeniert werden sollte dieses Ereignis, hat er mir mal erzählt. So ließ er sich zum Sendetermin eine Badewanne ein, holte sich eine Cohiba aus dem Humidor (er hatte sicher keinen, klingt aber gut), machte sich einen edlen Whiskey auf (na ja, wohl eher einen Jack Daniels), goss ihn in ein mundgeblasenes Glas (Zahnputzbecher), platzierte das Radio am Fuß der Badewanne und glitt in den Schaum. Endlich am Ziel. Seine Single kam im Radio. Yeah! Darum ging's in den Achtzigern. Läufst du im Radio, hast du einen Hit. Zumindest kennt man dich dann. Der Song ging zu Ende und der Moderator moderierte den Song ab: »So, das war eine Neuvorstellung, was Regionales, das war ›Women in Doubt‹ von Richie dem Fünften aus Straubing.« Wieder nix. Yeah, it's a long way to glamour for Richie V, aber auch für uns.

Das Lager

Die Banane war und ist eine Kultkneipe. Das behaupten viele Lokale von sich, aber bei der Banane stimmt's. Eine Kneipe, in der schon damals nur Rockmusik gespielt wurde und nix anderes. Ich bin dort aufgetreten und hatte bald einen eigenen Abend, den Sonntag, zwar den totesten von allen Tagen, aber wie in Kultkneipen üblich, mit immer demselben Personal vor und hinter der Bar. Da ich zügig ein Techtelmechtel mit der Bedienung angefangen hatte, lernte ich das Lager der Kneipe in vielerlei Hinsicht kennen und wurde in die hohe Kunst des Stapelns eingeführt. Genug der Anzüglichkeiten. Aber in diesem Falle mal unvermeidbar, denn nur so habe ich die Ecke des Lagers zu Gesicht bekommen, die auch Bands als Proberaum diente. Dass dieser Raum vorher zu einer Rotlichtkneipe, genauer zu einem Puff gehört hatte, war archäologisch noch erfahrbar. Ich bemühte mich fortan um einen Platz in diesem Proberaum, bekam ihn irgendwann durch Impertinenz auch zugesprochen und erschuf zum ersten Mal mit meiner eigenen Band in wirklicher Rock-'n'-Roll-Umgebung die dementsprechende Musik. Kalt, verrucht, schnell verraucht, übersät mit Flaschen, zerhauenen Gläsern, Chips- und Flipspackungen, mit alten Tischen drin, zerborstenen Stühlen, einem Billardtisch mit nässendem Filz, ein paar Kondomen aus früheren Zeiten des Ortes oder auch aus aktuellen und: mit direkter Verbindung zur Kneipe. Das war mehr als sinnvoll. Von Nachteil einzig, dass er im ersten Stock lag, erreichbar nur über eine enge Treppe, was aber nicht so schlimm war, denn wir hatten ja kaum Auftritte, sodass wir selten Zeug hoch- und runterschleppen mussten.

Der Schlossproberaum 1

Weniger gut war der nächste Ort der Bandklänge in alten Gemäuern. Und fürstlich war dieser Schlossproberaum auch nicht, obwohl er sich in einem verlassenen Gut der Thurn-und-Taxis-Dynastie befand. Er lag im zweiten Stock des unsicheren fürstlichen Gebälks und war nur per Hühnerleiter zugänglich, man musste eng und hoch hinauf. Die Holztür oben, mehr eine Öffnung zu einem Verschlag, war gerade mal so breit, dass die »dicke Berta«, also die Basstrommel, knapp durchpasste. Die richtige Aufsperrposition mit Gewalt und Gefühl gleichermaßen erzwungen, öffnete die Pforten zu einem von Tauben verschissenen, nach kaltem Rauch stinkenden Kabuff mit übervollen Aschenbechern, halbleeren Flaschen mit abgestandenem Bier und Essensreste beherbergenden Pizzaschachteln. Dauerhafte Feuchtigkeit rundete das Bild von einem lustvoll kreativen Ort anschmiegsam ab. Abends war es sehr schummrig dort. Und tagsüber auch. Der Raum hatte zwar ein kleines Fenster, das aber stets verschlossen blieb. Zu viel Taubenscheiße. An der Wand hing ein Transparent mit der Aufschrift »Keine Macht den Proben« und damit ist auch schon alles über die Qualität des kreativen Ausstoßes gesagt.

Der Schlossproberaum 2

Dieser war wenige hundert Meter vom Aufzuchtsort der Domspatzen zu großen Sängerknaben entfernt, wo einige von uns ihre traumatische Klassikkindheit verbracht hatten, und nur geringfügig komfortabler als Nummer 1. Aber nicht ganz so taubenverschissen. Dafür kalt. Nicht, dass 1 nicht auch saukalt gewesen wäre, aber hier fiel es fast noch mehr auf, weil die Bude ansatzweise sonst in Richtung okay ging. Zwar auch da der Qualm, das alte Bier, die Aschenbecher, aber bedeutend weniger vor sich hin schimmelnde Essensreste. Weil, und das war andererseits oft genug auf seine Art ebenso fatal, direkt daneben die Gaststätte lag. Schlossgaststätte. Ein gut abgehangenes Wirtshaus mit proberaumähnlichem Geruch, nur frischer und warm. Mit Schweinebraten, Bier und einem Blutwurz hinterher. Dann weiterproben? Selten, aber es wurde unser Ritual, vor der Abfahrt zum Gig dort ausgiebig einzukehren. Home-Catering sozusagen. Alla bavarese. Nicht gerade gesund, aber mit Ende zwanzig ist ja gesunde Ernährung noch nicht wirklich ein Thema beim Mann, also: Ei drüber. Oder Bratensoße. Je nachdem.

Der Abschleppdienstparkplatzproberaum

Allein schon die Ortsbezeichnung war ein Knaller. Doch das Minihäuschen stand nun mal in der Mitte des Parkplatzes eines Abschleppdienstes mit angeschlossenem Gebrauchtwagenhandel. Von außen sah es aus wie so ein Bastelhaus von Faller, das ich als Kind in die Landschaften meiner Märklin-Eisenbahn als Bahnhofswärterhäuschen hinein erschuf. In seinem Leben vor der Bestimmung, einer Provinzrockband als Heimstatt zu dienen, war es ein halboffizieller homoerotischer Männertreffpunkt gewesen, sprich: Die Oberpfälzer Schwulenszene hatte sich hier jahrelang ein Stelldichein gegeben. Also der muss jetzt raus: Gebumst hat es hier schon immer. Die Reste dieser Orgien materialisierten sich bei der Suche nach Plektren, Kabeln oder Rauchwaren gerne mal in Form von benutzten Kondomen. Ja, wie in der Banane. Die Hütte wurde mit Holz geheizt, also musste immer jemand eine Stunde früher da sein, ein klassischer Schlagzeugerjob. Der muss sich eh warmspielen.

Mit Holz dauert es bekanntlich länger, bis ein Raum gleichmäßig warm ist. Die meist pünktlich zum Probenschluss erreichte Temperatur ist aber viel angenehmer als die aus sonst gerne verwendeten Heizlüfter-Stromfressmonstern. Das stundenlange klappernde Warten auf diese wohligen Grade allerdings schafft die Momente, wo Nichtraucher zu Rauchern werden. Schon allein vom passiven Einatmen des Holzrauchs her. Und wegen der Wirkung dann irgendwann Tabak und so. Eine Bandprobe ohne Bier ist auch nahezu unvorstellbar, schließlich ist Bier- und Rauchwarenkonsum zur Herstellung von Rockmusik durchaus förderlich. Im Bereich der Entsorgung der Überreste von beidem ist der gemeine Musiker von seiner Anlage her allerdings eher defizitär. Wohin mit den ganzen Flaschen und dem aufgetürmten Müll? Irgendwann – in einer konzertierten Aktion – Richtung diverse Container. Bis dahin: stehenlassen. Alles, was geht, als Aschenbecher benutzen. Zwei, nein eigentlich drei Fliegen mit einer Klappe: Kippe verräumt, Zweitverwendung von Behältnissen und fürs Image ist es auch wichtig. Bands mit aufgeräumten Proberäumen machen wahrscheinlich Dinner Jazz. Diese also nachlässige, aber dennoch nachvollziehbare Praxis, basierend auf der Mischung von Faulheit und Pragmatik, hatte aber auch ihren Preis. Das muss man schon zugeben.

Hunderte von Kippen wurden während meiner Laufbahn auf Bierreste beheimatende Flaschen zwischen- und leider auch darin endgelagert. Oft genug stand neben dem Aschenbecher frisches Trinkbier eines Mitmusikanten. Eine mal schnell unachtsam neben dem Spiel entsorgte Kippe hat wohl jedem Rockmusikanten dieser Welt schon mal ein außergewöhnliches Trinkvergnügen bereitet.

Es ist mit dem Erlebnis, ein Radler bestellt zu haben und stattdessen eine Apfelschorle hingestellt zu bekommen, nicht vergleichbar. Und doch dasselbe. So vom Surprise-Charakter her. Nur kann man an Apfelschorle und Radler nicht sterben … oder vielleicht doch?

Die Villa am Gardasee

Irgendwann haben wir angefangen, die Reste der Bandkasse durch eigene spärlich vorhandene Finanzen zu ergänzen und eine Woche im Jahr an den schönen Gardasee »zum Proben« zu fahren. Im Frühling. Meistens so um Ostern rum. Ich hatte eine Anzeige in der ›SZ‹ gelesen und so wurde eine schwäbische Familie unser regelmäßiger Vermieter in Limone. Ein paar Autos wurden mit Instrumenten und Aufnahmetechnik vollgeladen, und dann ging's über den Brenner. Ein Stopp im unterkühlten Italo-Supermarkt, Getränke und Essen in rauen Mengen erworben, dann hoch über die Serpentinen zu unserer Sechzigerjahrevilla. Hundert Meter über dem See. Gegenüber der mächtige Monte Baldo. Unter uns das abends leuchtende Malcesine. Wir räumten das Wohnzimmer aus, und schon war das ein Studio, wie man es sich wünscht: mit großer Glasfront und Blick auf

Berg und See und Lichtermeer. Draußen führte ein palmengesäumter Weg zu einer Hollywoodschaukel, von wo aus man über den ganzen See schauen konnte. Segelboote. Windsurfer. Dort war es so schön, dass es fast nicht auszuhalten war, also stellten wir uns vor, es handle sich bei unserem Blick auf See und Monte um eine Fototapete und dahinter liege das Industriegebiet von Dresden. Traumbedingungen. Traumtage und Traumnächte, trunkene Glückseligkeit von jungen Männern, die im Leben wohl nie etwas wirklich anderes gewollt hatten als genau das: Musik machen mit Freunden, ein Hauch von Noblesse, ein Touch Rockstar, ein Funken Hoffnung, dass das vielleicht irgendwann Standard werden würde und man nicht mehr jobben müsste, um da hinzufahren, sondern die Musik und die Tourneen solche Aufenthalte finanzieren würden. Wir haben legendäre Sessions abgehalten, wir haben dort fast alle Songs irgendwie entwickelt oder zumindest damit begonnen, wir haben nächtelang Schafkopf gespielt und gefeiert, dass die Schwarte krachte. Es soll Mitglieder der Crew gegeben haben, die ihre fast schwarzen Rotweinlippen bis Mitte August nicht mehr losbekommen haben. Völlig »zerfeiert« und alles andere als alltagskompatibel machten wir uns dann nach einer Woche wieder auf, über die großen Berge zurück in die Provinz.

Irgendwann um die Jahrtausendwende wurde eine dieser Rückfahrten zu einem Trip durch die weiße Hölle und lieferte zudem einen höchst interessanten soziologischen Aspekt gleich mit. Kurz vor Vipiteno/Sterzing war der italienische Frühling plötzlich zu Ende und es herrschte Wintereinbruch allererster Sahne. Sommerbereift quälten sich Tausende von Fahrzeugen den Brenner hinauf, PKWs, LKWs, Wohnwagen und Cabrios. Wir mittendrin mit drei Autos. Handys hatten wir noch keine. Seit mittlerweile sechs Stunden standen wir im Schneetreiben, alle halbe Stunde ging es eine Fahrzeuglänge voran. Die Heizung lief noch eine Zeit lang, dann wurde der Sprit knapp, also Heizung aus. Frieren und hoffen. Die Rutschpartie bergauf wurde nach der Dauer von circa einem Arbeitstag knapp vor Erreichen des Brennerpasses jäh gestoppt. Hier ging's nicht mehr voran. Das war's. Ein paar Hundert Meter weiter, diese Info verbreitete sich von Fahrzeug zu Fahrzeug, hatten sie eine Leitplanke aufgemacht und die ganze Blechkarawane wurde wieder nach Sterzing hinunter umgeleitet. Dort sollten dann Unterkünfte, Suppe und Decken auf uns warten. Doch noch war es nicht so weit. Wir waren ja noch nicht an dem Punkt oben, von dem aus es wieder bergab gehen sollte, wenn auch auf der falschen, der heimatabgewandten Seite des Brenners. Alle mussten auf Toilette. Kein Problem, das kleine Geschäft als Mann in irgendeinen Schneehaufen zu verrichten. Das große konnten wir alle in Erwartung einer bald (in den nächsten paar Stunden) zu erreichenden Kneipe in Sterzing verdrücken. Die meisten Stauopfer hofften mit uns darauf und schafften das auch – irgendwie ...

Auf der rechten Spur unserer Bergauflawine schob sich mühsam ein Mercedes Sportwagen mit Sommerreifen und Hinterradantrieb den Berg hinauf. Die Insassin, eine stark geschminkte Lady mit Pelz um den Hals, High Heels und Lederrock, also in nun jahreszeitlich extrem falschen Klamotten und im komplett falschen Auto, stieg immer wieder aus, und man merkte an ihrer Körperhaltung, dass es sie wirklich drückte, den Cappuccino und was sie noch alles am Vormittag in Verona, Florenz oder Mailand zu sich genommen hatte, loszuwerden. Die völlig entnervte Business-Tante hielt sich wirklich tapfer. Wir schlossen Wetten ab, Zeit hatten wir ja, wie lange es noch dauern würde, bis sie völlig ausflippen und irgendjemand für die missliche Lage verantwortlich machen würde, sprich, bis sie die auf Außenwirkung bedachte Maske fallen lassen und irgendetwas tun würde, was niemand erwartete. Die einen sagten, sie hat sicher eine Waffe im Kofferraum, andere spekulierten, ein Hubschrauber würde landen und sie einfach mitnehmen – und den Mercedes genauso einfach hier am Berg zurücklassen. Wieder jemand, ich glaube, ich, prophezeite, sie werde bald bei uns im Auto sitzen, weil der Mercedes spritmäßig eigentlich als einer der Ersten aufgeben müsste. Wir trieben unseren apokalyptischen Gedankenschabernack, aber die Dame setzte ein Zeichen. Irgendwann war ihr nämlich alles egal. Irgendwann ließ sie alles fahren. Ihren über Jahre antrainierten Stil, ihren ganzen Stolz, ihre Kinderstube und ihre Scham. Sie stieg aus ihrem Sportwagen und hockte sich neben ihren Vorderreifen, hob den Rock hoch, zog das Business-Hoserl runter und defäkierte. Auf die schneeverwehte Brenner-Autobahn. Bei Minustemperaturen und genau in unserem Einfallswinkel. Mich, das darf ich so nahezu pathetisch sagen, hat dieses Erlebnis verändert. Ich begegne seitdem Macht, die sich in Äußerlichkeiten und Reichtum zeigt, nicht mehr unterwürfig. Ich brauche mir nur mein Gegenüber nach vierzehn Stunden im Stau bei der Erledigung des großen Geschäfts neben dem Vorderreifen der einst stolz vorgeführten Luxuslimousine vorzustellen, schon ist jegliche Autorität dahin. Und das ist jetzt alles andere als machomäßig gemeint, aber die Tatsache, dass es eine echte Lady war, die da …, verstärkte dieses Erlebnis noch. Denn uns Berufsjugendliche hatten niederbayerische und oberpfälzische Mamas großgezogen, und da macht eine Frau so was nicht. Also grundsätzlich schon nicht. Und öffentlich gleich gar nicht. Und dabei zusehen zu müssen, trifft ins Mark der katholischen Geschlechtererziehung, und man hat unter Umständen noch Jahre zu tun, das Bild wieder loszuwerden. Anders gesagt: Katholisch bedingte Verklemmungen wegtrinken und wegfeiern geht ganz gut, aber wenn mal die Unschuld der Frau in eine Schieflage geraten ist und das auch noch auf dem weiten Feld der Körperausscheidung, dann müssen gute Therapeuten ran. Mittelfristig.

Das Studio

Schluss mit dem Allerlei an Grausamkeiten. Neue Zeiten standen an. Auch im Proberaumbereich. Gardaseefeeling sollte jetzt überall und immer sein. Unser Tonmann hatte sich ein Studio gezimmert direkt neben unserem Technikverleih, für den einige von uns arbeiteten. Ich ja nicht mehr. Mein Bedarf an technischem Gewerke für andere war definitiv so was von vorbei. Da das Studio terminlich nicht gerade überbelegt war, zogen wir immer wieder vorübergehend dort ein. Zunächst, um an Songs zu basteln und einen Plattenvertrag zu bekommen, später dann, um die ›himmelfahrt‹ zu erproben und aufzunehmen, und noch später, um den nie mit Bildern gestützten Filmsoundtrack zu erschaffen. Und wir begannen uns auch wirklich technisch zu perfektionieren. Weitgehend. Wir spielten mit Kopfhörern, schnitten viele dieser Proben mit, so wurden Ideen konserviert, und damit wurden wir immer besser und schließlich eine richtig gute Band. Ich sag mal so, ein professionelles Drumherum hilft schon sehr. Diese romantische Vorstellung, dass es Künstlern scheiße gehen muss und die Rahmenbedingungen möglichst mies sein müssen, damit die wahre Kunst zum Vorschein kommt, halte ich für einen großen Blödsinn. Wobei sehr hohe Professionalität und parallel vorhandene Kindsköpfigkeit gepaart mit Rock-'n'-Roll-Lifestyle zu Ausschlägen in beide Richtungen führen können. Wer als wilder Hund der Disziplin anheimfällt, muss zwischendurch der Unvernunft und dem Labsal frönen. Unbedingt.

Keine hundert Meter vom Studio entfernt war ein Wirtshaus, das in regelmäßigen Abständen den Pächter, das Land, aus dem die Rezepte kamen, die Einrichtung und somit die Gäste wechselte. Ein befreundeter Brauer, später hier der bierbrauende Mäzen genannt, hatte biertechnisch die Hand drauf, also egal, welche Speisen die Plastikkarte zierten, das Bier blieb gleich. Relativ lange hielt sich ein Ungar in dieser Lokalität. Konzentration auf Fleisch, Paprika und Schnaps – und ein Wirt, der von Tisch zu Tisch ging, um Lieder zu singen, laute ungarische hauptsächlich, aber auch gern mal ein »Blowin' in the Wind«. Eigentlich hatten wir an diesem Abend Schauspielunterricht, doch die von mir angeheuerte Schauspiellehrerin, heute Kommissarin im österreichischen ›Tatort‹, hatte ganz k&k-mäßig auch mehr Lust auf Feiern als auf Unterrichtung von Schauspiel an Provinzrocker. Also kam es zu einem Besäufnis allererster Sahne, denn der Ungar sang und brachte Schnaps, wir sangen auch, und zwar extrem untypisch für uns, ein bayrisches Gstanzl nach dem anderen in einem Chorgesang, wo es sich doch mal von der positiven Seite zeigte, dass einige von uns bei den Domspatzen ihre Kindheit verschleudert hatten, und wir tranken des Ungarn Schnaps und des bierbrauenden Mäzens Bier und sangen und soffen und sangen und soffen. Bis hierhin ist das eigentlich unter »Freizeitgestaltung« abzuheften, aber dann kam irgendjemand auf die wagemutige Idee, ins Studio zurückzukehren und ein bisschen zu spielen und das auch noch aufzunehmen. Und deswegen soll es hier niedergeschrieben sein: Sollten Archäologen irgendwann Festplatten entdecken, auf denen ein File oder eine Datei mit so was Ähnlichem wie »Ungarn Session« gespeichert ist, dann bitten wir hiermit um komplette Vernichtung. Wir standen ein paar Tage später im Studio und haben uns diese Aufnahmen angehört und ganz ehrlich: Diesen Takt, den wir da spielen, gibt es nicht, nicht mal im Free Jazz. Die Akkorde, die gegriffen werden, existieren nicht, die Soli sind Körperverletzung, und der Text soll deutsch sein, klingt aber ungarisch. Irgendwie. Desaster.

Also merke: Es hat einen Grund, warum produzierte Alben und nicht irgendwelche Probenaufnahmen der Öffentlichkeit als Kaufprodukte zugänglich gemacht werden. Nachwelt! Akzeptiere dies! Lasst bloß das Zeug in Ruhe, wenn wir mal alle nicht mehr sind. Danke.

Hinaus in die Welt! When Rock-'n'-Roll-dreams don't come true ... Die B85-Tour

Es war unsere erste, ja nennen wir es so: Tournee. Das erste Mal unterwegs, am Stück umherfahrend, zigeunerhaft streunend, und mit der Hoffnung im Blick: Das wird bestimmt unser Durchbruch. Was am wievielten Tag dieser Tour passiert ist, sprich, in welcher Reihenfolge die fortan geschilderten Erlebnisse geschahen, weiß keiner mehr. Nicht einmal ich. Es gibt und gab keine Unterlagen oder gar Verträge. Anruf, ausgemacht, hingefahren, gespielt, abgebaut, Hotel, irgendwie irgendwann aufgestanden und wieder weiter. Nicht einmal ein Handschlag, da per Telefon nicht möglich. Das »Routing« dieser Tournee war überschaubar. Sie führte uns eigentlich ausschließlich am Rande der Republik an der Bundesstraße 85 entlang durch den Bayerischen Wald. Heute ist die B85 der Liefer-Highway für Crystal Meth aus Tschechien, Ende der Neunziger gab's das Teufelszeug noch nicht, und so nahmen alle die B85 nach Tschechien, um dort billig zu tanken, der ein oder andere unterversorgte Waldler auch, um anderen »Treibstoff« günstig zu erwerben. Die Tschechen fuhren rüber zu uns, um zu arbeiten.

Die Stationen waren, wenn meine Erinnerung mich nicht ganz trügt: die »Tenne« am Großen Arber, das Jugendzentrum in Freyung-Grafenau, der Hartl-Saal in Spiegelau, irgendein Café in Regen, ein weiteres in Amberg und eine Disco in Furth im Wald. Tourabschluss dann in der Provinzhauptstadt mit Heimatcharakter.

Der erste Auftritt, so weit bin ich mir sicher, war in der »Tenne« am Großen Arber.

Immerhin war es richtig voll. Circa fünfhundert besoffene Waldbewohner gedachten, in dieser unglaublich großen Location ein Fest zu feiern, und von hinter der Bühne sah das alles lustig aus. Ja, fast professionell. Ich hatte es vorab bereits angekündigt: »Herrschaften, heut is die Bude voll, heut spring ich von der Bühne in die Menschenmenge.« Rock-'n'-Roll-Standards. Kennt man. Aus dem Fernsehen oder von großen Stars bei Festivals. Verschwitzter Sänger nimmt meist vom Schlagzeugpodest startend Anlauf und springt in die Menge, die erwartungsvoll die Hände in die Luft reißt, um aufzufangen, was da durch die stickige Luft fliegend auf Handflächen landet, und über die Köpfe hinweg weitertransportiert, bis das Gitarrensolo auf der Bühne zu Ende ist. Spätestens dann sollte der Sänger wieder da sein, wo er eigentlich ja hingehört: Center. Stage. Am Mikro.

Stage Diving ist der Fachbegriff. Beim richtigen Tauchsport sind Technik und Absprache alles – so auch hier.

An diesem Tag hatte ich ohnehin einen leichten Überflieger, weil ich von einem weiblichen Fan eine Torte geschenkt bekommen hatte. Sie trat ans Tour-Wohnmobil und übergab mir feierlich eine Tiefkühl-Sahnetorte. Ich verstaute sie oben in einem Fach.

In dem Laden tropfte eine Schweiß-Bier-Mischung von der Decke und eine große Portion Nebel jagte unter dem Schlagzeug hervor. Das war der Moment, als ich auf das Schlagzeugpodest hochstieg. Mein erster Stage Dive. Yeah! Ich suchte mir im Publikum eine angetrunken vor sich hin wankende Kleingruppe aus, die hatte ICH also auserkoren für meinen Jungfernflug. Ich schaute sie eindringlich an und rief noch: »Ihr fangts mich, ja?« Vielleicht hätte ich meine Sprungpläne laut ins Mikrofon brüllen sollen, aber ich schrie es einfach im Rock-'n'-Roll-Gewitter unverstärkt von der Bühne. Das mag zu dem, was dann folgen sollte, beigetragen haben, das gebe ich gerne zu. Was »die da unten«, die kräftigen Burschen, die mich locker hätten auffangen können, auch immer verstanden haben mögen, man weiß es nicht. Es war wohl – das haben meine Recherchen ergeben – so etwas wie: »Gehts auf d' Seiten!« Was sie dann ja auch getan haben. Als ich jedenfalls abhob vom Podest, machten sie etwa fünf Quadratmeter Tennenboden für mich frei, was gar nicht so leicht war, denn es war ja sehr voll. Einer stellte noch rasch seine Bierflasche auf den Boden, bevor er sich ebenfalls entfernte. Ich habe das alles im Flug mitbekommen: das gemeinschaftliche

Zur-Seite-Treten, das Abstellen der Bierflasche ziemlich genau an dem von mir ausgewählten Ziel- und Landepunkt, aber ich konnte nicht zurück. Wenn der Mensch mal fliegt, dann fliegt er, nur die Erdanziehung kann diesen Zustand verändern. Was sie auch tat. Das Gitarrensolo jaulte auf der Bühne und dann landete ich – der frischgebackene Superheld – mit der Rippe 6 und auch der Rippe 7 direkt auf dem Bierflaschenhals und krümmte mich ein paar Sekunden am Boden. Aber für Niederlagen und Selbstmitleid ist bei Heldentaten kein Platz und keine Zeit. Also auf und wieder zurück auf die Bühne. Fazit, erster Tag der Tour: Rippe gebrochen. Stechender Schmerz bei jedem Atemzug. Das ist doch mal was fürs Tagebuch eines Sängers. Atmen soll ja nicht so wichtig sein beim Singen.

Ein paar Biere später und wegen steigendem Schmerz, da sinkendes Adrenalin, wollte ich dringend ins Hotel. Ich hatte ein Zimmer zusammen mit dem Gitarristen, denn für Einzelzimmer war es zu diesem Zeitpunkt der Nichtberühmtheit aus Budgetgründen zu früh. Der Herr Gitarrist war bereits vorausgegangen, sehr zu meiner Verwunderung, die aber beim Betreten meines Hotelzimmers wich, denn da lag er nicht alleine. In unserem Bett. Da lag noch was Weibliches, Blondes, zu seiner Freude Mitgenommenes. Nicht zu meiner. Mit gebrochenen Rippen hat man selbstverständlich auch in Rockbands ein Anrecht auf einen Platz im Bett. Da war aber keiner frei, denn da waren der Gitarrist samt Blondie am Werk. Als schmerzverzerrter Sänger hatte ich auch nicht das bandinterne Standing, beide, oder zumindest sie, aus dem Bett zu vertreiben. Und so krümmte ich mich auf einer einen Meter vierzig langen Couch mit Polsterecken und schlief irgendwann durch aufkommende Trunkenheit wortwörtlich »geknickt« zu den mich nicht inspirierenden Klängen lüsterner Leiber ein. Und ebenso »geknickt« erwachte ich wieder und die Schmerzen waren aufgrund der nächtlichen Haltung noch schlimmer geworden. Aber Tag 2 stand im Raum und an. Das Jugendzentrum in Freyung-Grafenau. Ortsteil Grafenau.

Den Gig hatte der Bassist ausgemacht, denn der stammte von da in der Nähe. Das Jugendzentrum in Grafenau befindet sich auf einem öffentlichen Parkplatz, der gleichzeitig Volksfestplatz ist. Eine sehr beliebte Doppelverwendung in Niederbayern. Parkplatz = Volksfestplatz, was grundsätzlich dazu führt, dass es in diesen Gemarkungen immer Parkplätze gibt, außer wenn man sie wirklich braucht, zur Volksfestzeit nämlich. Dort, in der Mitte des Parkplatzes, stand das Jugendzentrum, im Erdgeschoss war es zumindest ein solches. Der Eingang führte nämlich nicht nur ins Jugendzentrum, sondern auch in die einzige öffentliche Toilette von Grafenau. So kann ich also sagen: Ich habe schon in einem öffentlichen Scheißhaus gespielt. Das kann auch nicht jeder von sich behaupten. Drinnen war Platz für etwa zwanzig bis fünfundzwanzig Gäste, es kamen aber nur acht bis zehn. Nach der von uns aufgestellten Regel: Gespielt wird, wenn im Publikum mehr Menschen sind als auf der Bühne, spielten wir auch. Dennoch war es trotz der übersichtlichen Fanschar für einen kompletten Bandaufbau zu eng. So setzte sich der von der Nacht noch spätbeglückte Gitarrist oben auf den Flipper und verließ während der Show diesen aussichtsreichen Ort nicht mehr. Wir spielten für die Anwesenden vom Duft der Pissoirs getragen unser Set und waren schnell weg. Vielleicht haben wir auch noch was getrunken. Mag sein, ist sogar wahrscheinlich. Ich weiß es nicht mehr. Verdrängung aus verständlichen Gründen, behaupte ich mal.

Am nächsten Tag fuhren wir nicht weit und dennoch ganz schön lange, unsere nächste Station war vielleicht zwanzig Kilometer entfernt. Immerhin lag sie so weit weg, dass der Urinduft des Abends davor langsam aus Bus und Kleidern verschwand. Doch unser Ziel war schwer zu finden in den Zeiten vor Navi und Google und GPS, unser ortskundiger Bassist besuchte nämlich derweilen seine Eltern. Der Hartl-Saal in Spiegelau war unseres dritten Tages Spielort, dort hatte die Rockmusik-verliebte Dorfjugend im Nebensaal des Metzgereigasthofs ein Festival organisiert, bei welchem wir zwar nicht der Headliner, aber zumindest einer der Hauptacts sein sollten. Wir fanden den Saal nicht und so taten wir das, was man früher so tat, wenn man nicht wusste, wo etwas ist. Wir warteten auf einen Einheimischen, um ihn mit einer lokalgeografischen Frage zu belästigen. Voraussetzung allerdings ist, es sind überhaupt Leute auf der Straße. Das aber muss in Dörfern des Bayerischen Waldes nicht so sein, was die Variante Ask an aborigine erschwerte. Nur bei Prozessionen, Fahnenweihen oder Volksfesten treibt man sich auf der Straße rum. Sonst nicht so. Warum auch, es passiert dort ja nichts. In den Häusern zwar auch nicht, aber da ist es warm und weniger gefährlich. Also bleibt man drin. Wir stocherten eine gefühlte Ewigkeit in diesem Zwanzig-Kilometer-Umkreis herum auf der steten Suche nach dem immer ominöser werdenden Hartl-Saal. Von allen Seiten hatten wir den wirklich überschaubaren Ort Spiegelau schon angefahren, aber wir fanden ihn nicht und auch niemanden, den wir zu seiner Verortung hätten befragen können. Kurz vor der einhelligen Meinung: Wir bleiben jetzt da stehen, bis irgendjemand vorbeikommt, und wenn es erst im nächsten Jahrtausend ist!, quälte sich ein alter Mann am Straßenrand den Berg hinauf. Fenster runter, Frage gestellt:

»Tschuldigung, äh, wo ist denn da der Hartl-Saal?«

»Da fahrts die Kegelbahnkurvn nunter, dann seids glei da!«

»Bitte?!«

»Ja, d' Kegelbahnkurvn nunter und dann seids glei daaaa!«, wiederholte der Schrat nicht unfreundlich, aber sichtlich verwundert, was man an seiner Wegbeschreibung nicht hatte verstehen können.

Ich fragte nach, indem ich versuchte klarzumachen, dass die »Kegelbahnkurve« vielleicht hier ein Begriff sei, aber in der Welt, aus der wir kamen, habe sich deren Existenz noch nicht herumgesprochen, ob denn der Herr »lebendige Landkarte« uns vielleicht mit Zusatzinformationen diese Kurve betreffend versorgen könne. Natürlich bei Weitem nicht so gestelzt, ich hab wahrscheinlich nur nachgebellt:

»Wooo is des?«

Und dann sagte er mit dieser Selbstverständlichkeit, die ich immer bewundern werde:

»Kegelbahnkurvn!! Woaßd scho! Da, wo im Somma amoi a Goaß dafreart is!«

Da war er also, der Hartl-Saal. Da, wo die im Sommer erfrierenden Ziegen wohnen.

Und so wurde wenigstens ein altes niederbayerisches Sprichwort an diesem Tag in meinem Leben verifiziert: Neun Monate Winter, drei Monate kalt: der Bayerische Wald.

An das Konzert kann ich mich nicht mehr wirklich erinnern, nur dass ich keinen Stage Dive gemacht habe, das weiß ich sicher.

Über den Auftritt in Regen ist weiter nichts in Erfahrung zu bringen, und das hat seinen Grund. Der Tourmanager, ein alter Freund und Quereinsteiger, hatte sich mit dem Veranstalter angelegt, der natürlich genau der gleiche Bayerwald-Spezi war wie er selber. Wobei einen ja oft das am anderen am meisten nervt, was man an sich selber nicht mag. Hobbypsychologie wäre damals völlig fehl am Platz gewesen und war auch noch gar nicht so verbreitet wie heute, wo ja alles Verhalten grundsätzlich küchenpsychologisch von irgendjemandem beurteilt wird. Es kam zu einer der dramatischsten Rock-'n'-Roll-Situationen, einem Satz, ausgesprochen vom Tourmanager:

»DANN SPIELEN WIR NICHT!«
YEAH!

Der Grund: Unser Tourmanager war – nicht dass ein testosterongeschwängerter Halbstarkensatz unkommentiert hier stehenbleibt – beim nächtlichen Schlüsselholen für unsere Bleiben (wir waren landkreisflächig auf Wohnungen, Pensionen und Wirtshäuser verteilt worden) mit einer abgesägten Schrotflinte bedroht worden. Vom Herbergsvater himself. Irgendwie ein Missverständnis. Oder irgendwie auch da Testosteron oder einfach kritische Masse, Sterne, irgendeine Mondkonstellation kann's auch gewesen sein. Irgendwie hing jedenfalls alles zusammen oder eben gerade nicht, und der Abend war gesprengt. Wie auch das Verhältnis Tourmanager/Veranstalter. Wir spielten tatsächlich nicht. Und vereinbarten an diesem Tag mit einem Schwur, dass immer, wenn jemand von uns an der Stadt Regen vorbeifährt, das Autofenster geöffnet und der Hintern blankgezogen Richtung Stadtmitte gereckt werden muss. Bis heute wird das sofort abgefragt, wenn wir uns treffen und einer erzählt was vom Bayerischen Wald. Ich habe es vor Kurzem das erste Mal nicht gemacht, sondern nur daran gedacht. Ich finde, jetzt so mit Mitte vierzig reicht das. Wobei: Blödsinn! Das nächste Mal streck ich ihn wieder raus. Der Tourmanager hat dann im Bus gepennt, er ging nicht zurück zum »Mörder von Rinchnach«. Was auch völlig richtig war, denn von einem Bayerwald-Wilderer erschossen zu werden, ist der falsche, nämlich kein Rock-'n'-Roll-Tod. Die Schlüssel hat er übrigens nie zurückgebracht, er hat sie irgendwann, also frühestens nach Monaten und sicher unter Androhung einer Strafanzeige seitens des Psycho-Hoteliers, mit der Post geschickt. Im Nachhinein: leicht poppermäßige Aktion. Aber nachvollziehbar.

Scarlett

Ein langgezogenes, entnervtes und zudem sehr verkatertes »Ahhhhhhhhhh« des Drummers kam uns aus dem Kinderzimmer der alleinerziehenden, uns fremden Waldfrau entgegen, als wir in voller Truppenstärke nach einer wahren Odyssee durch allerlei Gemarkungen des Bayerwaldes endlich bei ihr in der Wohnung aufschlugen, um unseren Mitmusikanten auszulösen. Er war, sagen wir mal: in diese Sache hineingeschlittert. Er war unter Drogen gesetzt worden, es traf ihn keine Schuld, morgens lag er jedenfalls nicht in dem für ihn vorgesehenen Bandbettchen, obwohl wir ihm, seine erfolgreichen Anbandelungsversuche beobachtend, extra das Doppelzimmer freigehalten hatten und der Tourmanager und ich auf einer neunzig Zentimeter breiten Matratze schliefen, damit der feine Herr zu seinem Vergnügen kommen möge. Aber er war nicht da. Am Morgen. Er war abgeschleppt worden. In die Wohnung der Alleinerziehenden, was er natürlich erst wusste, als er bei ihr ankam und die wilde Sache steigen sollte, dann aber das Kind erwachte, zu seiner Mama ins Bett wollte, und er somit ausgelagert wurde, ins Kinderbett, und genau vor dem standen wir jetzt. Ein »Ahhhhhhhhhh« verließ also seine Lippen, als er das Kind betrachtete, das ihm seine Groupieträume komplett zerschossen hatte. Ein zweites »Ahhhhhhhhh« stieß er aus, als er uns alle in der Tür stehen sah. Aber das passte alles zu den letzten vierundzwanzig Stunden. Die waren so schräg gewesen, dass das im Nachhinein der einzig würdige Abschluss war:

Tags zuvor nämlich rollte unser kleiner Reisezug, bestehend aus einem Transporter und einem Wohnmobil, die B85 entlang bis ans äußerste Ende Bayerns, wo an der tschechischen Grenze das beschauliche Städtchen Furth im Wald liegt. Dort, direkt an den Bahngleisen, gab es keinen Wald, sondern eine Disco. Wo auch hin und wieder Konzerte stattfanden. Als wir vor der Disco parkten, entglitten uns zum ersten Mal an diesem Tag die Gesichtszüge, denn im Werbefenster der Disco war ein Plakat von uns, auf dem neben der Info »Schinderhannes – live« mit dickem Edding sichtlich von Frauenhand ergänzt, stand: »Großer Hexen- und Vampir-Faschingsball! Eintritt nur fünf Mark, Musik von Schinderhannes!« Fassungslos standen wir davor. Sollte denen das wirklich ernst sein? Gab es überhaupt etwas, wo unsere Musik weniger hinpasste als auf einen Disco-Faschingsball in Furth im Wald mit dem Motto: »Hexen und Vampire«?! Der Herr Tourmanager war jetzt schon auf hundertachtzig, aber in erster Linie wegen des viel zu niedrigen Eintrittspreises. Der war uns wiederum ziemlich egal, bei den transsilvanischen Befürchtungen, die wir hatten. Zu Recht, wie sich herausstellen sollte.

Die Besitzerin der Disco nannte sich »Scarlett« und hatte mitnichten irgendwas gemein mit irgendeiner Scarlett aus irgendeinem Hollywood-Film, nein, sie hatte um den Mund herum einen Riesenherpes, weil sie, mit ihren Worten gesprochen, »so blöd war, Koks und Speed zu verwechseln«. Das war quasi ihr Begrüßungssatz. Sie zeigte uns die Bühne und betonte, wie sehr sie sich auf den Abend freue, weil sie sich ein super Kostüm genäht habe. Das sei aber noch nicht ganz fertig. Wir könnten ja einstweilen unser Zeug aufbauen und damit wir nicht verhungern, habe sie soeben sechs Knoblauchbaguettes in den Ofen gesteckt. Der Tourmanager veränderte Gesichtsfarbe und Lautstärke.

Er: »Was?!?!?«

Sie: »Ja, was denn? Ihr seids doch sechs Leute, oder? Ach so, sieben, blöd, ich hab nur sechs!«

Der Tourmanager schnob hörbar den ganzen Tag vor sich hin vor Wut, aber er wollte vermutlich nicht riskieren, dass wieder eine Schrotflinte zum Einsatz kam, also nahm er uns beiseite und sprach konspirativ:

»Der Speedalten saufen wir heut die Bar leer. Und zwar komplett. Okay?!«

Alle nickten. Auch unser Drummer, der normalerweise eher Spezi trank. Aber wenn Alkohol, dann Schnaps. Und wenn Schnaps, dann gnadenlos. Nach dem Soundcheck lungerten wir in der Disse rum, während Scarlett, statt ihr Hexenkostüm weiterzunähen, mit ihrem Speedkumpel Sex bei offener Tür hatte. Auch nicht schön. Aber es verkürzte die Wartezeit. Ab 19 Uhr trudelten die ersten Besucher des Faschingsballs ein. Die Mädels als Hexen, die Männer als Vampire. Grauenvolle Kostüme, schlimme Einlassmusik, Ladies and Gentlemen, das hier ist die wahre Rocky Horror Show. Und wir mittendrin. Mehr als dreißig Zahlende (mal fünf Mark = Komplettgage Band: 70 Prozent von 150 Mark) waren es nicht, trotz Riesenaktion Faschingsball. Um 20 Uhr begannen wir zu spielen und hatten nicht ein einziges Lied im Programm, das »die da unten« kannten, was ja klar ist, da wir nur unser eigenes Zeug spielten und keine Coverversionen. Mit steigendem Pegel forderten die Partypeople von hinter den sieben Bergen aber genau das. Und wollten nicht verstehen, dass wir weder »Born to be Wild« noch »It's a Jump to the Left« (wie sie »Time Warp« aus der ›Rocky Horror Show‹ zu betiteln pflegten) spielen wollten (und konnten), und alles spitzte sich zu und war eigentlich auf einem klaren Weg zur Detonation, da flog urplötzlich die Türe zum kleinen Horrorladen auf und ein Typ, der sofort und auf der Stelle als Zuhälter erkennbar war, kam mit mehreren ebenso sofort als Nutten zu identifizierenden Frauen Richtung Bühne und schrie ansatzlos:

»An Schnaps für d' Musi!«

Ein Satz aus der Tanz- und Bierzeltmusikbranche, in der Rockmusik mehr als unüblich, um nicht zu sagen: verboten. Das interessierte ihn nicht. Er stellte eine Flasche Bärwurz auf die Bühne, den wir »auszusaufen« hatten, postierte seine Girls vor der Bühne, steckte sich eine Zigarre an und genoss sein Ludendasein. Immer wieder laut in unsere Richtung schreiend, wir sollten doch den Schnaps aussaufen. »Prost, ihr Säcke!« Jaja, Prost, du Sack. Wir dichteten uns also ab. Anders kann man es nicht sagen. All die Hexen, Vampire, Nutten, Zuhälter, Herpes-Scarletts und Knoblauchbaguettes ließen kein anderes Verhalten zu. Zu. Zu. Waren wir also nach der Show schon vollkommen. Eigentlich richtig hinüber und mehr als bettreif. Aber es stand ja noch der Racheakt in Sachen Knoblauchcatering und Eintrittspreis an: Bar leer saufen. Und so hielt sich allein noch der Herr Bassist mit seinen hundert Kilo gerade wie eine Eins und schenkte hinter dem Tresen munter aus riesigen hängenden Schnapsflaschen Drinks aus, und der Rest der coolen Gang hing über der Theke und konsumierte, was halt noch hineinging in den jungen, vampirverstörten Körper. Gäste waren praktisch keine mehr da, der Zuhälter war mit Personal längst wieder abgezogen, und Scarlett hatte mal wieder Sex bei offener Türe mit ihrem Speedkumpel, wo es hoffentlich bei Herpes blieb und nix Schlimmeres dazukam. Irgendwann war Ende, nur eben der

Drummer, der hing an einer Hexe und war nicht von ihr zu trennen. Was der Hexe recht war, und so endet die Geschichte, wie sie begann. Mit einem: »Ahhhhhhhhhh!«

Denken konnte ich nicht mehr in dieser Nacht. Onanieren angeblich. Kann ich mir nicht vorstellen. Aber im Traum befiel mich die Erkenntnis, dass mein Vater doch ein bisschen recht gehabt hatte mit seinen Ressentiments den Rock 'n' Roll betreffend. So ein bisschen. Wenigstens.

Am nächsten Tag mit großer Mühe den nackten Hintern an Regen vorbei in die Luft gestreckt, und weiter ging die Fahrt nach Amberg. Sollte uns jemand, der diese Zeilen liest, irgendwann im Februar 1998 in einem Jugendzentrum in Amberg gelauscht haben, wir wären sehr interessiert, wie das so war. Wir vermuten eher schlecht. Von unserer Seite.

Von dieser Tournee blieb uns nachvollziehbarerweise nicht viel. Als sie nach Amberg und dem Heimspiel in der Provinzhauptstadt vorbei war, hatten wir weniger Geld als bei der Abfahrt, und wir alle waren uns einig, die B85 künftig nach Möglichkeit zu meiden, außer man hat das Bedürfnis, öffentlich aus einem Autofenster heraus blankzuziehen. Von dem Wohnmobilverleiher hab ich übrigens ein halbes Jahr später einen Anruf erhalten, ob mir damals irgendetwas am Innenraum des Fahrzeugs aufgefallen wäre, die Polsterung und Teile der Holzverkleidung hätten sich nämlich aufgelöst. Die Zersetzung habe man untersucht und was extrem seltsam sei: Der zerstörerische Stoff sei Zucker. Ich hatte keine Erklärung. Gar keine. Mein Name ist Coppenrath & Wiese und ich weiß von nichts.

Als der Herr Bassist im Sommer drauf Geburtstag hatte, lud er uns ein, diesen mit ihm im Bayerwald irgendwo an der B85 zu begehen. Eigentlich wollte keiner hin. War aber ausgemacht. Und doch sollte dies erst der wahre Abschluss dieser Tournee sein. Wir folgten also seinem Ruf. Fanden uns ein bei seinen Eltern im Garten, wo ein Gartenhaus stand. Dort sollte die Feier sein. Außer einem Kasten Bier und den mürrischen Eltern, die umherschlichen, war da nichts. Vor allem er nicht. Wir setzten uns in die Hütte und dachten, der kommt bestimmt gleich, holt sicher Grillgut. Er kam nicht. Wir tranken den Kasten leer. Es wurde 22 Uhr, das Bier war aus, keiner konnte mehr fahren, und immer noch kein Gastgeber. Als er gegen 24 Uhr mit einem Mädel im Schlepptau anrauschte und gerade ein Anschissgewitter über ihn hereinzubrechen drohte, stellte er eine zweite Kiste Bier am Boden ab und wehrte sich mit den Worten: »Was habts denn? Ich hab euch doch eh einen Kasten Bier hingestellt!« Wie die Scarlett mit den Knoblauchbaguettes. Ohne jegliches Schuldbewusstsein. Herb ist er, der Bayerwald-Charme, und legendär die Gastfreundschaft. In der Nacht wurde unser zweiter Gitarrist beinahe noch von des Bassisten Vater erschossen, weil er aus Versehen ins elterliche Schlafzimmer torkelte, und am Morgen wurde ich geweckt von einem schlimmen, alles durchdringenden Schrei. Kind oder Tier. Sicher war ich mir zunächst nicht. Ich schaute aus der Hütte in den Garten, und da stand der Bassistenvater und drehte eigenhändig einem Puter den Hals um. Mit Riesenhänden. Wir blieben nicht bis zum Essen. Und der Sohnemann musste sich eine neue Band suchen. Und wir einen neuen Bassisten ... nicht das erste und nicht das letzte Mal. Bassisten sind so eine Sache, denn wenn der Bass nicht stimmt, stimmt nix.

Das Hendlmonster von Wiener Neustadt

Die folgende Geschichte ist a) der traurige Beweis, dass es sich bei unserer Formation wirklich um eine totale Provinzkombo handelte, und b) der noch traurigere Beweis, dass Demütigung nicht nur ein Zustand ist, sondern einen Namen hat: Harley-Treffen in Wiener Neustadt/Niederösterreich.

Mister 30 Prozent und auch ich dachten beim Klang des

Ortsnamens, dass Wiener Neustadt der neue Stadtteil von Wien ist, also cool. Vor meinem geistigen Auge taten sich schon die Top Five des Wiener Lebensgefühls auf: Käsekrainer mit Kren und Senf und 16er-Blech, will heißen: einer Dose Bier am Würstelstand, Tafelspitz im Plachutta, Sushi auf dem Naschmarkt, Schnitzel im Anzengruber, weißer Spritzer everywhere. Dass es ein Motorradtreffen sein sollte, war in Anbetracht der kulinarischen Erwartungen hinnehmbar, zudem waren zweitausend Mark in die Bandkasse ein Argument, an diesem Auftritt im Vorfeld mal gar nichts scheiße zu finden. Außerdem: Der Chefgitarrist spielte ja auch noch in einer AC/DC-Cover-Band und sah auch so aus. Also wir schauten alle nicht gerade poppermäßig aus, wenn wir jetzt auch keine Motorradrocker im eigentlichen Sinne waren, waren wir dennoch mindestens so cool wie eine Queen-Coverband. Und so böse dreinblicken wie Harley fahrende Steuerberater aus Bielefeld, die das bevorstehende Treffen sicherlich mit ihren frisch gebügelten Harley-Davidson-Hemden aus dem örtlichen Shop modisch bereichern würden, konnten wir allemal. Wahrscheinlich würden wir eh die Wildesten am Motorradplatz sein; das ganze Harley-Ding war doch eh nur Gehabe. So weit die Vorstellung.

Es war ein richtiges Motorradrockertreffen.

Böse Buben säumten schon die kilometerlange Zufahrt im Stadtgebiet von Wiener Neustadt: eine eher traurige Nachkriegsindustriegemarkung ohne jeglichen für mich ersichtlichen Charme. Zwischen Tausenden von umgebauten, aufgebohrten, hochgerüsteten und ohrenbetäubend knatternden Harleys bahnte sich unser vergleichsweise harmloser Ausflugsbus den Weg auf das »Gelände«. Eingezäunt war's. Sicherheitshalber. Dann Geld tauschen. Harley-Dollar war die offizielle und einzige Währung, die hier galt. Ringsum Fransen, Stiefel, Rockerbräute mit unglaublichen Titten, daneben Männer mit schauerlichen Bärten. Vier Bühnen, drei Stripzelte, Hunderte von Bierständen und Würstlbuden – ohne Käsekrainer. Also definitiv nicht Wien. Und viel Platz, um sinnlos Reifen auf Asphalt zu verbrennen. »Gib Gummi, soll ein Satz Winterreifen hin sein!«, erzählte ich mir selber leicht anverzweifelt einen schlechten Witz. Unser Backstage war ein Wohnwagen. Vier Sitzplätze, sechs Leute. Unsere Auftrittszeit: 14 Uhr. Undankbar, aber wenigstens Open Air. Nicht in der Halle, in der neben Hardrock aus Riesenboxen nur Gummi dem Gott der Kupplung geweiht wurde. Immer wieder tosender Applaus, sobald ein Reifen auf Rille war. Man konnte unsere Bühne als eine Art Hauptbühne bezeichnen. Wir machten nur einen Line-Check, mehr gab's nicht, dann wollten wir was essen. Wir bekamen mal wieder Essens- und Getränkemarken. Jeder drei Getränke und ein halbes Hendl. Teile von uns »schauten sich auf dem Gelände um«, will heißen: Die Getränkemarken waren vor dem Auftritt bereits restlos aufgebraucht. Problem: Sie galten auch für das lebensnotwendige Bühnenwasser. Musste also mit Dollars jetzt teuer gekauft werden. Gagenreduktion. Denn es hatte irgendwas zwischen dreißig und vierzig Grad. Ich versuchte das Hendl zu essen, später gab es ja wohl nix mehr außer Barbecue und Burger, die mit weiteren Unmengen an Harley-Dollars ausgelöst werden müssten. Vor unserem Wohnwagen stand ein Security-Mann, so groß wie ein Donautouristendampfer. Er hatte eine Sprechstimme wie ein aufgebohrter Harley-Auspuff und rauer als die von Lemmy Kilmister von Motörhead. Wahrscheinlich war er in seinem richtigen Leben Metal-Sänger und konnte trotz dieser Stimme zwei Oktaven höher »singen« als ich. Dachte ich mir so mit einem Hendlflügel im Mund.

»Bin glei wieder zruck!«, sagte er, verschwand und kam tatsächlich wenige Minuten später wieder. Er betrat mit seinen gut hundertachtzig Kilo und seinen zwei Meter zehn geduckt den Wohnwagen, wobei selbiger fast auf die Einstiegsseite kippte. In seiner riesigen Armbeuge, der Oberarm war sicher umfangreicher als mein Oberschenkel und strammer als eine Alessi Pfeffermühle, thronte: ein kleines Kind. Ja, ein unschuldiges Geschöpf saß mit seinem kleinen Hintern in der Security-Armbeuge und machte optisch den Eindruck eines Neugeborenen, konnte aber, wenn auch niederösterreichisch, so doch fließend sprechen, war also auf jeden Fall mindestens schon zwei Jahre alt. Ob Bub oder Mädchen, war schwer zu sagen, Rockermama hatte als Frisur fürs Kind die genderübergreifende Variante »alle gleich lang« gewählt. Nachfragen das Geschlecht betreffend schieden natürlich aus. Man stelle sich vor, man sagt: »Oh, da hast du aber ein süßes Mädchen«, und es ist keins, dann setzt er den Jungen nur kurz ab und poliert dir die Fresse, dass sie aussieht wie der Fußabstreifer vorm Wohnwagen. Ich dachte, jetzt kommt bestimmt gleich was Nettes, Liebes oder zumindest Lustiges wie: »Bald kriegt er seine erste Kinder-Harley, dann kann er endlich auch Burn-outs machen.« Wie man mit dem Auspuff laut ist und stinkt, das wusste das bewindelte Kind bereits und stellte es gerade in der Armbeuge akustisch wie olfaktorisch unter Beweis. Aber er sagte so was in der Art leider nicht. Er sagte was ganz anderes. Wohlgemerkt in der Stimme, für die ich gerne noch ein anderes Bild bemühen möchte: ein bisschen wie Otto Sander nach einer achtwöchigen Theatertournee mit hundertzwanzig Kippen, zwanzig Tassen Kaffee und vier Flaschen Rotwein, einer halben Flasche Schnaps und grammweise gestrecktem Koks mit anschließendem Kiffen zum Runterkommen von dem ganzen Zeug – und das jeden Tag; so sagte er also:

»Passts auf eure Hendl auf, sonst frissts euch alles zam!«

Wieder keine Geschlechterzuordnung. Oh mein Gott. Das Kind ist das Hendlmonster von Wiener Neustadt?! Ein Chicken Alien soll dieses süße kleine Ding sein? Ich stellte mir leider vor, wie Mister Touristendonaudampfer sein Kind bereits mit sechs Monaten in dieser Disziplin ausgebildet hat. Wahrscheinlich wollte er ein Metal-Bühnentier aus dem Kleinkind formen, das als erstes in der Geschichte der Rockmusik nicht nur mit Feuereifer einem Huhn auf der Bühne den Kopf abbeißt wie weiland Alice Cooper, sondern es auch noch komplett auffisst, nein, frisst! Born to be wild! »Chicken Eater« würde die Band heißen und in fünfzehn Jahren hier auf dieser Veranstaltung der Headliner sein.

Der Satz hallte immer noch nach im Wohnwagen und ich schaute zurück auf die Reste meines Hendls und schützte das Tier mit meiner unbemessenen Hand. Zwecks? Einfach so.

»Ihr seids dran!«, schickte uns ein vergleichsweise hänflinghafter Rockerkollege Richtung Bühne. Der Hendlmonster-Papa blieb zurück. Security war für uns offensichtlich nicht erforderlich. Wenn man uns schützen musste, dann definitiv erst nach dem Auftritt, schien sein leicht überheblicher, fast mitleidiger Blick jedenfalls zu sagen, als er uns ohne Stiefel, Motorräder, Tänzerinnen und mit normalen Gitarren, die nicht zu Waffen umgebaut waren, Richtung Bühne traben sah. »Popper!« Hat er sich wohl gedacht.

14 Uhr. Intro. Ein Riesenplatz vor uns. Zweitausend Leute hätten da sicher locker draufgepasst. Keiner da. Am Ende der publikumfreien Fläche waren ein paar Buden, davor standen Bikes, die von ihren Besitzern in unregelmäßigen Abständen angelassen oder dem Reifentod zugeführt wurden. Ich sagte durchs Mikro ins Leere irgendwas wie: »Ich hoffe, ihr habt eine gute Zeit mit uns!«, war mir selbst nicht sicher, wen ich damit meinte, und wir spielten Lied um Lied. Keine Reaktion. Wie auch. War ja niemand da. Von ganz weit weg sah ich das eine oder andere Busenwunder kurz Richtung Bühne blicken, sich aber dann wieder dem neben ihm stehenden Testosteronbolzen zuwenden. Wir studentischen Aushilfsrocker konnten für so ein »Babe« auch wirklich keine Alternative sein. Verstand ich ja. Keine Reaktion? Zunächst. Irgendwann ließ einer seine Maschine jaulen und entschloss sich zu einer Reifenvernichtung direkt vor der Bühne. Ich glaube, seit diesem Tag brauch ich meine Bühnenmonitore in exorbitanter Lautstärke wie Lemmy auf dem Wacken Festival. Vermutlich bin ich traumatisiert und denke, ich muss mich selbst dann noch hören, wenn eine aufgebohrte Harley vor mir Gummi in den Asphalt brennt. Und das ist laut! Das als kleiner Hinweis Richtung Technikabteilung. Nach diversen Burn-outs aufgemotzter Bastel-Harleys leerte sich der Platz wieder, denn um 15 Uhr wurde drinnen in der Halle eine

Kawasaki, hier liebevoll »Reisschüssel« genannt, komplett zusammengedroschen. Gegen Geld konnte da der werte Herr Rocker das japanische Exemplar falsch verstandener Motorradbaukunst mit einem übergroßen Hammer zerstören. Das taten denn auch einige, die anderen schauten dabei zu. Vor allem die Babes. Der Platz war somit menschenleer, nur ein paar Besoffene, die den Weg in die Halle nicht mehr schafften, und ihre verwaisten Bikes waren noch da, die in der Nachmittagshitze davon träumten, einen Reifen weniger auf der Felge zu haben.

Ich glaube, wir spielten gerade den Song »Es scheint die Sonn, auch wenn du weg bist!«, passte ja. Da tauchte er plötzlich auf. Langsam schwankte er unsicheren Schrittes über den Platz in meine Richtung. Platz zum Torkeln war ja genug da, den brauchte er aber auch. Irgendetwas schreiend waberte er auf uns zu, was ich zunächst nicht verstand, weil mein Monitor so laut war. Er grölte und lallte gleichzeitig, das zumindest konnte ich schon mal erkennen. Mittlerweile dicht vor der Bühne angelangt, brüllte er mich jetzt an, lauter als die Anlage den Platz beschallte, ich verstand ihn dennoch nicht und sang einfach weiter und glaubte ihn tatsächlich mit einem liebevollen Augenaufschlag besänftigen zu können. Denn dass das nötig war, sagte mir sein Gesichtsausdruck. Das brachte ihn, das Fass, zum Überlaufen. Er drehte sich um, zog seine Hose runter, reckte mir seinen nackten Arsch entgegen und schrie durch seine Beine an seinem hängenden Gemächt vorbei:

»BORN TO BE WILD!!!! BORN TO BE WILD! SPÜTS BORN TO BE WILD!«

Ein Musikwunsch. Offensichtlich.
Abgelehnt.
Abputzen.
Weiter geht's.
Born to be wild!

I´m not from Austria

Mister 30 Prozent stieg nach seinen internationalen Erfahrungen den Rock 'n' Roll betreffend gezwungenermaßen relativ zügig wieder auf überschaubare Risiken um. Bayern- und Austropop. Der heißeste Scheiß der 90er-/Anfang 2000er-Jahre im Festivalbereich in der bayrischen Provinz. Also veranstaltete er Konzertspektakel mit allen Größen der bayrischen und österreichischen Liedermacherei und Popmusik. Und da er ja eine Band unter Vertrag hatte, die gut zu den Dialektgranden passte, wurden wir zur ständigen Vorband. Für einige der Stars hatte ich in den Jahren zuvor schon Zeug geschleppt, jetzt würde ich zumindest vor ihnen auftreten. Für lau. Das war klar. Aber Ruhm würde schließlich dabei rumkommen und außerdem ist man natürlich als »Künstlerkollege« den Helden näher. Meinen Helden. Seit ich eine Gitarre hatte, waren neben ein paar Heimatkünstlern wie BAP, Söllner, Ringsgwandl, Haindling oder Spider Murphy Gang (Reinhard Mey war mir mittlerweile zu wenig Rock 'n' Roll), neben immer und immer Pink Floyd und anderen internationalen Rock-Heroen vor allem die Austropop-Stars Ambros, Fendrich, Danzer, STS, Ostbahn Kurti, Peter Cornelius, natürlich der FALCO, Hubert von Goisern und die EAV meine Vorbilder (Qualtinger entdeckte ich erst später wieder für mich), und ich konnte von allen fast alles auswendig mitsingen und nervte konsequent und bisweilen auch Freunde mit dem bajuwarisch-austrophilen Liedgut. Mit fast allen Granden stand ich in den Folgejahren als Support-Band auf einer Bühne. Lebensträume erfüllten sich. Aber wie das nun mal so ist mit den Vorbildern und den hellen Sternen der Projektion, sie zerstoben in den Galaxien des Rock-'n'-Roll-Himmels. Hier meine Top 3 der Ernüchterung, Namen spielen dabei keine Rolle, ich will ja nicht, dass der Leser hier auch noch seine Helden verliert, außerdem dürfte es sich für Kenner der Szene um ein überschaubares Rätsel handeln, welche Geschichte welchem Star zuzuordnen ist.

Platz 3: Nussschnaps im Aufzug

1994. Unser erstes großes Festival, das wir eröffnen durften. Mehr als achttausend Menschen wollten natürlich nicht uns, sondern die aktuellen Topacts der deutsch-österreichischen Popszene. Aber zumindest lauschten sie uns einigermaßen geduldig, wenngleich immer wieder Rufe nach den eigentlichen Headlinern während unseres Auftritts zu vernehmen waren. Muss man ausblenden. Dieser Tag war ein biografisches Highlight und nach unserem vierzigminütigen Gastspiel schaute ich vom Monitormischplatz aus meinen Helden dabei zu, wie sie die Tausende im Griff hatten und ausgiebigst bewundert und gefeiert wurden. Das musste einen doch glücklich machen, wenn einen so viele Menschen bejubeln, das musste die Herren tief durchdringen, sie hatten ja wohl auch mal magere Zeiten gehabt, und jetzt waren sie »oben«. Sollte ich irgendwann »oben« sein, würde ich jedenfalls glücklich sein. Nachher ging's ins Hotel, dort sollte die After-Show-Party aller Künstler, Manager und ein paar Groupies steigen. Ich versuchte über Mister 30 Prozent an alle ranzukommen und ein bisschen im Licht der Großen zu lernen, für kommende Aufgaben meines Rock 'n' Roll-Daseins. Eigentlich beeindruckt und unsicher, aber doch gespielt souverän führte ich sogar bei einem Getränk dieses oder jenes Gespräch mit dem einen oder anderen Helden. Einen suchte ich vergebens auf der Party. Irgendwann wollte ich dann auch auf mein Zimmer, ich war platt, der Auftritt, die Eindrücke dieses Tages sowie diverse Small-Talk-Alkoholika hatten mich Kraft gekostet. Ich ging zum Aufzug, die Tür öffnete sich. Im Lift stand eine Couch, auf dieser saß einer der Topacts des Festivals und meines Musikerlebens mit einer Flasche Nussschnaps in der Hand, aus der er permanent saugte. Neben ihm lehnte offensichtlich sein Tourmanager und versuchte ihn wortgewaltig zu überreden, den Aufzug zu verlassen und doch endlich entweder ins Bett zu gehen oder aber der Party beizuwohnen. Er wollte nicht. Er wollte trinkend auf einer Couch sitzend Aufzug fahren. Gefälligst. Da hatte er ja auch recht, schließlich war er der Star. Ich fuhr ein paar Mal mit ihm rauf und runter, denn mein Stockwerk war bei seinem »Ich drück besoffen wild auf Knöpfe«-Spiel nicht dabei. Wenn ich ihn in der Folge gesehen habe, ob in echt oder im Fernsehen, hatte ich immer das Bild vor Augen, wie er auf einer Couch fläzend besoffen Aufzug fährt. Wenigstens war ich ihm näher gekommen als allen anderen Stars zuvor. Vier Quadratmeter Aufzugfläche sind ja ein nahezu intimer Ort.

Platz 2: Nur Schatten und kein Licht

Ende des letzten Jahrtausends. Wir hatten schon ein paar Mal den Abend für diesen österreichischen Superstar eröffnet. Groß wahrgenommen wurden wir von ihm und seiner Entourage nicht, aber auch nicht schlecht behandelt, halt einfach freundlich ignoriert, so ist das eben als Vorband. Man muss froh sein, wenn sie einen spielen lassen und man nicht auch noch dafür bezahlen muss. Pay for play heißt das in Amerika. Nein, wir durften vor ein paar Tausend spielen, mit essen, trinken, hin und wieder uns im Nightliner der Crew aufwärmen, aber nicht mit ihm mitfahren (merke: Sobald Budget dafür vorhanden, Nightliner buchen!), und unsere CDs verkaufen. Ich schaute mir jeden Auftritt, den wir begleiteten, von der Nebenbühne aus an, denn ich war wie alle anderen auch ein bisschen verliebt in die Backgroundsängerin (merke: Irgendwann, wenn es das Budget hergibt, hübsche Backgroundsängerinnen engagieren!).

An diesem Abend war ich massiv aufgeregt, denn Mister 30 Prozent hatte es ermöglicht, dass wir in meiner Heimatstadt im historischen Schlossinnenhof die Show supporteten. Das fühlte sich fast schon wie ein Double Headliner an, denn hier hatte ich definitiv auch Publikum, das meinetwegen da war und nicht nur wegen ihm. Also fast gleichberechtigtes Feeling auf der Bühne. Technisch natürlich nicht. Da natürlich Vorband.

Schlechter Sound und maximal zwanzig Lampen von vierhundert möglichen auf uns gerichtet. Ich begann die Show, euphorisch nahezu, die Leute gingen mit, endlich das Gefühl, nicht »nur« Vorband zu sein. Jetzt die Ballade. Ich fing mit einem Gitarrenpicking an, schloss dabei die Augen. Ganz still war es auf dem Schlossplatz. Ich öffnete sie wieder, um den ersten Satz ins Mikrofon zu singen. Statt den Blick weit über Tausende Köpfe schweifen lassen zu können, wie ich das so liebe, schaute ich in die Arschfalte eines Technikers des Hauptacts, der genau vor mir mit einer Riesenstange diverse Lampen schon mal auf die Position des folgenden Sängers richtete. Während unserer Show. Nicht in der Umbaupause. Anders gesagt: Für ihn war der Auftritt der Vorband dasselbe wie eine Umbaupause. Puh. Das war neu in Sachen Erniedrigung. Mir war's zudem wahnsinnig peinlich vor heimischem Publikum, und als ich aus dem Augenwinkel sah, dass die hübsche Backgroundsängerin am Rande der Bühne, aber eben im Publikum stand, war mir dieser eigentlich als Feiertag gedachte Event endgültig versaut. Gut, dass meine Eltern da waren, denen ich mit dem Catering beweisen konnte, dass wir kulinarisch ganz anständig versorgt wurden, was vor allem für meine Mutter eine schöne und erste Rock-'n'-Roll-Erfahrung war. Immerhin.

Platz 1: Runterrauschen und Runterrauchen

Jahrtausendwende. Riesenfestival. Zehntausend Besucher. Heute sollte ich mit meinen Mannen gleich drei meiner absoluten Stars supporten. Wir waren schon sehr früh auf dem Open-Air-Gelände, denn wenn die Superstars kamen, musste natürlich die Bühne frei und unser Soundcheck erledigt sein. Also standen wir im volksfestgroßen Backstagebereich herum und warteten auf unseren Auftritt. Ich wartete aber auch auf die drei Stars, die mussten ja irgendwann erscheinen. Zwei waren schon da, wurde mir gesagt, einer fehlte noch. In Riesenlettern prangten die Namen der drei auf dem innen nobel eingerichteten Baucontainer. Die Tür flog auf, und einer kam heraus. Mit Sonnenbrille, Kippe im Mund und noch weißen Pulverresten unter der Nase, die er sich hastig wegwischte, ging er Richtung Bühne und musste somit irgendwie auch an mir vorbei. Ich bewegte mich langsam auf ihn zu, aber nicht so, dass es bedrängend wirkte. Er ging mich ignorierend knapp zwei Meter an mir vorbei, und in dem Moment, als ich die Hand ausstrecken wollte, um ihn zu begrüßen und mich als Vorbandsänger und Fan vorzustellen, spuckte er knapp an mir vorbei in eine Pfütze. Okay. Der war zwar irgendwie schon Rock 'n' Roll, aber eben auch »Oasch«. Koks halt. Der Zweite saß nach wie vor im Container und übte Gitarre. Wirkte dabei wie jeder andere Gitarrenschüler auch, der übt. Der war also wohl eher so normal. Aber zu weit weg, um ihm zu begegnen (und dass ein Rockstar übt, war natürlich leicht uncool). Dann wurde es hektisch auf dem Platz, denn der Dritte hatte sich wohl angekündigt. Das Backstage des Festivalgeländes war mit dem Auto nur über einen Feldweg zu erreichen, der stark abschüssig direkt zu einem Parkplatz vor einem großen Zelt führte, in dem das Catering für alle Bands und deren Personal aufgebaut war. Eine schwarze Limousine erschien am Horizont und bewegte sich eine Spur zu schnell den Feldweg herunter. Am Steuer der Dritte im Bunde. Da eine Kurve, nach wie vor zu schnell, das Fahrzeug brach aus, wieder eine Kurve, erneuter Ausbruch der Achsen, irgendwie rettete er das Fahrzeug trotz immer überhöhter werdender Geschwindigkeit in die eigentlich richtige Richtung, kam um die letzte Kurve gestaubt, konnte den Boliden nicht mehr bremsen und rauschte mit seinem schwarzen Gefährt ins Cateringzelt. Zeltstangen flogen, Töpfe, Gläser, Flaschen, Besteck und Kuchenplatten ebenso. Das war mal ein Auftritt. Respekt. Er stieg aus und schrie:

»Welches Oaschloch hat denn da des Zelt hingestellt?!?!!«

Alle anderen waren sich zügig einig, wer jetzt da das Oaschloch war.

Er zog sich schnell in den Container zurück, ein paar Stunden später saß er mit allen im wiederaufgebauten Cateringzelt. Es hatte 35 Grad. Er schnupfte ausgiebig Koks von dem Biertisch, trank dazu warmen weißen Tequila aus der Flasche und rauchte, was man ihm zwischen die Finger steckte. Als unser Auftritt und die der anderen Acts vorbei waren und somit seiner nahte, saß er da immer noch und konsumierte in einer Schlagzahl, die es meines Erachtens nicht ermöglichte, in den nächsten Stunden ansatzweise eine Bühne zu betreten, geschweige denn ein mehrstündiges Programm bestehend aus Gitarrengriffen und Hunderten von Wörtern zu meistern. Sein Auftritt rückte gnadenlos näher. Sein Backliner bat ihn Richtung Bühne. Seine Kollegen warteten bereits am Aufgang. Sein Backliner hielt ihm die Gitarre hin und eine brennende Zigarette. Er forderte den Backliner auf, er möge ihm die Gitarre umhängen, er machte den ersten Schritt auf die Bühnentreppe, Tausende skandierten, plötzlich drehte er sich um, ließ sich die Gitarre wieder abnehmen und schrie: »Ich muss mich erst runterrauchen!«, kehrte zu seiner Bierbank zurück und zog binnen zwei Minuten einen kompletten Joint durch, torkelte dann wieder zur Treppe und endlich von seinem Backliner begleitet auch auf die Bühne, setzte sich auf seinen Hocker und trank, bevor er Mitmusiker oder Publikum überhaupt wahrnahm, erst mal einen kräftigen Schluck aus dem für ihn stets bereitstehenden Whiskeyglas. Der war wirklich Rock 'n' Roll, Alter! Und am Oasch. Definitiv. Ich summte leise traurig einen seiner größten Hits, saß während der Show hinter der Bühne an einem vorbeifließenden Bach, während ihm Tausende zujubelten, und beerdigte in Gedanken einen Helden meiner Jugend im Schlamm des spärlich rinnenden Gewässers. So würde ich nie werden. Das wusste ich, Rock 'n' Roll hin oder her, das war nicht cool.

Das Einzige, was ich cool fand, war, dass er einen eigenen Backliner hatte, der ihm Gitarren reichte und umhängte, Kippen zusteckte und sich um das technische Gewerk auf der Bühne kümmerte. So einen brauchte ich auch. Definitiv.

Der, mit dem die Hunde spielen

Keiner weiß es mehr, weder den Tag noch die Stunde. Es muss bei irgendeinem mehrtägigen Festival gewesen sein. Da ist er uns wohl zugelaufen. Wild hat er ausgesehen und nicht ganz vertrauenerweckend, was aber eher ein Argument für ihn werden sollte. Er war also plötzlich da. Und wir haben ihn sozusagen gefüttert und ihm Auslauf gegeben. Ich denke heute, dass wohl der Moment seiner Aufnahme in die Crew der war, als meine heiligste Braut, eine 72 Gibson Limited, nach einem der Festivalkonzerte wie selbstverständlich im Koffer lag. Er hatte sich einen englischen Künstlernamen gegeben. Warum auch immer. Wurde nie beantwortet, diese Frage, aber auch nie gestellt. Er hieß wie so viele andere, wenn sie wie er aus dem sogenannten Vorwald des Bayerischen Waldes stammen. Davon war nicht viel geblieben. Optisch. Im Wesen sehr. Er hatte Rastahaare, die man am besten mit der Anekdote beschreiben kann, dass er grundsätzlich an Autobahnraststätten von Hunden als Spielgefährte angesehen wurde. Er trug nie Schuhe. Und er roch nach Tournee. Wenn es einen Menschen gibt, der den Geruch von Backstage, Regen, Schlamm, schlechten Hotels, Nightlinern, vermüllten Autos und Kaschemmen in seiner Haut auf ewig konserviert hat, dann er.

Wenn ich sage, er wurde Teil der Crew, so ist das nur halb richtig. Erstens war er die Crew, also die Crew bestand aus ihm und sonst niemandem. Und: Ich habe nie einen Vertrag mit ihm gemacht und ich habe nie eine Rechnung von ihm erhalten und ich habe jahrelang keine Mark an ihn überwiesen. Wie gesagt, er stieg nach diesem Festival zu uns in den Bus ein und erst ein paar Jahre später wieder aus.

Sein Job: Backline.

Und spezielle Bekümmerung meiner Person. Vor allem im Gitarrenbereich und Auf-die-Bühne-Bringen und Mir-was-zu-trinken-Hinstellen und Nach-der-Show-eine-brennende-Kippean-der-Bühnentreppe-Zustecken. Zwecks jetzt langsam mal Rockstar-Attitüde. Es war sein Vorschlag, dass er das alles machen will. Niemand hat ihn gezwungen, etwas zu tun, was ohnehin nicht gelang. Ja, es hat eigentlich nie geklappt. Ich habe nie so verstimmte Gitarren auf der Bühne gehabt wie die von ihm dargereichten.

Er hatte einen Arbeitskoffer, in dem alles drin war, was ein Backliner braucht: Kabel, Stimmgeräte, Lötkolben, Saiten, Saitenschneider, tschechische Billigzigaretten. Und drei Fotos klebten innen im Koffer. Eins von Hans Söllner, eins von seiner Freundin und ein Bild einer unfassbar behaarten weiblichen Scham im Close-up. Also eigentlich einfach nur Schamhaare, das ganze Foto voll. Das war wohlgemerkt – und auch logischerweise – das größte Foto in seinem Bühnenkoffer, der übrigens auch sein Reisekoffer war. Auf seinem Auto hatte er einen CSU-Aufkleber. Kein Mensch hat ihn jemals mit Wasser in Berührung kommen sehen oder mit anderen Errungenschaften der Zivilisation wie Schere und Rasierklinge. Er stand immer gleich vor einem: Haare bis über den Arsch, Panty, barfuß, tschechische Kippe im Mund, Koffer in der Hand. Und gern einmal ein Hund zu seinen Füßen, der mit ihm spielen wollte. Dass er natürlich eine eigene Band hatte, die nie auftrat, aber seiner Meinung nach Weltruhm verdient hätte, wird hier lediglich der Vollständigkeit halber erwähnt.

Ba-Ba-Banküberfall! Fast ein Skandal

Unsere Plattenfirma hatte die eine Idee, der bierbrauende Mäzen mit eigenem Wirtshaus in der Landeshauptstadt die andere. Beide setzten sich – sagen wir es ruhig so – nur ansatzweise marketingtechnisch durch. Da unser aktuelles Album eine Live-CD war, sollten wir zur Präsentation auch live performen.

Das war jetzt noch nicht die Idee. Heutzutage wäre sie es. Da würde eine ganze Abteilung einer Plattenfirma durch tagelange Meetings draufkommen. Also: Wir sollten live spielen und dabei hoffentlich so publikums- wie medienwirksam die neue Platte vorstellen. Vor dem Weißen Bräuhaus in München ließ der bierbrauende Mäzen eine Bühne für uns aufbauen, zunächst aber musste noch die Marketingoffensive der Plattenfirma erfüllt werden. Wir, die Band Schinderhannes (klingelt's schon???), sollten, der original Räuberbande gleich und als solche verkleidet, durch die Münchner Fußgängerzone ziehen und öffentlichkeitswirksam Leute »überfallen«, um ihnen Geld, selbstverständlich für einen guten Zweck, nämlich für die Obdachlosenzeitung ›BISS‹, abzuknöpfen. Begleitet wurden wir dabei auch, und zwar von der ›Abendzeitung‹ und der ›tz‹. Das funktionierte allerdings nur leidlich, denn der Zusammenhang, dass wir eigentlich eine Rockband waren, die ein neues Album marketingtechnisch hinterrücks zum Kauf feilbieten wollte, erschloss sich kaum jemandem. Die meisten Marienplatz-Toureros gaben kleine Summen, weil der Gutmensch in solchen Situationen entweder Angst vor der versteckten Kamera hat oder auf keinen Fall durch unsoziales Verhalten auffallen will. Für die Plattenfirma war sowieso die Tags-darauf-Berichterstattung das wirkliche Ziel unseres Pseudo-Räuberdaseins. Ich vermute, dass entweder unser Chefgitarrist oder ich die Idee hatte, die Räuberbande ins zeitgenössische Licht zu rücken und mal »dezent« in der Sparkassenfiliale im Tal nachzufragen, ob die Herrschaften am Schalter zum einen der sozialen Tat und zum anderen dem Guerilla-Marketing-Humor unserer Plattenfirma aufgeschlossen gegenüberstanden. Wir also rein, ein halb schauriges »Das ist ein Überfall!« ausgestoßen, dazu Sammelbüchsen-Geklapper, was in dieser Kombination die Unernsthaftigkeit bzw. die Sternsinger-Energie unseres Unterfangens akustisch wie optisch genügend abbildete, aber: Es scheint im Sparkassen-Kassen-Bewahrer ein Gen oder zumindest einen eingebauten Reflex auf die Kombi

»Das ist ein Überfall« und missliche Gestalten zu geben, und der lautet: Press the button!

Auflösung: Einer Verhaftung durch charmantes Sozialgelaber gerade mal so von der Schippe gesprungen.

Dann also zurück zur Location unserer geplanten Live-Darbietung. Ordentlich gefüllt zeigte sich der Stadtbiergarten des Bräuhauses, der urgemütlich inmitten von Sparkasse und McDonald's liegt und ein Lebensgefühl von Dauerbaustelle vor sich hin vermittelt. Wir begannen unsere Rockmusikdarbietung und kamen ziemlich genau bis zum dritten Lied. Dann erschien die Polizei. Weder der bierbrauende Mäzen noch die Plattenfirma hatten sich eine Genehmigung besorgt, die das, was wir hier taten, abgedeckt hätte. Das Weiße Bräuhaus hatte zwar eine Outdoor-Musikdarbietungserlaubnis, aber unter die fiel offensichtlich vom Jazz-Trio über Blaskapellen bis hin zum Jugendorchester alles Mögliche, Marshall-Verstärker und Sonor-Schlagzeugburgen hingegen nicht. »Versammlung aufgelöst!« lautet der offizielle Ausdruck für das Ende eines solchen Auftritts. Weiß ich seitdem.

Himmelfahrt!

Schluss mit dem hobbymäßigen Getue. Wir haben vor Tausenden gespielt, wir haben unsere Nase im Geschäft, wir haben bewiesen, dass wir eine gute Band sind, also dann muss es jetzt geschehen, passieren, sein: das Album. Die eine Platte. Die kompromisslos entsteht. Alles selber machen. Keiner redet uns drein. Und alle Zeit der Welt, diese elf, zwölf Songs aufzunehmen, über die man ein Leben lang sagen kann: Das wollten wir der Welt hinterlassen, wenn sonst schon nicht viel geht.

Alle großen Bands haben diese eine Platte, mit den drei bis vier Songs, die sie in die Hall of Fame einziehen lassen, die unauslöschlich sind, die bleiben. Eine Single, also ein Hit, zwei, drei noch bessere Songs hinterher, ein Album, dann eine Tour, dann der Film. So läuft das in der großen Welt, warum sollte das in unserer kleinen Welt nicht auch so sein?!

Ich habe ihn nicht lange überzeugen müssen. Es war für einen bierbrauenden Mäzen seiner Größenordnung eine überschaubare Summe, und uns eröffnete es die Möglichkeit, ein knappes Jahr lang abzutauchen und die Songs zu erfinden, aufzunehmen und dann zu veröffentlichen, die auf ewig mit »Schinderhannes« verbunden sein sollten, die diesen Namen und in der Folge uns extrem gutaussehende und enorm lässige Typen hinaustragen sollten in die Augen und Ohren von Käufern, Besuchern, Fans, durch die Äther von Radio und Fernsehstationen, in CD-Regale, in Autos, in Clubs. In Schlafzimmer.

So haben wir uns also weggesperrt. Eingeschlossen. Um uns hinzugeben. Wir wollten Songs schaffen, an Takten basteln, immer von der Überzeugung getragen, etwas »Neues« machen zu wollen, einen Sound zu kreieren, den es bisher in Kombination mit der bayrischen Sprache nicht gegeben hatte. Grooviger, international klingender Pop/Rock mit Texten, die über die üblichen Alpenrockthemen: Berge, Täler, Lederhosen, Dirndl, Heimatrauschen und provinzielles Liebesleid hinausgehen sollten. Wir haben uns gequält, unserem Bandnamen entsprechend »geschunden«, und wir wollten eine »Produktion« hinkriegen. Nicht einfach nur Drei-Minuten-Songs aufnehmen, sondern einen typischen Klang, also ein Album mit Gesamtcharakter produzieren. Da fliegen schon mal abgesegnete Ideen wieder raus, da streitet man um einzelne Gitarrensounds, da sucht man verzweifelt nach dem einen Satz, der alles löst, was vorher altbacken daherkam. Da wartet man oft wochenlang, bis irgendwann in der Nacht, wenn man nicht mehr mit ihm rechnet und eigentlich abbrechen will, der magic moment um die Ecke kommt. Der Moment, der einen so beglückt, dass man plötzlich wieder weiß, warum man das hier alles tut. Es sind einem nicht viele dieser Momente beschieden, aber vielleicht macht ihre Seltenheit sie eben so magisch. Und durch nichts anderes ersetzbar. Durch keine Technik, kein Marketing und keine Strategie. Die kleinen Momente, wo es einfach ist, wo sich das, was man erdacht hat, in Musik manifestiert.

QED.

Quod erat demonstrandum. Was zu beweisen war.

»QED« hieß der letzte Song auf der ›himmelfahrt‹.

Der war in so einem magischen Moment geschaffen, wo alles passte.

Irgendwann morgens um vier am Klavier entstand dieses Stück im Zustand der totalen Hingabe und der Text kam in diesen Minuten einfach aus mir raus. Schon unglaublich, da sperrt man sich ein Jahr ein, um Heldenhaftes zu gestalten, und die wirklich heroischen Taten spielen sich dann in wenigen Minuten ab. Wir luden Streicher ein, Bläser, programmierten an Beats herum, doppelten sie dann doch mit einem echten Schlagzeug und schufen den Klang, der uns alle vereinte. Kein kleinster gemeinsamer Nenner war unser Ziel, sondern die höchstmögliche Gemeinsamkeit in Sachen Musik galt es zu erlangen. Komponieren 2.0, sozusagen. Kompromisslos nach außen und uns selber gegenüber. Die totale Ausbeutung der eigenen Kräfte und unserer Kreativität, der Beziehungen und Konten, des Selbstbewusstseins und der Gelüste.

Und mit einer Ernährung, die nicht mehr unter den Begriff gepflegtes Catering fiel. Wir haben permanent bei Bringdiensten Essen bestellt. Und uns immer wieder über einen Spruch auf dem Anrufbeantworter des Chinesen amüsiert, der lautete: »Wir haben geslossen bis 24. August, weiiiiiiil—- ab 25. August wiedel offen ist!« Wochenlang haben wir uns darüber totgelacht. Stets aufs Neue. Lagerkoller, lautet das Stichwort.

Dann war sie irgendwann fertig. Die ›himmelfahrt‹. Und alles Geld war weg.

Jetzt sollte sie raus in die Welt und erscheinen. Die Platte. Das Label des vorangegangenen ›Räuber Live‹-Albums schien uns nach einem »Hearing« nicht begeistert genug, und sie hatten uns zudem auch nicht das Budget angeboten, welches das Meisterwerk unserer Ansicht nach verdient gehabt hätte. Also schlug ich mal wieder beim bierbrauenden Mäzen auf und besorgte frisches Geld.

Alles selber machen war der Plan. Plattenfirma gründen, Musikverlagsverträge für die zukünftigen Hits an Land ziehen, das Design des Albums gestalten, Vertriebswege auftun, die Fotos, die Marketingkampagne, alles, einfach alles, was mit so einem Ding zu tun hat, wollten wir selber auf die Beine stellen, nur damit uns keiner dreinreden konnte und das Baby gefälligst so behandelt wurde, wie es das verdient hatte. De luxe nämlich.

Der bierbrauende Mäzen wurde stiller Teilhaber der Plattenfirma, die wir Apostel Records nannten, ich mietete ein Büro in der Stadt, der ehemalige B85-Tourmanager, der in der Zwischenzeit Discotheken betrieben hatte, sollte als geschäftsführender Partner fungieren, und ich schlitterte somit folgenschwer mehr und mehr in die Rolle eines Mister »Mal sehen wie viele Prozent«, eines Managers, Antreibers, Chefs, streitbaren Visionärs. Schleichend und ohne es mir bewusst zu machen, driftete ich immer weiter weg von meinem Selbstbild als Künstler, Rocker, Rockstar, Sänger und Musiker. Ich entwickelte Marketingkampagnen für mich selbst, war der Multiplikator und der zu Multiplizierende in einer Person, ich gab mich am Telefon bei Promotern, Journalisten und möglichen Geschäftspartnern hin und wieder sogar mit verstellter Stimme als mein Kollege aus, da ich über das weit größere Feuer in der Sache verfügte und felsenfest davon überzeugt war, die ›himmelfahrt‹ dahin zu führen, wo sie hingehörte, nämlich in den Olymp des deutschsprachigen Rock 'n' Roll.

Und ich machte natürlich alle Fehler, die man macht, wenn man etwas zum ersten Mal tut und zudem noch betriebsblind ist. Ich checkte Interviews. Ich buchte Anzeigen für viel Geld. Zum Beispiel im ›Rolling Stone‹, dem Magazin für Musiker und, heute würde man sagen, Rockmusik-Nerds. Ich buchte diese Anzeige für knapp ein Drittel unseres Gesamtbudgets, in der Hoffnung, redaktionell eine Lobeshymne auf unser Album zu ergattern, die uns die Tür aufstoßen sollte. Weit gefehlt. Die Anzeige verpuffte im Nirwana des farbig Gedruckten und der Redakteur schrieb einen satten Verriss. Ich veranlasste den Druck von Plakaten mit einem Motiv, das zwar künstlerisch wertvoll, aber gar nicht plakativ war, was dem Marketinginstrument Plakat ja leicht zuwiderläuft. Ich baute wie besessen an einem Netzwerk, getragen von der Hoffnung, dass niemand mehr an uns vorbeikommen möge, und wenn das alles geschafft sein würde, dann, ja dann könnte ich wieder die Seiten wechseln und wieder nur Künstler sein.

Das Entscheidende bei der Veröffentlichung eines Albums ist natürlich eine die selbige flankierende Tournee. Mit dieser Erkenntnis war ich jetzt auch noch der Booker der Band. Aber ich kannte das genau so von den ganz Großen, also war das Vorgehen klar: Platte + Tour + Promo auf allen medialen Kanälen, dies alles sollte ineinandergreifen und als Gesamtkunstwerk die Charts stürmen, die Hallen füllen und uns vor allem extrem berühmt machen.

Die vorgestreckte Kohle des bierbrauenden Mäzens war mit Kosten für Album, Anzeigen, Büro, Promoaktivitäten und Telefon weitgehend aufgebraucht, aber egal, denn ab jetzt sollte das Ding ja Geld einspielen. Die Platte sollte sich verkaufen, die Tour ein Erfolg werden, und damit das medial alles seinen richtigen Weg nahm, brauchte man vorab noch eine Single, einen Hit. Und natürlich Radiosender, die den Song spielten. Der Song für die Single stand bereits lange vor Fertigstellung des Albums fest: »Mach di frei!« Sexy Titel …

Mach dich frei!
I´m too sexy ...

Right Said Fred sind zwei Glatzköpfe aus England, die den Europop oder so eine Musikrichtung um einige Hits fragwürdig bereicherten (ich hoffe, die Vergangenheitsform stimmt). Vor allem mit dem hier: I'm too sexy for alles Mögliche. Ich glaube, die dämlichste Stelle ist die Zeile: I'm too sexy for your shirt!? (Wer die Typen nicht kennt: bitte unbedingt googeln.)

Mit diesen beiden Herren auf einer Bühne zu stehen, war kein Lebenstraum von mir. Also erfüllte er sich. Gleich mehrfach war es mir und meinen Mannen beschieden. Richtig muss es natürlich heißen, wir teilten uns eine Bühne, also wir spielten nacheinander und nicht gemeinsam, denn bis heute wüsste ich gar nicht, was ich mit denen täte, außer als aus der Art geschlagener dritter Glatzkopf überflüssig in der Gegend rumzustehen. Unsere Single »Mach di frei!« wurde gerade von einem öffentlich-rechtlichen Radiosender in Bayern so ausführlich gehypt, dass er im Original, glaube ich, nur drei Mal lief. Und dennoch spielten sie ihn rauf und runter. Ja, das geht. Um das zustande zu bringen, muss man allerdings Musikchef Anfang der 2000er in einem formatierten Sender sein. Ein Moderator des Senders fand unseren Song super und spielte ihn am Abend, er war aber halt auch ein open minded Amerikaner, ein anderer machte auch, was er machen konnte, bis hin zu spektakulären Biergarten-Live-Aktionen, der Musikchef hingegen wollte den Song nicht im Programm, weil zu bayrisch und die »Hörgewohnheiten« des Publikums nicht erfüllend. Man müsse die Menschen an ein solch schwieriges Stück heranführen, meinte er vielsagend. Jedenfalls haben sie unseren Song in eine sogenannte »Befragung« gegeben, mit dem Ergebnis: durchgefallen. Dann haben sie zu dem Playback Anastacia und andere Headliner des Festivals »Rock im Park« meinen Text singen lassen, weil sie es lustig fanden, die Menschen da vom Radio, wenn Amis bayrisch singen. Das haben sie dann rauf und runter gespielt, das war der Rock-im-Park-Song, und dass der eigentlich von uns stammte und wir in Erwartung eines Hypes fünftausend Singles davon hatten pressen lassen, war halt unser Pech. Für diese Version wurde übrigens niemand mehr »befragt«, die wurde einfach gespielt. War nur nicht unsere Single. Weshalb die Plastikplatten nach wie vor beim Professor in der Garage stehen und an dem einen oder anderen geheimen Ort. Bitte jetzt auf keinen Fall spontane Mitleidsbestellungen: nicht dass es doch noch ein Hit wird. Jetzt isses zu spät, Herrschaften.

Für Auftritte allerdings wurden wir trotzdem gebucht.
Live-Auftritte.
Playback-Auftritte.
Und sogar TV-Auftritte. Na ja.
So kommen wir mit nahezu schriftstellerischer Eleganz zurück zu Right Said Fred.

Ob aus schlechtem Gewissen, aus falsch verstandener Marketingstrategie oder in Ermangelung anderer Bands, die bereit waren, ohne Gage aufzutreten, waren wir vom genannten Sender zwei Mal für Veranstaltungen zusammen mit Right Said Fred gebucht worden. Eine fand auf der ISPO statt, der Sportartikelmesse in München. Die Bühne war liebevoll eingebettet in künstliche Seen und Gärten, dazwischen Inlineskates- und Jet-Ski-Verkäufer, Skischuhpräsentationen, Fahrradhelmtest-Crashvorführungen, Modenschauen für Radlerhosen und Schwimmbikinis. Der Sender hatte dort einen Ort der guten Laune geschaffen mitsamt Sportmoderator und Right Said Fred, die zu »I'm too sexy« und einem zweiten Song, den niemand kannte, mit ihren Kahlköpfen wackelten und ihren sicherlich ebenso glatt rasierten Restkörpern.

Und wir wackelten fakemäßig zu unseren Playbacks. Anmoderiert mit »Hier kommt die Band, die den Hit zum diesjährigen Rock-im-Park-Festival beigesteuert hat, den Anastacia, H-Blockx ... eingespielt haben«, schallte »Mach di frei« vom Band. Und dann noch »Hollaradio« hinterher, ein mit Bläsersätzen und fetten Siebzigerjahre-Disco-Streichern vollgepackter Song, der mit umgehängten, nicht an Verstärker angeschlossenen Gitarren so richtig Sinn machte. Sei's drum, war ja Promo für die Single, also grinsende Playbackfratze auf »On«, die Lippen möglichst synchron zur eigenen Stimme aus den Boxen bewegt, und durch.

I'm too sexy ..., Part II, spielte sich auf einem Flugplatz in Niederbayern ab. Auch der Sender hatte mittlerweile beim bierbrauenden Mäzen finanziell angedockt und so wurde ein sattes Open Air mitten auf einen Sportflugplatz gepflanzt. Das Lineup, bitte sehr, zum Genießen: wir, dann Right Said Fred und dann die No Angels.

Platz für Tausende Menschen, Open-Air-Steaksemmel-Stände, große Werbe-Weißbier-Trinkschirme mit zweitausendfünfhundert Liter Bier aus Containern, Pommes, Bratwurst, Döner, Fladenbrot, Reisnudeln, Lachsersatzsemmeln, Plastikbechern ... das volle Programm. Riesige Backstage-Zelte, Malteser, Rotes Kreuz, Feuerwehr, Megabühne, fette Anlage, Personal in Form von Roadies, Backlinern, Helfern und Promo-Ladys ohne Ende, Boxentürme und Absperrgitter zum Backstage und vor der Bühne.

Right Said Fred machten »Soundcheck«: Zwei Kanäle Playback, zwei Kanäle Mikros für die Gesänge, macht zusammen vier Kanäle. Da fühlte sich das Mischpult schon fast beleidigt. Die zwei Glatzen standen auf der Bühne herum und testeten in erster Linie, ob sie sich und das Playback gut aus den Monitorboxen zu hören bekamen. Dies taten sie professionell gelangweilt, und weil es hochsommerlich warm war, hatten sie beide Handventilatoren, die sie vor Schweißbildung schützen sollten. Handventilatoren sind das Letzte. Man stelle sich vor, Hendrix hätte auf dem Woodstock-Festival statt mit LSD im Hut mit einem Handventilator Soundcheck zu »Hey Joe« gemacht.

Dann die No Angels. Zwei Kanäle Playback, vier Kanäle Gesang, macht sechs Kanäle. Mit den beiden Hauptacts hatte er gerade mal zehn Kanäle voll, der Festivalmischer hinter seinem studentenwohnheimzimmergroßen Mischpult. Dann wir. Endlich mal Platz im Pult, und die Crew war froh, dass sie endlich was zu tun hatte. Eigentlich war also das ganze technische Brimbamborium nur für uns aufgebaut, denn für die Headliner hätte es ein Ghettoblaster mit Boxenausgang auch getan.

Wir wurden wieder anmoderiert als die, »die den Hit zum diesjährigen Rock-im-Park-Festival beigesteuert haben, der von Anastacia, den H-Blockx ...«, wir betraten die Riesenbühne und dann schrien doch tatsächlich ein paar Hundert wildgewordene Niederbayerinnen in den ersten Reihen wie am Spieß. Hier war Hype. Die kannten uns natürlich nicht, aber wer mit den No Angels als Vorband unterwegs ist – das war wohl die Logik –, der muss ein Star sein und ohnehin auf Du und Du mit denen. Außerdem hatte der Moderator ja gerade von unserem Hit gesprochen, und so jemand wird automatisch bekreischt. Bei jeder Ansage, bei jedem Vorklatschen gingen sie mit, sie klatschten sogar, wie sie es für rhythmisch hielten, eigenständig weiter, himmelten blind beeindruckt unsere Leiber an, und jedes Zwinkern oder nur Zucken oder gar In-ihre-Richtung-Deuten wurde mit einem Kreischen wie bei den Beatles 1966 quittiert. Ein schräger Genuss. Aber ein Genuss. Zugegebenermaßen.

Danach runter von der Bühne, und da warteten schon hinter dem Backstage-Absperrzaun zwei Hände voll ausflippender Mädchen, die ihre Arme durch die Gitter reckten, um hoffentlich ein Autogramm fürs verschwitzte T-Shirt zu erhaschen, vielleicht sogar inklusive persönlicher Widmung, an eine leibhaftige Berührung wagten die meisten von ihnen gar nicht zu denken. Würden sonst umfallen. Nur beim Gedanken daran ...

Der »schöne Keyboarder« wurde schließlich und endlich zur Signatur einer achtzehnjährigen körnergefütterten niederbayerischen Mädchenbrust aufgefordert und tat dies, auch in unser aller Namen, ausführlich. So, jetzt war mal endlich ein Rock-'n'-Roll-Standard erfüllt. Signieren von nackten Brüsten. Done. I'm too sexy ... for your shirt. Baby!

Also gut.

Dann rücke ich an dieser Stelle halt doch noch mit meinem eigentlichen Right-Said-Fred-Trauma raus. Als ich wieder mal extrem pleite war und dazu noch sehr jung, also so Anfang zwanzig schätze ich, habe ich mich von einem wirklich guten Freund überreden lassen, auf dem dreißigsten Geburtstag seiner Freundin, heute tatsächlich seine Frau, zu strippen. Ja, ich habe leider keine Pornofilmkarriere zu gestehen, aber immerhin habe ich in meinem Leben gegen Geld blankgezogen. Jawohl. Und es gibt weltweit nur zwei Songs, die Männerstrips musikalisch garnieren, das ist zum einen »You Can Leave Your Hat On« von Joe Cocker, aber noch viel weiter verbreitet ist: »I'm Too Sexy«. Bei meinem Ausflug in die professionelle Erotikbranche stand ich also mit einem Slip bekleidet wartend hinter der Tür zum Kellerpartyraum, und als das »I'm Too Sexy«-Playback startete, begann ich den Raum und vor allem die weiblichen Insassen desselben mit meiner Stripshow zu begeistern, die standesgemäß und höhepunktgleich mit Sahneablecken von meiner Brust endete. 150 Mark.

Natürlich musste ich sowohl auf der ISPO als auch auf dem Flugplatz bei diesem Song triggermäßig psychisch geleitet, jedes Mal schamvoll an dieses finstere Kapitel meiner Bühnenkarriere zurückdenken.

Merke: Scham kann einen auch noch Jahre später einholen. Und macht längst Geschehenes erst richtig problematisch.

Ich beschloss, in dem bald zu drehenden Video zu »Mach di frei!« definitiv nicht selber zu strippen, sondern wirklich heiße Tänzerinnen zu engagieren.

Für dieses Video hatten wir uns in einer unserer Stammkneipen eingefunden, das Storyboard für den Dreh war überschaubar, aber bewährt: dicke Hose machen, Mädels tanzen lassen, Sonnenbrillen, Alkohol, Drogen und unfassbare Coolness. Technisch und personell war so weit alles organisiert. In Ermangelung vernünftiger Budgets engagierten wir einen befreundeten Kameramann, und ich wurde jetzt auch noch zum Regisseur sowie selbstverständlich zum Hauptdarsteller. Szenerie: Sitzend auf einem Thron mit Drink und langer Zigarette sollte ich durch den Laden gerollt werden, umrankt von Damen im Dirty-Dancing-Modus und der Band in lässigen Anzügen. Aber der Herr Chefgitarrist fehlte. Einer der wichtigsten Kreativköpfe sowie eine optische Großmacht der Kapelle war einfach nicht gekommen. Unauffindbar. Unerreichbar. Nicht greifbar. Irgendwann wurde er ausfindig gemacht, er war im Kino. Wollte sich wohl einen richtigen Film ansehen und hatte schlicht den Termin für unsere cineastische Meisterleistung vergessen. Oder verdrängt, wer will das heute noch rausfinden. Wir scheiterten übrigens an der Umsetzung des Videos. Es wurde nie fertig.

Was aber nicht so schlimm war, denn es ergab sich stattdessen ein TV-Auftritt. Playback zwar, aber bestimmt eine gute Werbung für Single und Album. Also sagten wir zu. Nach heftigen Diskussionen, denn es handelte sich um eine bayerische Unterhaltungssendung, in der in erster Linie volkstümliche und allgemein sehr tümelnde Gruppen, Sänger und Bands auftraten. Die Redaktion ließ uns wenige Wochen vor der Aufzeichnung wissen, dass eigentlich keiner der Songs auf dem kommenden Album in die Sendung passen würde. Ob wir denn keinen anderen hätten, sie würden dann auf das Album verweisen, klar. Ja, sie hätten schon gerne etwas Moderneres in ihrer Show, also wir seien nach wie vor herzlich willkommen, das sei auf keinen Fall eine Ausladung, sie hätten eben nur die eine Bitte, nämlich einen anderen Song anzubieten. So in etwa wurde das formuliert. Ich also wieder nach Canossa: »Herrschaften, wir brauchen einen anderen Song.« Die Begeisterung war grenzenlos. Wir bastelten an einem Cover. Was wir normalerweise ablehnten. Aber für die TV-Sache schien uns das vernünftig. Wir versuchten eine coole, moderne, bearbeitete Version von »Sommer in der Stadt« der Bayern-Legende Spider Murphy Gang aufzunehmen. Wiederum Tage und Nächte und zig Versionen später hatten wir endlich eine fertig, die als Playback in der Sendung verwendet werden konnte, und die Redaktion war einverstanden. Unter

Blaskapellen, volkstümlichen »Dumbos«, Goaßlschnalzern und Akkordeon-Duos hockten wir dann einen Tag und den Abend noch dazu in diesem Studio rum. Nach der Show waren wir als Band gebucht, zur privaten Unterhaltung waren unsere Songs also doch gut genug. Wir performten unser »Sommer in der Stadt«-Playback im Umfeld von künstlichen Blumen, Jodeldeko, weißblauen Girlanden und Lederhosenpublikum und spielten nachher für die Crew und die Redaktion, die Techniker und die anderen Künstler der Show auch noch ein Konzert. Die Synchronschnute zum Playback funktionierte, die Sendung war im Kasten.

Ein paar Wochen später kam der Abend der Ausstrahlung im TV, wir hatten Alkohol und Chips besorgt und versammelten uns mit Mädels und weiteren Freunden beim Chefgitarristen zu Hause vor der Glotze. Wir würden die ganze Nacht unseren Auftritt feiern, das hatten wir nach den Anstrengungen der letzten Monate, ja Jahre wirklich verdient. Hey, wir waren im Fernsehen. Wenn auch nicht auf MTV, sondern bei einer Blasmusik- und Schlagersendung, aber Ei drüber, Fernsehen ist Fernsehen.

Wir quälten uns durch die grausamen Minuten affektierter unlustiger Moderationen und ebensolcher Auftritte. Dann kam die Band Bergfeuer auf die Bühne, eine alternde Pseudo-Volksmusik-Rock-Kapelle aus Südtirol. Und es wurde still im Raum. Sehr still. Der Chefgitarrist fand als Erster die Sprache wieder und brachte, was alle ahnten, auf den Punkt absoluter Gewissheit: »Die waren doch nach uns ... die sind doch nach uns dran gewesen, bei der Aufzeichnung!« Wir warteten noch ein oder zwei Acts stumm und fassungslos ab, dann war klar: rausgeschnitten. Die hatten uns einfach rausgeschnitten.

Kein Fernsehauftritt also, den Spider-Murphy-Coversong umsonst produziert, völlig sinnlos einen Tag mit überwiegend Vollidioten verbracht, und jetzt standen wir auch noch als Blender da, weil wir nahezu allen Bekannten erzählt hatten, dass wir ja heut im Fernsehen kämen ...

Also gut. Fuck. Dann eben ab sofort Konzentration auf die

Tourplanung. Weiter geht's. Einmal schütteln, aufstehen und losziehen. I'm too sexy ... for givin' up.

Paris. New York. Alteiselfing

Der bierbrauende Mäzen überbrachte mir die Nachricht, und sie schlug ein wie eine Bombe oder wie ein Flugzeug, dieser Gag muss hier sein (und wird sich gleich noch in seiner wahren Pracht zeigen). Hey! Wir spielen in Paris und in New York. Anfang Oktober 2001. In den Tourplan passte das optimal: denn für Anfang/Mitte Oktober war eh eine Tour vorgesehen, die ›himmelfahrt‹-CD musste ja unter die Leute und wir endlich wieder auf die Bühne. Nach all den Vorbandaktivitäten würde die Tour diesmal sicher laufen. Die Platte wäre zu diesem Zeitpunkt frischestens raus und gibt es eine bessere Werbung als international aufzuschlagen? Ja, diese Geschichte würden uns die heimatlich-regionalen und vielleicht auch mal die überregionalen Pressefuzzis aus der Hand reißen und somit dann die Menschen unsere auf dem Kreuzweg erstellte Platte zu Tausenden abkaufen. Ich saß im Büro von Apostel Records und begann den Rundruf. Ungläubig reagierten die einen, euphorisch die anderen.

»Jetzt geht's ab, Freunde. Frankreich[1], Amerika[2] und dann noch eine kleine, feine Headliner-Tournee durchs schöne Bayernland, anscheinend will der Rock 'n' Roll jetzt auf einmal doch in unser Leben. Diesmal geht die Nummer auf. So sieht's aus.«

Als Erstes zerlegte es mit weltweiten Folgen die New-York-Träume. So: We didn't take Manhattan. (Berlin nebenbei auch

---
[1] Mein Lieblingsland
[2] Da war ich noch nie.

nie.) Am 4.10.2001 stand in Manhattan die Kombi Bühne, Bier und Babes an, endlich sollte der Widerspruch Provinzband versus Weltkarriere aufgelöst werden, aber eine Achse des Bösen fräste sich durch unsere Pläne und die Weltgeschichte nahm ihren Lauf. Und wie. Die USA wurden an diesem elften September sehr gedemütigt, aber wir schon auch. Darüber brachte der CNN natürlich nichts. Wir hockten an diesem Tag im Probenhaus am Abschleppdienstparkplatz und räumten Zeug raus oder um oder auch ein, wer will das schon noch genau wissen bei dem, was dann folgte. Geprobt haben wir jedenfalls nicht. Bei laufendem Motor stieß der schöne Keyboarder dazu, aber nicht mit dem typischen »Spaß am Laden«-Gesicht, sondern völlig verstört, und überbrachte diese seltsame Meldung, dass ein Flieger usw. Wie oft hat man seitdem die Worte gehört, ich erspare sie uns hier. Wir stiegen in die Autos und fuhren zu mir. Dann der Rest im TV, jaja, den Einschlag des zweiten Flugzeugs haben auch wir live gesehen. Mit jeder Minute Bilderkonsum wurde die Ahnung größer, dass sich hier Weltgeschichte anbahnte und gleichzeitig unsere New-York-Geschichte zerbröselte. Ground Zero. Nix wird's werden. Wegen ein paar Arschgeigen, die unsere Träume einfach kaputt flogen.

Aber Paris. Paris, das stand. Da würde ja jetzt bitte nicht gleich der nächste Flieger in Notre-Dame rein … Is' er ja auch nicht. Paris, Paris, wir fahren nach Paris. Also nicht direkt nach Paris. Schon außerhalb. So siebzig Kilometer weg von Paris. Fontainebleau. Eine internationale Elite-Universität veranstaltete in einem Schloss (!) eine Art Oktoberfest. Da das Ganze neben brachial dargebotenem Bayernspaß auch etwas gehobener ablaufen sollte, brauchte es uns, meinte der bierbrauende Mäzen, der dort mit – Überraschung! – seinem Bier vertreten war. Weitere Details gefällig? Wir sollten mit der Air France von München Franz Josef Strauß nach Paris Charles de Gaulle fliegen, dann würden wir von Shuttles gepickt und nach Fontainebleau gebracht werden. Ein Auftritt von zwei Stunden vor internationalem, jungem, gebildetem Publikum, drei Tage Hotel,

Paris-Besuch mit Führung, wenn erwünscht, inklusive, zweitausend Mark Gage, alle Spesen frei, die eigene Technik sollten zwei Mann Crew aus Bayern anliefern, unsere beiden festen Techniker im Flieger mitkommen. Zong. Wer bitte brauchte da noch New York!?! Die würden mich eh nicht ins Land lassen, die Amis, so wie ich ausschau: niederbayerischer Provinz-Rock-'n'-Roller mit fernöstlichen Taliban-Anleihen. Das war 2001 kein Aussehen, um transatlantisch zu verreisen, und ist es bis heute nicht.

Wir brachen also auf. Mit dem Zug von Regensburg zum Flughafen München. Wartezeit bis zum Boarding fachmännisch verkürzt mit Weißwurstfrühstück und Weißbier. Mit Schlagseite über die Alpen in der Air France. Ankunft Charles de Gaulle. Internationaler Anblick, abgesehen von uns und Teilen der Kapelle Josef Menzl, die mit ihren Lederhosen und den Blasinstrumenten auf der Schulter das französische Flair an diesem Airport optisch schlagartig vergessen ließen. Akustisch noch nicht!

Nächster Programmpunkt: wartende Limousinen. Zu viele Menschen, zu wenig Autos, es wurde eng, aber es ging. Ich saß mit unserem »Zweifinger-Bassisten« und noch ein paar Menschen in einer verspiegelten Mercedes-Karosse und wir glitten in Ledersitzen aus Paris hinaus und fuhren circa fünfzig Kilometer am Straßenstrich entlang. Nur Nutten. Der Zweifinger-Bassist und ich waren uns einig, dass diese Reise in Sachen Rock-'n'-Roll-Klischees hiermit erst ihren standesgemäßen Anfang nahm. Wir näherten uns einem Schloss, waren also fast da, der Fahrer stieg aus, öffnete ein schmiedeeisernes Tor, stieg wieder ein, und dann rollte die Limo über den Kies. Yeah, Baby. Einmal im Leben. Mit einer schwarzen Limousine über Kies zum Auftritt rollen. We've got it. Now. Wir verließen das Gefährt lässig sonnenbebrillt mit der Selbstverständlichkeit von Rockstars (es hielt uns keiner die Tür auf, das fällt mir jetzt erst nach all den Jahren auf, was doch ein kleiner Makel an dieser Geschichte ist, wenn man ehrlich ist), und es empfing uns ein über neunzigjähriger, stilvoll gekleideter, auratischer Mann. An seiner Seite eine Dame, wohl seine Tochter oder die Verwalterin des Anwesens oder beides. Der Mann war der Schlossherr. Er führte uns über seinen Besitz, erzählte Historisches und hatte dieses Lächeln, das nur französische Adelige haben: verschmitzt, ohne zu grimassieren, die Augen immer wach beim Gegenüber. Irgendwann deutete er auf ein großes, sehr schönes Gebäude: »C'est ça, c'est l'orangerie.« Er ging voraus, wir hinterher, und da stand er schon, unser LKW. Der rote Lastwagen mit Anlage und Backline und zwei Technikern aus der Heimatprovinz, die den beschwerlichen Autobahn- und Landstraßenweg fast tausend Kilometer hierher gepilgert waren, nur um für uns aufzubauen, einzurichten, abzubauen und da zu sein. Nicht schlecht, so eigenes Personal.

Merke: sobald Budget vorhanden, Personal standardmäßig einführen!

Wir betraten die Orangerie. Wir konnten die wahre Schönheit dieses klassizistischen Louis-XIV-Glanzes nur erahnen, denn die holde Hütte war mit Bierzeltgarnituren zugestellt. Darüber hingen Girlanden mit weißblauen Bayernwimpeln.

Elitäre Studenten wuselten eifrig durch das Orangenhaus, dekorierten Brezenkörbe und verteilten Bierdeckel des bierbrauenden Mäzens. Es fehlte nicht mehr viel, dann wäre das bayerische Bierzelt in Frankreich angekommen und der »Goût« des Ortes vollständig zerstört. »Ja, was gibt's denn heut auf d' Nacht, ja, was gibt's denn heut auf d' Nacht?«, blies und trompetete und grölte es uns entgegen, als wir nach der Bühnenbesichtigung die Orangerie auf der hinteren Seite wieder verließen. Wie ein bayerisches Bierzelt hat auch eine Orangerie vorne einen Haupteingang und hinten einen kleinen Not- oder Notdurftausgang. »Heut gibt's a Rehragout, a Rehragout, a Rehragout«, schallte es uns weiter entgegen, von Jungeuropäern, die, betört von der Kapelle Menzl, mit ihren noch internationaleren globalisierten Intelligenzkollegen an Bierständen dem Weißbier frönten. Es war 16 Uhr. »Heut gibt's ein Rehragout«, lallte ein Münchner Anwaltssohn in falschem Bayrisch in mein Ohr.

Mann. Echt. Gerade noch kilometerlang Nutten, Kieseinfahrt, Schlossherr und die eigene Crew an Bord, und dann geht man einmal um die Ecke: und alles ist wie daheim. »A Rehragout auf d' Nacht!« Welcome in the jungle. Ich kann ja in Köpfe von Volksmusikanten nicht wirklich reinschauen, halte es aber für möglich, dass dieses Lied gewählt wurde, weil Ragout ein französisches Wort ist und man sich seitens der Bajuwaren dachte, man könne so regional andocken. Die Menzls schoben sofort ein unanständiges Gstanzl, wo es ums Fensterln ging, hinterher, und schon war es da: das Oktoberfest. Und wir mittendrin. Überwältigt, verstört, durstig und übernächtigt, schütteten wir ab 16 Uhr 15 gleichfalls in uns rein.

19 Uhr. Offizieller Fassanstich in der Orangerie. Ozapft is. Dann die Band: bsuffa is. Aber es half ja nix. Rauf auf die Bretter, die heute mal wirklich die Welt bedeuteten, nahezu die ganze Welt. Wir begannen unser Set wie immer. Mit einem melancholischen Stück. Der Chefgitarrist spielte das Thema so galant, wie eine französische Maîtresse ihre Kleider ablegt, und auf Biertischen wippten über fünfhundert angetrunkene Menschen aus Europa, Asien, Amerika und München. Bayern im eigentlichen Sinne waren keine da. Machte aber nix. Bei »Mach di frei!« tanzten sie. Auf den Biertischen. Ein Inder mit großem Turban auf dem Kopf veranstaltete Dämonenbeschwörungsrituale seiner Heimatreligion mit geschlossenen Augen zu unserer Musik. Direkt vor der Bühne fünf Jungbanker in Lederhosen, dazwischen eine unfassbar hübsche Schwedin, Holländerin oder Portugiesin, egal. In der zweiten Bankreihe verfingen sich permanent die brünetten Mähnenhaare einer Französin mit filmreifem Gesicht in den Bayernwimpeln (›Die Liebenden von Pont Neuf‹, das wäre unser Film, Baby!), weiter hinten spanische Frauen im Dirndl, die mit unserem Groove nicht ganz klarkamen, aber das durch Bierkonsum auszugleichen versuchten. Sie dachten sich wohl, je mehr man säuft, desto besser kommt man in den Rhythmus dieser merkwürdigen Kapelle. Die auf der Bühne weitertrank. Wir spielten unsäglich spontan arrangierte Versionen von »Prosit der Gemütlichkeit«, waren irgendwann

fix und fertig, hörten auf zu spielen und mussten nicht abbauen, tranken weiter, erweiterten zudem das Erheiterungsportfolio um Rauchwaren und landeten wie eigentlich immer unterwegs auf einem Hotelzimmer. Die ganze Bagage war glücklich aufgedreht, verliebt in den Glamour wie ins internationale Menschenragout, ins Bier und in alle Frauen aller anwesenden Länder. Aber es geht nix über die After-Show-Hotelzimmer-Männerrunde, also keine Frauen. Rauchen. Weitertrinken. Albern sein. Durch die Decke gehen. Lachen. Rock 'n' Roll.

Der Zweifinger-Bassist übertrieb's mal wieder. Euphorisiert bis zum Zunge-an-Vorderzähne-Schlag und somit in seiner Wortgewandtheit eingeschränkt, beschloss er, zur Feier des Tages und nach Nutten, Graf, Konzerterfolg, Rehragout (pack ich aus Spaß an der Freud mit in diese Aufzählung, hat da aber eigentlich nichts verloren) einem weiteren Klischee die Ehre zu erweisen. Er gedachte den leise auf Französisch vor sich hin flimmernden Fernseher aus dem Fenster zu werfen. Denn wenn nicht heute, wann dann. Und wenn nicht er, wer sonst. Und er hatte ja recht. Ungeachtet der Kosten, des Ärgers und der Folgen allgemein, hatte er doch verdammt recht, der Bassist. Heute war der Tag, jetzt die Stunde. Der stets vernünftige Professor verhinderte die »Fernseher zerscheppert auf französischem Trottoir«-Detonation durch väterliche Worte. Aber der Zweifinger-Bassist bestand auf seiner ernsten Absicht und ließ erst von seinem Ansinnen ab, als er stattdessen die Rauchschlagzahl enorm erhöhte. Sogar der stets den Überschwang der restlichen Band kontrollierende Schlagwerk-Fellmeister machte eine Ausnahme und knallte sich irgendwann stoned und zufrieden ins französische Bett. Diesen Abend wird uns keiner mehr nehmen können.

Nach kurzer Nacht ging es tags darauf nach Paris. Ohne Führer, versteht sich. Der Veranstalter gab uns Zugtickets und wir fuhren erst mit dem Bus und dann mit dem Zug von Fontainebleau in die Stadt der Liebe. Es regnete, weshalb wir uns nach dem Verlassen der Metro erst mal schweigend unter eine Bäckereimarkise stellten, um uns zum einen zu orientieren und zum anderen herauszufinden: Kultur oder Kneipe? Kneipe! Überteuertes, schlechtes Bier. Rausschauen. Dem Pisswetter zuschauen. Dann bisschen rumlaufen, half ja nix, als Band würden wir wohl nie wieder hierherkommen, da ein Markt, dort eine Brücke, die man aus einem Film kannte, da kurz am Zebrastreifen das Beatles-Motiv nachgestellt und schnell noch Riesenrad gefahren an der Place de la Concorde, Eiffelturm von unten und wieder Kneipe. Unterwegs per Handy ein Interview mit dem »Mach di frei«-Radiosender nach dem Motto: Die haben's geschafft, jetzt spielen sie schon in Frankreich!

Telefonisch durfte ich kurz selbst »Mach di frei!« über den Äther intonieren. Übers Telefon geht's. Da gelten andere Hörgewohnheiten. Anscheinend.

In Anbetracht der Tatsache, dass die gesamte Truppe aufgrund der Ereignisse der letzten Tage ziemlich erschlagen war, schied im weiteren Pariser Verlauf Puppen tanzen lassen und selber zur Puppe werden aus. Wir versuchten noch vor Mitternacht die Stadt Richtung Platz unseres Triumphes zu verlassen. Aus Paris rauszukommen ist mit öffentlichen Verkehrsmitteln bei Weitem nicht so entspannt wie etwa in einer abgedunkelten Limousine mit uniformiertem Fahrer. Letzte und somit unsere Chance: Bus um kurz nach Mitternacht. Wer den nicht erwischte, musste hier an der Gare du Nord pennen, was aber verboten war und wo man sogleich verjagt wurde. Also war Buskriegen Pflicht. Wir waren zu früh dran. Abhängen am Busparkplatz. Dann kam er. Auch ein Nightliner, dachte ich, aber vom Rock-'n'-Roll-Klischee – cruisen, Getränke und Rauchwaren an Bord, cooler Sound und vor allem fahren, ohne anzuhalten – war diese Schüssel galaktisch weit entfernt. Dieser Bus schaffte jede Nacht die Obdachlosen in die Vororte, wo sie irgendwo pennen, worüber sich dann Spießer aufregen oder sie gleich verjagen, weswegen andere deren Autos anzünden. In diesem wahrlich letzten Bus saßen wir touristisch erschöpfte und zerfeierte Rockreisegruppe, bestehend aus Endzwanzigern, Anfangdreißigern und dem Professor, und wurden aus der Stadt gebracht. Fontainebleau war Endstation. Des Monitormanns seit der Abreise aus Deutschland immer wieder thematisierten Rückenschmerzen waren durch die Metropolenrennerei schlimmer geworden, es war zum ersten Mal von Bandscheibenvorfall die Rede. Meinerseits konnte ich nicht behilflich sein, denn ich hatte meinen ersten Bandscheibenvorfall im Jahr zuvor gehabt und war lediglich mit extrem hilfreichen Sprüchen zur Stelle. Nach unzähligen Stopps und nachdem auch der letzte Penner sein Hab + Gut in irgendeinem Bushäuschen angerichtet hatte, waren wir jetzt also die Allerletzten, die ausstiegen. Von da noch vier Kilometer zu Fuß bis zum rettenden Hotel. Monitormann war am Ende, keine Jeanne d'Arc oder Amélie eilten ihm zu Hilfe. Er quälte sich durch. Und wir warteten immer wieder auf das schwächste Glied in der Erfolgskette. Natürlich. 3.30 Uhr. Niemand hatte mehr die Absicht, einen Fernseher aus dem Fenster zu werfen. Auch »Zweifinger« nicht.

Fazit der Reise: Geld in den Taschen, Spaß in den Backen, völlig zerstörte Rückkehrer, internationaler Durchbruch als erledigt abgehakt, Tour durch die Heimat unmittelbar vor der Nase. In München-Schlachthof sollte der erste Heimatgig sein: Now we take Munich. Wenn der Monitormann noch durchhielt. Übergewicht. Knieprobleme. Bandscheibenvorfall. Medizinischer Rock 'n' Roll. Na ja. Ein bisschen Schwund hat man immer, kein Krieg ohne Verluste.

München

Wenn man wie wir aus der Provinz kommt, dann hat man zu München kein Verhältnis. Man weiß irgendwie, dass es ganz wichtig wäre, dort aufzutreten, denn München ist nun mal die Hauptstadt, und alles, was an Multiplikatoren rumschwirrt, schwirrt da rum. Aber mögen tut der Landmann diese Stadt nicht, es zieht ihn somit auch nicht hin. Doch wenn er dann dort war und nicht gescheitert ist, so ist er stolz, der Provinzmusikant, weil: Wer es in München schafft, der hat's geschafft in Bavaria. Also: widersprüchliche Angelegenheit. Wir spielten im Schlachthof und es kamen sogar über hundert Leute. Untergebracht waren wir in einem gehobenen Frühstückslokal mit Jazz-Brunch, ein paar Zimmern und so Sachen. München halt. Wir schliefen in Doppel- und sogar Dreibettzimmern. Die Decken hatten Stuck. Die Betten Matratzen vom Sperrmüll. Hauptsache, es schaut schick aus.

Wir eröffneten die After-Show-Party in einem Dreierzimmer und hatten eine rauschende Nacht. Erst mal. Bis sie jäh unterbrochen wurde, von einem Mann in einem Aufzug wie der Lehrer Lämpel aus Max & Moritz. Ich glaube sogar, es war der Lehrer Lämpel. Die Situation: Wir feiern anständig, normal lautstark also, ohne Grölen, aber mit viel Lachen, von uns allen unbemerkt öffnet sich die Tür und Lehrer Lämpel steht in weißem Nachthemd und mit Zipfelschlafhaube im Zimmer. Ich weiß nicht, wie lange er da stand, aber irgendwann konnte er sich mit seinem Anliegen Gehör verschaffen:

»Entschuldigung, können Sie bitte leise sein und diese Party einstellen, wir sind hier in München zu Besuch und würden gerne schlafen.«

Selbstverständlich. Klar. Nach einigen Diskussionen, dass unsere Feierlautstärke in Wahrheit diesen Ausdruck gar nicht verdient habe, gaben wir klein bei und haben die Partydezibel runtergefahren. Und er hüpfte hinfort mit baumelnder Mütze. Wir gingen zu Bett mit dem Satz, den wir alle wahnsinnig gerne gesagt hätten, wären wir Rockstars gewesen: Wir sind in München zu Besuch und würden genau deshalb gerne nicht schlafen. Gute Nacht, Herr Lehrer Lämpel, gute Nacht, Männer. Gute Nacht, München.

Alteiselfing

Wer jetzt bei dem wohlklingenden Namen »Alteiselfing« eine Megageschichte erwartet, der wird gleich so was von enttäuscht. Alteiselfing steht für den Auftritt-Normalfall eines Provinzbandlebens. Man wird irgendwie gebucht, der Veranstalter ist halbprofessionell und an Technik ist genau das da, was halt da ist; irgendwelche Semmeln als Catering, irgendeine Pension. Die Location ist viel zu groß für die spärliche Anzahl von Menschen, was viel schlimmer ist als die Tatsache, dass kaum Publikum da ist. Wenig Leute – kleiner Raum ist wenigstens von der Bühne her gesehen okay, aber die Kombination großer Raum – wenig Leute ist einfach nur trist. Nix verdient, eher draufgezahlt, sich grundsätzlich die Sinnfrage zu stellen, wird vermieden, immer mit dem Willen, der allgegenwärtigen glamour- und ruhmfreien Zone das Bestmögliche abzugewinnen. Irgendwo in der Pampa. Wo Veranstalter Sätze sagen wie: »Freitag ist blöd, da ist bei uns Eishockey!« oder »Was bei uns super geht, sind die Bitter Lemon, kennt ihr die, die spielen so Sachen, die jeder kennt, so wie ›Se summer of se sixtynine‹!« oder auch: »Zurzeit is' es allgemein schwierig. Alle jammern.« Oder natürlich: »Mei, gegen den Fußball kannst halt nicht anstinken, des schafft vielleicht der Goisern, aber ihr net!«

Alteiselfing, verzeih! Nimm es nicht persönlich, du bist nicht konkret gemeint. Alteiselfing, du stehst für all die zig Konzerte, auf die dich nie mehr jemand anspricht, die zum Kilometerfressen angelegt waren, all die Auftritte, an die du dich nicht mehr erinnern kannst, da sie dem ewig gleichen Ablauf: »Bau ma auf, bau ma ab und fahren wieder weiter!« folgten und die Orte sich so ähneln, die auf -ing, -bach und vor allem auf -dorf enden. Wir haben diese Form des Unterwegsseins irgendwann als Abendessen-Tour kategorisiert, für ein warmes Essen elendig über Bundesstraßen heizen, auftreten, irgendwo schlafen und weiter geht's. Dieser zigeunerhafte, dabei extrem unspektakuläre, zehrende Unterwegstrott sollte mich zehn Jahre später noch einmal fast niederwalzen.

Davon bin ich in Alteiselfing noch nicht ausgegangen. Da war ich mir noch sicher, Alteiselfing würde eine Durchgangsstation sein, ein Zwischenstopp bleiben, für das ewige Paris.

Stattdessen, tags darauf:

Krottenmühl

Nicht weit weg von Alteiselfing. Die Voraussetzungen waren eigentlich dieselben: irgendwie gebucht usw. ... siehe oben.

Ich: »Entschuldigung, gehörst du hier zum Haus?«

Jemand: »Nein, aber der Koch ist in der Küche.«

Ich (zum genervt herauskommenden Koch): »Entschuldige, wo ist denn hier die Bühne, wir sind die Band, die heut spielt.«

Er: »Hier spielt heut niemand.«

Also, ich bin schon zweistellig oft nicht aufgetreten. Aus den absurdesten Gründen: Laden noch gar nicht eröffnet oder schon wieder zu, Veranstalter wegen Frau oder Steuer futsch, pleite oder einfach nur weg, Datum vertauscht oder doppelt gebucht oder halt zu wenige Karten verkauft. Das war zugegebenermaßen der häufigste Grund. Aber dass wir da stehen, mit einem LKW und einem Transporter und sieben Mann, und ein Koch sagt lapidar, dass hier niemand spielen wird – also wir: niemand halt –, war neu. Und geschah so auch nie wieder.

Und dann sah ich sie. Während der genervte, sich keiner Schuld bewusste Koch über dem Tresen hing, war sie plötzlich in meinem Fokus. Die ausreichend frankierte, von der damals noch staatlichen Post rechtzeitig gelieferte, von mir durch Managerprozente finanzierte, aber ungeöffnete Plakatrolle. Jungfräulich. Untouched. Verpackt rumzuliegen ist das Gegenteil der Bestimmung für Plakate in so einer Rolle. Hängen sollen sie, die Konterfeis, die Stromkästen sollen sie zieren, in allen Varianten der Wildplakatierung überklebt, runtergerissen oder eben hängengelassen werden. Hang them high. Fuck! Hier rumliegen war eine Frechheit. Von den Plakaten. Aber vor allem vom Veranstalter. Sechs Leute kamen trotzdem zum Konzert: alle Gästeliste. Es gibt ein Video von diesem Abend, wir hatten den Song »Geh wieder hoam« ausgewählt. Ironie des Schicksals.

Merke: Man sollte lieber lernen, tragische Momente im Vorfeld zu erkennen, bevor man währenddessen beginnt, sie auch noch kreativ umzusetzen und festzuhalten. Die Realität ist genug. So sollte mal ein Bond-Film heißen. Meine Meinung.

Die Allgäu-Regel

»Eure Schlampen kennant selber zahla!«

Das war der charmante Hinweis des Veranstalters in tiefem Allgäuisch, dass irgendwelche »Weiber«, die wir auf der Gästeliste zu platzieren gedachten, seines Erachtens klar aus dem Abendkassenraster »freier Eintritt« fielen. Dass es wirklich unsere Freundinnen waren, interessierte ihn entweder nicht oder er glaubte es uns nicht oder es war ihm egal oder alles zusammen. Es verwundert jetzt nicht unbedingt, dass diese Person auch sonst nicht die spendabelste war. So war es bei ihm Usus, dass lediglich Wasser und Bier (drei pro Person) frei waren und alle weiteren Getränke bezahlt werden mussten. Was zur Folge hatte, dass wir aufgrund ausufernden Konsums mit quasi null Gage rausgewankt sind, insofern hatte er im Hinblick auf sein eigenes Geschäft mit seinem Getränkegeiz nicht mal unrecht, uns gegenüber war es natürlich eine Frechheit. Wer simmer denn?! Doch nicht irgendwer (halt leider schon). Gerechterweise muss man sagen, dass das Musikclub-Sterben in den Neunzigerjahren in einem direkten Zusammenhang mit dem freien Verzehr von Alkohol durch Rockbands gestanden haben kann. Also ich will es nicht ausschließen. An diesem einen Abend wurde allerdings die intelligenteste Umgehung des »Verbots harter Alkoholika, außer man bezahlt selbst« geboren. Wir haben es seitdem überall praktiziert, wo Veranstalter in Freigetränkefragen unserer Ansicht nach Nachhilfe brauchten. Um

Mitternacht haben wir ein kräftiges »Happy Birthday« angestimmt und irgendeiner von uns hatte plötzlich Geburtstag. Kann man nachmittags beim Soundcheck schon ausmachen, wenn man sich rechtzeitig im Bus auf ein Geburtstagskind geeinigt hat, oder halt spontan, wenn Lust auf Schnaps besteht. Denn kein Wirt dieser Welt lässt sich lumpen, wenn noch Gäste und Fans rumstehen, dann werden selbstverständlich ein bis zwei Runden Schnaps spendiert. Freilich! Immer hatte einer Geburtstag ab diesem Tag … Der Chefgitarrist in den Jahren 2001/2002 bestimmt dreißig Mal.

Das kalte Loch

Minus 32 Grad Celsius. Abschluss der Tour im bayerischen Oberland. Irgendwo bei Weilheim geht's richtig runter: in ein kaltes Loch. Dort ist einer der ältesten und legendärsten Clubs, die es in Bayern bis heute gibt. Dort spielt der Blues, die lokalen Jazz-Größen treten auf, ein paar Sängerinnen aus München, Hardcore-Bands von überall und alles an Combos, was maximal hundertfünfzig Leute zieht. Ein alter Holzofen macht die Hütte warm und von der Bühne schaust du ins Feuer, was vor allem, wenn wenig Leute da sind, was Beruhigendes hat. So ein Feuer. Wenn schon keine Leute. Es waren nicht viele da, an diesem kältesten Tag seit Jahren. Hier unten, in diesem tiefen Loch des Rock'n'Roll, spielten wir unser letztes Konzert dieser Tour und rauchten nach dem Auftritt sehr viel Gras, das uns irgendjemand, entweder ein Aushilfskoch oder halt jemand anderer, backstage auf den Tisch geworfen hatte. Dafür gab's nichts mehr zu essen. Super. Kiffen und nix für den Heißhunger danach. Viel verdient hatten wir nicht auf der »himmelfahrt«, wie die Tour so schön hieß, und ab jetzt hieß das Kommando wieder: heimwärts.

Wir waren viel rumgekommen, und wenn ein paar Hundert Mark übrig blieben, dann war uns das den Spaß mal wieder wert gewesen. Ob unser Umfeld zu Hause das auch so sehen würde, daran dachten wir sicher nicht, als wir pofend die Tour ausklingen ließen, während draußen die Temperaturen dafür sorgten, dass alles einfror, was nicht aus Karbon war. Am nächsten Morgen brachen wir auf. Bei der Raststätte Höhenkirchen rauchte das Auto des Tourmanagers. Eingefroren. Das Kühlwasser. Im Arsch. Der Kühler. Korrigiere also: nix verdient auf dieser Tour. Gar nix. Außer in Paris, aber das hatten wir mit Draufzahlabenden längst wieder »ausgeglichen«.

Vor dem Ende ist nach dem Anfang

Platte in den Charts? Nein. Single ein Hit geworden? Nein. Tournee ein Erfolg? Sicher nicht. Eine Möglichkeit, Unsterblichkeit im Rock-'n'-Roll-Himmel zu ergattern, war allerdings noch offen: ein Bandfilm. Blues Brothers auf Bayrisch. Die Geschichte hatte ich in den Grundzügen bereits seit einiger Zeit im Kopf, und Schauspielunterricht hatten wir auch schon genommen.

Der bierbrauende Mäzen war an Bord, wenngleich es für dieses Unterfangen ein wenig intensiverer Gespräche bedurfte, denn finanziell, das war klar, würde er richtig herhalten müssen. Wenn schon Film, dann richtig. Das sollte ein echter Blockbuster werden können, also nicht an ein paar Zigtausenden scheitern.

Wir machten uns an den Soundtrack. Wieder mal Studio. Tüfteln, machen, spielen, basteln, abgehen. An den Gardasee zum Proben. Erneut aufnehmen. Volles Engagement, den wichtigsten, nämlich unseren musikalischen Teil zum Film, mittlerweile ein Millionenprojekt, beizutragen.

Nach Plattenfirma und Musikverlag gründete ich mit sogenannten Partnern also auch noch eine Filmfirma. Der bierbrauende Mäzen war wieder Teilhaber, wenngleich nicht mehr ganz so »still« wie noch in der Plattenfirma. Wir trieben Kohle auf, mühsam, aber doch und richtig viel. Fördergelder, private Teilhabermodelle, Sponsoren, Vorschüsse. Die volle Ladung moderner Finanzkonzeption. Problem: mal wieder der historische Kontext. Das Projekt kam halt nicht ohne Gelder aus, die dem 2000 noch so glorreich beschienenen Neuen Markt entsprangen. Und der ging bekanntlich, da wird der eine oder andere heute noch dran zu beißen haben, den Bach so was von runter. Zerfetzt hat es den. Und unsere Finanzierung gleich mit. Und das circa zwei Monate vor Drehbeginn und kurz, nachdem ein österreichischer Koproduzent angedockt war, also eigentlich nichts mehr schiefgehen konnte. Der stieg natürlich sofort wieder aus und hatte ja auch recht. Die Fördergelder haben wir brav wieder zurückgezahlt, mal sehen, ob ich mir die Kohle irgendwann doch noch hole.

Kein Film. Alles umsonst.

Das monatelange Herumschrauben an Drehbuchfassungen, die unzähligen Diskussionen über die Besetzung, Verleihergespräche, Krisenabwendungsversuche, Telefonkonferenzen: alles für umme. Alle Wechsel im Bereich Geschäftsführer, Autoren, Regisseure und Koproduzent im Nachhinein sinnlos. Optimierung misslungen. Projekt an der Wand. Der ganze Schauspielunterricht, beim Ungarn, aber auch ernsthaft, die Aufnahmen im Studio, die Erarbeitung eines Soundtrackkonzepts, die Songs, das Umarbeiten der Geschichte: abgebrochen ohne Ergebnis. Die monatelangen Durchhalteparolen, die Verlustängste, die Rechtfertigungen und Durststrecken: nicht belohnt. Eher die Höchststrafe: Niederlage. Eine waschechte Niederlage. Auf der ganzen Linie. This is the end ... Ende.

Hier gehört es hin, das Zitat des Zweifinger-Bassisten zu dieser ganzen Angelegenheit:

»NACH SIEBEN MAGEREN JAHREN KOMMEN SIEBEN FETTE, WIR DACHTEN, ES WAREN DIE MAGEREN, ABER ES WAREN DIE FETTEN!«

Zitatende.

So stand also jetzt die bittere Entscheidung an: Wenn wir alle Freunde bleiben und irgendwann wieder zusammen ein Bier trinken wollten, und wenn wir dann vielleicht sogar mal wieder miteinander musizieren wollten, dann mussten wir nun auseinandergehen. Das Ding war im Graben. Keiner wollte es haben. Kein Film, folglich keine weitere Platte, kein Management, Mister 30 Prozent konzentrierte sich lieber auf chinesische Kampf-Shaolin-Mönche und gab nach zehn Jahren die Betreuung auf, irgendeinen halben Deal mit einer Plattenfirma hatten wir noch, die stand aber auch nicht wirklich besser da als wir. Ein Konzert haben wir noch gespielt. Wir haben es einfach gespielt, und irgendwie wussten wir alle, dass das wohl unser letztes gewesen sein wird.

Showdown.

Auf einem Weinfest.

Weinfeste hatten wir immer wieder mal im Portfolio. Gern in der fränkischen Provinz, wo man gleich mit den Worten begrüßt wird: »Ihr macht's aber net recht laut, oder?« Aber auch Bierfeste. Die sind selber schon laut. Und Stadtfeste, wo du mit drei eingeschweißten Wurstsemmeln und einem Kasten Spezi in Sachen Catering im wahrsten Sinne des Wortes abgespeist wirst. Wir hatten den ganzen Wahnsinn hiermit überstanden. So kann man es auch sehen. Zum Beispiel Open Airs, wo es so heiß war, dass die Schuhsohlen auf der Bühne festklebten, Open Airs, die aufgrund des Wetters abgebrochen werden mussten, weil es sonst bedeutet hätte, »Strom durch Gitarre, dann durch Körper«. Open Airs, die aus den gleichen Gründen hätten abgebrochen werden müssen, aber nicht abgebrochen wurden. Schlamm bis in die letzte Ritze des Musikantenkörpers. Das galt auch für den gemieteten Transporter. Und wenn wir mal eine Übernachtung bekamen, dann war es nicht im Hotel, sondern in einer Pension. Zu einer in Niederbayern gehörte eine Metzgerei, wo mich morgens um sechs, kurz nachdem ich eingeschlafen war, der Todesschrei einer Sau weckte, die gerade unter meinem Fenster abgestochen wurde.

Dann: Bierzeltveranstalter, die uns ernsthaft nur wegen des Namens gebucht hatten, und wir spielten den Gig wegen der Gage, was an Erniedrigung fast nicht zu toppen ist, denn Menschen auf dem Land im Bierzelt wollen wie auch Menschen in der Stadt im Bierzelt nur saufen und nix anderes, da kommst du mit Kunst nicht weit. Aber wir haben diese Bierzeltauftritte ohne Mitgrölsong überstanden, zumeist ohne ausgepfiffen zu werden, ohne Schaden an Leib, aber doch ein bissl an der Seele. Wir haben zudem jahrelang halbleere Säle von Klöstern, Schlössern und Gasthöfen bespielt, haben auf der Bierzeltveranstaltung einer Versicherung hinterm Zelt in bar jedem einen Tausendmarkschein ausbezahlt, was aber die Verluste der vorangegangenen Jahre in keinem Fall wettmachte. Wir haben auf Dorfplätzen, auf Festivals von Burschenvereinen, in Eisstadien und Stadthallen unser Liedgut dargeboten, stets mit hochprofessionellen Absperrgittern vor der Bühne, die aber niemand brauchte, da sich die Menschen eher »locker« im Raum verteilten. Von Personenkult war da nicht viel. Wir haben auf Dachterrassen lokaler Fernsehstationen aufgespielt, wurden immer wieder fehlgebucht auf Faschingsveranstaltungen wie etwa einem »Jägermeisterball«. Wir haben in Studentenwohnheimen für Befremdung gesorgt und auf knapp zweitausend Metern in einer Almhütte einen runden Geburtstag begleitet. Wir haben in Nebenzimmern zum Geburtstag von Verwandten gespielt, auf Hochzeiten von Freunden und selbst auf meiner ersten eigenen.
Vorbei.

Solo!

Ein Jahr später saß ich wieder oder immer noch in einer Wohnung über dem Donauufer in der Provinzhauptstadt. Ich hatte keine Auftritte, da keine Band, ich hatte ein paar Gitarren rumstehen, in meinem Schwippschwager einen guten Freund als Tür-zu-Tür-Nachbarn, ein Klavier im Gang, das sich immer mehr verstimmte, eine psychisch bedenkliche Vermieterin, eine glücklich-unglückliche Liebe, eine Küche, ein Schreibbuch, ein paar Stifte, keine Kohle und auch keine Träume mehr. Gestrandet nach meinem Rock-'n'-Roll-Rendezvous, Tausende von CDs irgendwo eingelagert, mit einem teuren Steuerberater, der die GdbRs und die GmbH abwickeln musste, einem leprakranken Konto bei der Volksbank, einem abgeschlossenen Studium, einem Volontariat beim Fernsehen und dem Hinweis diverser Gutmeinender in der Tasche: Ja, dann mach halt Fernsehen. Das hat doch immer gut geklappt.

Und: mit ein paar Kontakten im Computer und irgendwie einem Klassiker des Rock 'n' Roll im Großhirn: Sänger, deren Bands sich auflösen, machen eine Solokarriere. So. Also, was hilft's. Ohne meine Freunde, den ersten Zuschuss von meinen Eltern mit Mitte dreißig (auch nicht schön), der einen oder anderen Frau und unfassbar viel Zeit zum Nachdenken und Verändern wäre ich wohl nicht noch einmal losgezogen, hinaus auf die Bühnen. Noch mal alles von vorn. Reset. Auf geht's. Again. Zigeunerleben. Ochsentour.

Diesmal also alleine, ohne meine Räuberkameraden, ohne den Familienersatz »Band« und vermutlich ohne irgendwelche Vorschüsse oder Verträge. Aber im Wissen, nichts lieber zu tun und nichts wirklich besser zu können im Leben, als auf Bühnen Menschen zu unterhalten, und mit dem Willen, diesmal die Kurve Richtung Existenz hinzubekommen.

Die Regel »Man tritt nur auf, wenn im Publikum mehr Menschen sind als auf der Bühne« war jetzt jederzeit erfüllbar. Denn zwei (!) Leute sollten doch mindestens kommen, wenn mein Name auf Plakaten steht, und ich nehme das vorweg: Ich habe, seit ich solo unterwegs bin, nur noch einmal eine Veranstaltung wegen zu wenig Besuchern absagen müssen, aber da lag es nicht an mir, sondern am Veranstalter. So.

Ich würde in meinen Škoda Fabia meine Gitarre hinten reinschmeißen, mir für weite Strecken eine BahnCard 50 zulegen und erst mal drei Jahre für im Durchschnitt 120 Euro pro Auftritt wie ein Vertreter in eigener Sache unterwegs sein müssen. Bis zu zweihundert Mal im Jahr, von Kufstein bis Kiel, von Garmisch bis Gera, von Wien bis Wangerooge. Mix Shows. Mix Shows. Mix Shows. Und vielleicht bald auch mit einem eigenen Soloabend.

Das war der Plan oder der letzte Ausweg, wie immer man es nennen mag, ich habe mir ein Jahr Zeit gegeben, dieses Vorhaben in einen Beruf umzusetzen. Mitte dreißig wird's dann doch Zeit. Diesmal musste es klappen, wenn nicht, dann: Stellenanzeigen checken, Marketingabteilung. Zurück ins System.

Doch von wo aus sollte ich eigentlich starten? Irgendwo muss man doch erst mal ankommen und so etwas wie einen Erfolg aufbauen, damit man wieder losziehen kann. In der Provinzhauptstadt hatte ich das an die Wand gefahren, also Wien? München? Weggehen aus der Provinz musste ich auf jeden Fall. Verbrannte Erde. Verbrannte Seele.

Vienna calling?

Wie sagt doch so schön der Volksmund: »Für irgendwas wird's schon gut gewesen sein!« Ich bezweifle zwar stark, dass der Volksmund irgendeine Ahnung von meinem Leben hat, aber in diesem Fall muss ich ihm recht geben. Meine Wien-Aufenthalte in Sachen gescheitertes Filmprojekt die letzten Jahre führten dazu, dass ich bis heute nicht wirklich von dieser Stadt loskomme. Die Österreicher haben mich eh biografisch im Griff. Keine Stadt liefert mir so vieles an abgefahrener Inspiration. In Wien kann ich schreiben, in München eigentlich nicht. Man könnte meinen, dass die Hauptstadt Bayerns und die Hauptstadt Österreichs vom Lebensgefühl her ähnlich daherkommen. Weitest gefehlt. Hier neben der »Czerny-Erbe-Geschichte« meine Top-Five-Erlebnisse zu Wien, die diese Aussage untermauern.

Platz 5: Taxi in München, Taxi in Wien

Einmal ließ ich mich am Bavaria-Gelände in München mit dem Taxi abholen, um zum Flughafen zu fahren. Kaum saß ich drin, ging's schon los, der Taxifahrer hatte ein für München typisch hochdeutsch artikuliertes Mitteilungsbedürfnis und die Familienkarriereplanung im Sinn:

Er: »Ach, Sie machen wohl was mit Film?!«
Ich: »Ja ... schon!«
Er drückte mir seine Visitenkarte in die Hand.
»Toll. Film is ne super Sache. Meine Tochter, die ist jetzt siebzehn, bildhübsch, die hat auch schon einiges gedreht. Sie hat bereits als Kind kleine Filmrollen gehabt, sie ist sehr begabt und sieht wirklich toll aus.« Er reichte ein Foto rüber: »Wenn Sie mal ne schöne, talentierte junge Frau brauchen, rufen Sie mich jederzeit an!« Na klar.

Ankunft am Flughafen. Flug nach Wien. Dort ins Taxi.
Der Taxifahrer nahm zu mir zunächst gar keinen Kontakt auf, schimpfte aber sofort laut los:
»Auf d' Seiten, ihr Oaschlöcher, die depperten Krawotten und die Tschuschen immer ... i fahr euch tot!«
Ausländerfeindliche, misanthropische Aggression ohne jegliche Hemmung dem Gast gegenüber. Irgendwann fragte er mich dann doch noch was:
»Und – was macht *er* so? Was treibt er in unserer schönen Stadt?«

Ich: »Ich mach mit anderen zusammen einen Film.«
Er: »Was machts ihr? An Füüüüüüüm?«
Pause. Lange Pause.
Er: »Des is ja mühsam ...«
Sic! Richtig.

Platz 4: Das Butterkeksmonster von Wien

Taxistand Wien Westbahnhof. Ich musste zu einem Hotel im achten Bezirk. Kurzauftritt in Wien, Agenturbesprechungen und noch ein bissl schreiben im Kaffeehaus. Der Lenker hatte fast keine Zähne mehr, sprach dieses Floridsdorfer Wienerisch und schoss beim Kommentieren der Fahrleistungen der anderen Verkehrsteilnehmer mit schimpfenden Worten Keksreste aus den Zahnlücken im dental halbleeren Mund. Da fiel es mir erst auf. Das ganze Taxi war ein bizarrer Saustall, der praktisch ausschließlich aus einem einzigen Unrat bestand: Butterkeksverpackungen, gemischt mit Plastik- und Papierabfällen. Um den Fahrersitz herum war es besonders schlimm. Ein Geraschel und Gebrösel allererster Kajüte war es zudem. Er stopfte sich permanent weitere Butterkekse aus aufgerissenen Packungen in den Mund und zerkaute sie aufwendig mit den Zahnstumpen und der Zunge, leider eben auch während er sprach. Und er redete viel und fuhr wie eine gesengte Sau. Andere Verkehrsteilnehmer waren davon wenig begeistert und versuchten Feng-Shui-mäßig gegenzusteuern. Plötzlich ein etwas ungeschickter Fahrbahnwechsel eines auswärtigen Fahrzeugs, das eher bescheidene Manöver vermutlich bedingt durch Ortsunkenntnis, jedenfalls kein Grund zur Aufregung. Könnte man meinen. Das Butterkeksmonster geriet dadurch aber so sehr in Rage, dass es beschloss, den armen auswärtigen Fahrer samt Familie zu verfolgen und zu versuchen, das gegnerische Fahrzeug bei jeder sich bietenden Gelegenheit wie beim Stock-Car-Rennen zu rammen. Mich haute es hinten hin und her, von einem Butterkeksverpackungsfriedhof in den nächsten. Schimpfend und Essensbrei versprühend hielt er schließlich vorm Hotel. Ich zahlte und stieg gerne aus. Mein Koffer war noch im dafür vorgesehenen Raum seines Vehikels, normalerweise steigen jetzt weltweit die Taxifahrer aus und helfen dem Gast mit dem Koffer. Er fuhr jedoch einfach los.

Ich lief hinterher. Schreiend. Dann irgendwann auf das Taxi eintrommelnd.

Er blieb stehen.

Spuckte irgendeine Entschuldigung.

Das ist noch gar nicht lange her, es war kurz vor meinem Flug nach La Gomera. Mein Koffer wollte da schon nicht mehr bei mir sein ...

Platz 3: No 50 Cent!

Ich saß am Rochusmarkt draußen vor einem kleinen Café und schlürfte meinen großen Braunen. Ein wirkliches Argument für Wien übrigens: der Kaffee!!! Betonung auf ee. Ich saß also relativ sinnlos in der marktlichen Umgebung herum, da kam ein großer Schwarzer. Offensichtlich der Musikgattung Hip-Hop/Rap/Ghetto/Alarm zuweisbar. Die optischen Argumente: Pantys, Baseballshirt in Übergröße, Riesenkappe, Kette um den Hals mit goldenem Riesenkreuz. Er schlurfte so über den Platz, Richtung Bawag Bankfiliale. Dreißig Meter davor begann er sich hektisch zu bekreuzigen, dann, die Hände weit gen Himmel reckend, zu flehen. Anschließend bekreuzigte er sich wieder großflächig, dann erneut die Hände zum Himmel und rein in die Bank.

Ein paar Minuten später kam er wieder raus. Heftig schimpfend polterte er gen Himmel und winkte gleichzeitig mit der Hand resigniert ab.

Sein Ruf nach einem flüssigen Konto schien nicht erhört

worden zu sein. Das hätte ich ihm als niederbayerisch geprägter Katholik gleich sagen können, dass sich der Herrgott auf solche finanziellen Deals nicht einlässt.

Platz 2: Wenn Österreich eine Marine hätte

Bekannte meiner Wiener Liebe überredeten mich, das Ernst-Happel-Stadion zu besuchen. Das Derby stand an: Austria gegen Rapid. Das ist wie 1860 gegen Bayern, würden die noch ansatzweise in einer ähnlichen Liga spielen. Das Spiel begab sich zu der Zeit, als die Piratengefahr vor Somalia angeblich den Weltfrieden bedrohte. Deutsche Kriegsschiffe wurden dort aufgeboten, durften aber – man kennt die deutsche Nachkriegsproblematik – nicht schießen. So fuhren sie lediglich zur Abschreckung vor der Küste spazieren. Das war's.

Ich saß mit Cola und Popcorn im Austria-Block und schaute mir diesen unsäglichen Grottenkick an. Das hier hatte das Niveau der unteren Tabellenhälfte der dritten Liga in Deutschland. In Österreich war es das Topspiel des Jahres. Da taten sie mir fast leid. Neben mir saßen regungslos zwei offensichtlich stark angetrunkene, dauerrauchende, schlecht gelaunte Austria-Anhänger. In die Stille des Stadions sagte der eine:

»Heast, die stellen sich an wie die Deutschen, wenn s' vor Somalia mit 'm Schifferl fahrn.«

Der andere: »Wann mir a Marine hätten – mir täten s' hinaushauen mit die nassen Fetzen, die Piraten!«

Der Erste, die weltpolitische Bedeutung der vorangegangenen Aussage des Kollegen sofort erkennend: »Hamma aber net. Mir schlagn ja net amal Rapid.«

Da war er wieder, der Wiener Minderwertigkeitskomplex kombiniert mit Resignation. Das Problem hat München sicher nicht.

Platz 1: Behindert, aber unkorrekt

München ist neben Stuttgart und Freiburg die dritte Hochburg der Political Correctness in Deutschland. Behinderte etwa verhalten sich unauffällig, durch den Stempel »behindert« haben sie bei uns schon genügend Probleme, die machen keine.

Anders in Wien.

Ich ging zur U-Bahn. Sie fuhr ein. Eine Schülergruppe aus einer von mir phonetisch nicht genau zuzuordnenden deutschen Provinz, ungeübt in den Regeln des Aus- und Einstiegs bei U-Bahn-Waggons, drängte in ein sich öffnendes Abteil, ohne erst den Ausstiegswilligen den Vortritt zu lassen. Unter denen war auch ein Rollstuhlfahrer. Ein sehr betrunkener Rollstuhlfahrer. Komplett im Öl. Und Ur-Fett! Wie man in Wien zu so einem Zustand sagt.

Statt still abzuwarten, bis er problemlos aus dem Abteil rollen konnte, ließ er den Rollstuhl wie ein Motocrossfahrer »steigen« und brüllte einen der deutschen Provinzjugendlichen mit diesen Worten und bezirksweit verständlich an:

»Geh auf d' Seitn, sonst fahr ich dir über die Zechen (Zehen), gschissene Sau!«

Großartig. Forever number one.

Außer Konkurrenz: Ich hab mal im Fernsehen Folgendes gesehen und mich halbtot gelacht: Ein spektakulärer Banküberfall in Wien, Fernsehteams, Polizei, der Bankräuber noch in der Bank ... Live-Berichterstattung auf allen Kanälen, ein Reporter tritt sogar per Telefon mit dem Gangster in Kontakt und dann ein Kameraschwenk auf das Haus gegenüber: Im Fenster wohl einer WG stehen zwei fette Soundboxen, zwischen diesen ein paar Punks. Und sie beschallen das ganze Gelände mit »Banküberfall« von der EAV und singen lautstark mit. Ein großer Moment, TV-Geschichte, finde ich. Aber auch die endgültige Gewissheit für die Band EAV, einen wirklich in der Realität einsetzbaren Hit gelandet zu haben. Respekt. Für alle Beteiligten. Vor allem für die Punks.

Ganz allgemein, aber besonders in Kreativkreisen braucht es eine feste Persönlichkeit, um Wien mit seinen Lokalen wie dem Anzengruber, diversen Tafelspitz-Gaststätten, dem Naschmarkt, den unfassbar geilen Würstelständen oder einfach den Kaffeehäusern nicht anheimzufallen. Und damit auch dem Alkohol. Diese Persönlichkeit besitze ich nicht. Mich inspirieren meine Wiener Freunde, die großartige Filmemacher, Fotografen, Kabarettisten, Schauspieler oder Lebenskünstler oder alles in einem sind, ich liebe Bühnen wie das Niedermair, das Orpheum, den Stadtsaal und die Kaffeehäuser wie das Ritter oder das Prückel. Aber um in dieser Stadt ein glückliches Leben zu führen, fehlt mir die Kondition.

München – jetzt also doch!

Jetzt war ich also wirklich dauerhaft in einer großen Stadt gelandet, und dann auch noch in der, von der ich am wenigsten gedacht hatte, dass ich mich in ihr niederlassen würde. Eigentlich ein Wunder. In »Minga«, wie die Stadt ja eigentlich heißt, hatte ich zehn Jahre zuvor mal ein Wohnsitz-Intermezzo, erst eine Party-WG in Schwabing, dann ebenfalls in Schwabing eine Bude für mich allein. Wieder Party. Seitdem hatte ich den Plan, dort zu leben, eigentlich endgültig begraben. Dass es anders kam, daran ist nur einer schuld: der Peter. Den hatte ich 2003 mitten in meinem Crash bei einer Podiumsdiskussion in München kennengelernt, wo es mal wieder um das Thema »Deutschsprachige Musik im Radio« und eine Quote ging. Medienpolitik. Und ich immer wieder mittendrin, obwohl gerade frisch zerschreddert in dieser Causa, vielleicht würden die Diskussionen ja denen was helfen, die nach uns kamen. (Das hat es übrigens tatsächlich, was geholfen nämlich, wenn man sieht, was die letzten Jahre alles gespielt wird, Hauptsache, es steht

Deutsch oder Dialekt drauf.) Der Peter, ebenfalls Sänger einer deutschsprachigen Band, saß jedenfalls diesmal vorher im Café und ich auch. Große Lust auf politische Quotendiskussionen hatten wir beide nicht, schon eher aufs Kennenlernen und auf Gespräche. Da war dann auch unser erstes. Und wir haben nie wieder damit aufgehört. Über Musik, das Leben, die Frauen, uns selber beziehungsweise wofür wir uns halten, die Träume, die Ängste, das Vorwärtskommen, das Stehenbleiben, das Zweifeln, das Lieben, das Aufstehen, den Fußball, die Sprache und Hunde. Das sind seitdem unsere Themen. Dass das Schicksal ihn mir mitsamt seiner Frau geschickt hat, ist eines der größten Geschenke meines Lebens. Auch meinen beruflichen Neuanfang hätte niemand besser begleiten können als diese beiden Menschen. Die Freundschaft mit dem Peter sollte relativ rasch zu einer Wiederbegegnung mit einem anderen Mann führen, der in der Folge mein berufliches Dasein komplett verändert hat.

Ich hatte ein Büchlein im Eigenverlag herausgebracht, das war ganz ohne Vertriebsanschluss und musste unter die Leute. Deshalb fragte ich den Peter, ob er nicht in München was wüsste.

Er: »Kennst du eigentlich den Till?«

Ich: »Ja, schon irgendwie von früher. Auf ein paar Festivals war der auch, glaube ich, vielleicht hat er uns auch mal veranstaltet, ich weiß es nicht ...«

Er: »Ich frag den mal, wenn's ihn interessiert, geb ich dir den Kontakt. Der hat ein neues Café eröffnet, im Keller kann man bestimmt eine Lesung machen.«

Das war mein erster Auftritt in München und es kamen zwanzig Menschen – knapp. Inklusive Gästeliste. Alles wie gehabt. Aber das war egal, ja sogar schön, denn hinterher saßen wir zusammen. Der Till, der Peter und ich. Und dann erzählte ich, wo ich grad stand, und dass nix ging und ich irgendwie zwischen Wien und Regensburg hin- und herpendelte, ohne rechten Plan.

Der Till, der Sohn vom Straubinger Jugendzentrum-Sepp, war mittlerweile Kleinkunstmogul in München geworden und hatte relativ schnell einen Plan mit mir.

Aber ich müsse nach München ziehen. Sonst gehe das nicht. Bis spätestens zur WM 2006 wolle er eine neue Bühne aufmachen, das Vereinsheim, und überhaupt, da falle ihm schon was ein für mich.

Kurz: Ich hab dem Till so ziemlich alles, was dann kam, zu verdanken. Wir haben mit seiner Frau und seiner Büroperle zusammen die montägliche Brettlbühne mit dem Namen ›Blickpunkt Spot‹ auf die Beine gestellt und sie zu einer festen Kleinkunst-Rock-'n'-Roll-Einrichtung gemacht. Wir haben es so weit getrieben, bis das Ding unter dem Namen ›Vereinsheim Schwabing‹ ins Fernsehen kam. Er hat mir 2007 während irgendeiner Moderation einen Flyer in die Hand gedrückt, auf dem die Termine meiner Premierenwoche in der Lach- und Schießgesellschaft mit einem Edding draufgekritzelt waren, und ich bin fast umgefallen, denn da aufzutreten, wo Hildebrandt regiert, war wohl das, was man einen Ritterschlag nennt in München. Er hat mich dem Manfred Oskar Tauchen vorgestellt und anempfohlen und so bin ich nahezu von jetzt auf gleich im Kultstück ›Watzmann‹ auf der Bühne gestanden. Circa hundert Mal habe ich vor vollem Haus den alten buckligen Knecht gegeben und Ambros-Songs geschmettert, und dabei ist wiederum die ›Süddeutsche‹ das erste Mal auf mich aufmerksam geworden.

Ich muss es an der Stelle rückblickend sagen: Alle wollten mich plötzlich, alles fühlte sich sofort richtig an, ab dem Zeitpunkt, wo ich mich für die Stadt entschieden hatte, in die ich nie gewollt hatte. Das passt zu meinem Leben: Wenn ich nicht mehr Antreiber und Kontrolletti bin, sondern mich einlasse auf die richtigen Leute, Entscheidungen treffe, die ich so nie treffen wollte, dann flutscht's. So was von. Ich hab ein bisschen was daraus gelernt, glaube ich. Ja, an dieser Stelle muss jetzt schon ein bissl Emotion sein, Dankbarkeit und Rührung und auch Lobhudelei. Weil es, finde ich, extrem wichtig ist, sich klarzumachen, dass man ohne andere nichts ist. Jeder Künstler sollte das wissen und dankbar im Bewusstsein behalten, vor allem, wenn er erfolgreich ist: Du bist nichts ohne deine Talente, ja, aber auch immer noch nichts ohne dein Publikum, deine Agenten, deine Veranstalter, deine Techniker, Förderer, Mentoren, Mäzene, Freunde und Partner. Und sogar ohne die paar wirklichen Journalisten, die es noch gibt. Jawohl: Ein Scheißdreck bist du ohne die alle.

Der Tauchen hatte mich besetzt mit dem Satz: »Jo, der soll des machen. Der singt wie der junge Ambros!« Wahrlich ein Kompliment. Schließlich war der junge Ambros der geniale Ambros. Dass das mit der Schauspielerei dann auch über den ›Watzmann‹ hinaus was wurde, hat auch viel mit ihm zu tun. Als ich ihn bei einer Probe mal gefragt habe, »wie« ich das denn spielen solle, was da im Text steht, hat der Manfred Oskar Tauchen mich angeschrien:

»Stell dich hin und sag den Text auf!«

Um dann etwas leiser fortzufahren: »Dadurch, dass du den Text aufsagst, den jemand anderer geschrieben hat, spielst du automatisch richtig.«

Das ist meines Erachtens alles, was man zum Thema Schauspielunterricht wissen sollte, dieser eine Satz: »Stell dich hin und sag den Text auf!«

Daran halte ich mich bis heute.

Wer jetzt glaubt, München biete thematisch nur Berichte über »Erfolg« und »steil nach oben« und zwischendurch Zuneigungsgelaber, der täuscht sich. Es gibt eine Rock-'n'-Roll-Geschichte aus dieser Zeit, die zum Lustigsten zählt, was ich bisher erlebt habe. Dass ein Wiener im Mittelpunkt der Geschichte steht, versteht sich fast von selbst. Aber nicht nur ein Wiener.

Isarindian

Der Tauchen, die »Gailtalerin« aus dem ›Watzmann‹, feierte seinen sechzigsten Geburtstag. Wir spielten eine der vielen Shows. Danach stand eine Party in einer Kneipe im kleinen Rahmen an, wie man so schön sagt. Der Isarindianer Willy Michl (ich glaube, dass der Begriff »Kult sein« auf ihn zurückgeht) betrat Gitarre spielend die Szenerie, in voller Indianermontur versteht sich. Und der bayerische Bluesbarde vom Isarstrand sang dem »Wiener Kult« alte Wiener Lieder, sodass es selbigen zu Tränen rührte.

Die unvernünftigen Ensemble-Kinder wollten noch was draufsetzen und eine verbotene Rauchware an frischer Luft konsumieren. Sie schleppten also den Berührten nach draußen, um in lockerer Runde eine Friedenspfeife herumgehen zu lassen. Zwei von uns setzten sich auf die Motorhaube eines 5er BMW. Das war der Fehler. Zwei Zivilpolizisten entstiegen ihm, organisierten Verstärkung, und dann begann die Prozedur. Mit einem von uns machten sie einen »längeren Fußmarsch« zu seinem Auto, um den Ausweis zu suchen, mit mir ging ein Beamter sogar bis zur nahegelegenen Wohnung, war aber Gott sei Dank zu faul, sich mit bis in den fünften Stock zu quälen.

Als alle Personen samt Ausweis aufgenommen waren, was die Nachbarn, durch das Aufgebot geweckt, interessiert aus ihren Fenstern beobachteten, betrat der Isarindianer, aus der Kneipe kommend, wieder die Szenerie. Halt jetzt diese.

Die Polizisten, glaube ich, waren sich einen kurzen Moment nicht mehr sicher, wer jetzt eigentlich von den verbotenen Substanzen probiert hatte, als nachts um halb zwei in der Münchner Innenstadt der Indianer vor ihnen stand.

Lachanfall allerorten. Bei uns. An den Fenstern. Sogar manchem Polizist entglitt die Lachmuskulatur. Dann erhob der Häuptling seine Stimme:

»Hough! Ihr habt meine Brüder und Schwestern bei der Ausübung der Religion des Friedens gestört?«

Dann deutete er auf seinen 5er BMW, nicht den der Polizisten, und sprach salbungsvoll weiter:

»Ich habe drei Stäbe aus Holz in meinem Auto. Einen für Liebe. Einen für Frieden. Und einen für Krieg. Soll ich den für Krieg holen?!«

Einer der stärksten Auftritte, denen ich beiwohnen durfte. Karl May ist ein Waisenknabe dagegen. Sollte ich jemals doch noch einen Film machen, wird diese Szene in Originalbesetzung am Originalschauplatz gedreht. Hough!

Schmerzensgeld

Augen starrrrr. Aufs Honorarrrrr.

Es ist eine eher schlichte Erkenntnis, dass der Kapitalismus auch den Künstler nährt. Man lebt zwar weitgehend außerhalb des »Systems«, geht zumindest nicht in die Arbeit, hat keinen Chef, muss sich um Altersvorsorge und den ganzen anderen Wahnsinn selber kümmern, aber ab und an muss man, um leben zu können, eben doch ans System andocken, es kurz aussaugen und dann wieder: »Scheck und ab!«

›Watzmann‹, ›Blickpunkt‹ und ein paar Mix Shows machten sehr viel Freude, aber erbrachten keinen Lebensunterhalt, der in München diese Bezeichnung verdient hätte.

»Schmerzensgeld« ist denn auch der Ausdruck, mit dessen Hilfe ich von meinem neuen Manager, dem »Mister immerhin nur noch 20 Prozent«, regelmäßig überzeugt wurde, mich dem unfreiwillig lauschenden Publikum auf Firmenevents, in der Kleinkunstsprache völlig übertrieben »Galas« genannt, zu stellen. Der Ausdruck »Gala« lässt schließlich Glamour vermuten: Prominente, operierte Frauen, Charity, ›Bunte‹, die Zeitschrift ›Gala‹ ist auch dabei, Champagner, Häppchen, Star-DJ und renommierte Showacts. Nun, für so was bin ich ehrlich gesagt noch nie gebucht worden. Das ist eher was für Enrique Iglesias oder Sasha. Ich habe dafür unter anderem folgende »Galas« biografisch aufzuweisen (ehrlichkeitshalber muss aber festgehalten werden, dass mir all diese Firmen/Einrichtungen/Veranstaltungen zwischendurch finanziell immer wieder den Arsch gerettet und weiterhin zu meiner Alterssicherung beigetragen haben):

Vorstellung eines neuen Mittelklasse-KFZ, Vorstellung eines neuen Oberklasse-KFZ, Vorstellung eines Premium-KFZ, Neu- oder Wiedereröffnung von Auto- und Möbelhäusern, Abschlussveranstaltung für evangelische Erzieherinnen auf Pädagogikseminar, Incentive für Versicherungsvertreter, Jungbanker, Steuerberatergehilfinnen, mittelständische Firmengeburtstage, Betriebsjubiläen mit Stecknadelübergabe für zehn, zwanzig, dreißig oder sogar vierzig Jahre Firmenzugehörigkeit, Fest der Betonverbandsinnung, Bonussystem-Fortbildung für Tankstellenbetreiber, Verlagsumzüge, Radiosendergeburtstage, Fernsehsendergeburtstage, Ausstellungseröffnungen, Polizistenweihnachtsfeiern, runder Geburtstag des regionalen Kulturmäzens, Handyverkäufer-Belohnungswochenenden, Autoverkäufer-Belohnungswochenenden, Banker-Selbsterfahrungswochenenden. Das ist nur ein Ausschnitt, aber relativ repräsentativ, muss also reichen.

Wirklich: Menschen sollen von mir aus, auf welche Art auch immer, sozial zusammenfinden, selbst wenn sie es müssen, weil von oben befohlen. Um Gottes willen, ich mag es ja, wenn Menschen zusammenkommen. Nun: Jeder, der in einer Firma, einem Verband oder einem Verein ist, kennt das, Wochenende auswärts mit Fortbildung, Vorträgen, Diskussionen und dann zur Auflockerung oder gar Erheiterung der geplagten Seelen gibt's ein »Programm«. Das kann bei geringem Budget und Lifestyle-Ferne der Branche ein Zauberer sein, ein Jazz-Trio oder nur ein Walking Act. Walking Act – kein Begriff? Das ist meistens aufwendig (und gern im venezianischen Karnevalsstil) verkleidetes und geschminktes studentisches Veranstaltungsbeiwerk, das dem staunenden Publikum aus lustigen Gefährten oder aber auf Stelzen aus zwei Meter fünfzig Höhe Werbematerialien oder Luftballons aufs Auge drückt. Bei höherem Budget gibt's einen Party-DJ, und bei größerer »Systemrelevanz«, um es in Kanzlerinnendeutsch auszudrücken, laden sich Firmen gerne über eine »Eventagentur« Soul- und Jazzsängerinnen mit Begleitband, singende Kellner oder auch mal einen »Comedian« ein, im besten Falle aus dem TV bekannt und trotzdem bezahlbar, für fünfundvierzig bis siebzig Minuten. Als Abendunterhaltung entweder zwischen Haupt- und Nachspeise oder als Programmpunkt nach den ausführlichen Vorstandsgrußworten mit Ehrungsschnickschnack oder aber auch gern als Abschluss der gesamten mehrtägigen Veranstaltung. Nach dem Auftritt dürfen sie dann endlich nach Hause, was alle sehnsüchtig erwarten, denen Familienglück beschieden ist, und deshalb schauen sie mit diesem »Muss das jetzt auch noch sein«-Blick in deine Richtung, könnten sie doch längst im Auto sitzen – wäre da nicht noch dieser gebuchte Lustigmann. So kann man also die fünf Grundprobleme bei der Event- oder Galaunterhaltung wie folgt zusammenfassen:

Die nicht freiwilligen Zuhörer wissen a) oft nicht, wer ich bin, trotz angeblich TV-bekannt; haben b) nicht schon wieder Lust, jemandem zuzuhören nach dem ganzen Gelaber; sind c) verkatert vom Abend vorher, dem bunten Abend, der an der Hotelbar endete und leider wieder nicht zum körperlichen Erfolg bei der Vorstandssekretärin geführt hat; wollen d) dennoch nach Hause oder zumindest nicht mehr hier sein; wissen e) nicht, warum das jetzt auch noch stattfindet, im Programm stand nix, und wenn schon Überraschung, dann irgendwas mit Fleisch bitte, aber nicht der Typ mit Gitarre. Die Punkte a) und e) sind die Hauptschwierigkeiten in der Humorvermittlung an ein derartiges Publikum.

Hier meine Top-Five-Storys aus dem Bereich der gut bezahlten, aber dennoch mühsamen Kleinkunstsparte »Gala«.

Platz 5: Globale Leere

Auftritt bei einer großen deutschen Bank. Für alle Mitarbeiter, die aufzutreiben waren, für die ganzen Banker, Sekretärinnen, Verwalter, Hausmeister etc., wurde im Eventtempel eines wohl finanziell verbundenen Automobilkonzerns die »Welt« aufgebaut. In kleinen Logen konnte man hier marokkanisch Shisha rauchen, dort französisch Austern schlürfen, hier italienisch Vespa fahren und dort spanisch Rotwein trinken. Alles sehr nett aufbereitet in einem Riesenareal, sechstausend Menschen auf Tausenden von Quadratmetern. Da lernten sich die Mitarbeiter doch mal ein bisschen von der privaten Seite kennen. In der größten der vier Hallen war mittig eine monumentale Bühne platziert, dort sollte immer wieder Programm stattfinden, was die Mitarbeiter zusätzlich motivieren sollte, weiterhin gerne für die Bank zu arbeiten. Organisiert wurde dies alles natürlich von einer Top-Eventagentur, die Erfahrung hatte mit Megaereignissen im Marketing-, Incentive- und Partybereich. Klar. Ich wurde für 14 Uhr angekündigt, auf den opulent ausliegenden Programmzetteln. Das hatte jetzt ehrlicherweise keinen so wirklich angestachelt, sich auf der circa fußballfeldgroßen Tanzfläche vor der Bühne einen Platz zu sichern. Aber die würden sich schon von Shisha, Vespa und Rotwein losreißen, sobald ich on stage wäre. Die freuten sich sicher auf den Typen aus dem TV, der, wie auf dem Programmzettel so schön stand: bereits »überall im Fernsehen« zu sehen war. Der Techniker entpuppte sich als Riesenfan von mir und erzählte mir beim Soundcheck, welche seine Lieblingsnummern waren. 14.05 Uhr, Anpfiff: Ich betrat ohne Applaus die Bühne, keiner da. Hundert Meter weit weg lehnten an Stehtischen, die die Tanzfläche einrahmten, drei, vier Paare mit deutschem Brühkaffee und Schwarzwälderkirsch, die aber nach dem Verzehr der zweifelhaften Kulinarik Richtung Marokko, Italien oder Südafrika weiterzogen. Eine schier nicht enden wollende Dreiviertelstunde ins Leere hinein gespielt. Keine Sau war da. Nur der Techniker lachte seitlich auf der Bühne und fand es »super«, dass er mich endlich mal live hörte. Ich packte nach exakt fünfundvierzig Minuten unter innerem Absingen von »Augen starr aufs Honorar« meine Gitarre in den Koffer und wollte mich Richtung Ausgang davonstehlen, da kam der wohlgelaunte Eventagent und umarmte mich zum Abschied mit den Worten: »Wir machen ja viele Firmenevents mit vielen Comedians, aber so gut ist noch keiner angekommen.« Vermutlich hatte sich lediglich das erste Mal aktiv keiner über einen Programmpunkt bei ihm beschwert, wie auch. Hatte ja keiner mitgekriegt.

Dieselbe Bank, ein anderer Event. Diesmal für die obere Etage des Unternehmens. Wellnesshotel in den bayerischen Alpen mit Motivationskurs und Vorstandsreden tagsüber und am Abend: Nachtwanderung mit Fackeln (wahlweise mit bereitgestellten Jeeps) auf die Alm hinauf im tiefen Winter und dann ein bayrischer Abend speziell für die norddeutschen Vorstände in der »Hüttn«. Ein Alleinunterhalter namens »Bavaria Sepp« oder so ähnlich sollte den hohen Besuch boarisch anheizen, und nach dem Schweinebraten und Bier vom Holzfass sollte ich ran. Der Sepp nahm mich in seinem Jeep mit hinauf auf die Alm, wir bauten auf und machten Soundcheck, der Hüttenwirt war einigermaßen nervös, denn es hatte geschneit wie »Holle« und er war skeptisch, ob der Hubschrauber des Vorstandsvorsitzenden auch sachgemäß vor der Hüttn landen könnte. Er konnte, das nur nebenbei. Der eingeflogene Vorstandsvorsitzende hielt eine Rede, aber erst nach meinem tatsächlich aufgrund von Bierseligkeit umjubelten Auftritt, und meinte leider, er müsse jetzt auch den Komiker geben, woran er lautstark scheiterte. Der Bavaria Sepp fing dies alles stimmungstechnisch wieder auf und spielte auf drei Keyboards gleichzeitig »Anton aus Tirol«. Und jetzt kommen wir zum schlimmsten Teil dieses Auftritts: bleiben müssen bis zum Schluss. Denn der Bavaria Sepp spielte sich bis tief in die Nacht in Ekstase, die Leute wollten ihn hören, wahrlich, und er war nun mal die einzige Mitfahrgelegenheit für mich, denn der Rest der Gesellschaft übernachtete auf der Hüttn, und das wollte ich mir jetzt wirklich nicht geben. Erst versteckte ich mich, dann trank ich. Auch mit Sekretärinnen. Dann ging ich irgendwann stark angetrunken raus vor die Hüttn, pinkelte den Namen der Bank in den Schnee und überlegte kurz, ob ich mich im Helikopter selbst entführen sollte. Lediglich der Alkoholpegel hielt mich davon ab.

Platz 4: Parallelgesellschaft Handyverkäufer

Eine hippe Münchner Eventlocation. Ein bedeutender Mobilfunknetzanbieter hatte geladen. Mitarbeiterjahresfest mit Belohnung der Umsatzkönige. Publikum aus ganz Bayern, vornehmlich Niederbayern und Oberbayern. Erst Power-Point-Terror, dann Belobigungs- und Anspornreden, dann tritt der Typ ausm Fernsehen auf, also ich, dann Fingerfood, dann Disco. So weit war das zwischen der Marketingfrau und meiner Agentur abgesprochen. Was mir niemand gesagt hatte: Es handelte sich nicht um Mitarbeiter der klassischen Art, sondern um Handyverkäufer, die Shops auf Franchise-Basis hatten oder freie Dealer im Handyvertragsgeschäft waren. Will heißen: Ich ging auf die Bühne, unten saßen knapp sechshundert Leute, und das Einzige, was ich im Gegenlicht erkennen konnte, waren sehr viele Männer mit Fußballerfrisuren (also seitlich kurz, oben hoch, mit Gel verfeinert) und die dazugehörigen Handyverkäuferfrauen, die der gemeinen Spielerfrau im Frisurenbereich nicht unähnlich waren. Aufgrund der geografischen Einordnung des Publikums im Vorfeld in »vornehmlich Niederbayern und Oberbayern« hatte ich ein Knallerset zusammengestellt. Stand-up-Nummern über den ländlichen bayrischen Raum und ein paar Best-of-Songs, das würde schon klappen. Nach fünf Minuten waren es nur noch fünfhundert. Nach zwanzig Minuten noch zweihundertfünfzig, und nach einer halben Stunde saßen da vielleicht knapp hundert, davon viele Offizielle, die sich wohl dachten, wir haben den bezahlt, der soll jetzt weiterspielen. Beim letzten Schwung, der sich an eine der zahlreichen Bars verabschiedete, kam mir so eine Ahnung, warum das hier desastrierte. Ich ging von der Bühne, mit deutlichen Fragezeichen im Gesicht, denn so was passierte mir eigentlich nie. Also dass es niemand interessiert, siehe Platz 5, das schon, aber dass ich die Leute, wenn sie schon mal da sind, quasi hinausspiele, das kenne ich eigentlich nicht. Ich also Richtung Marketingfrau wegen Verabschiedung, und mitten in der Eventlocation, nicht länger von Scheinwerfern geblendet, wurde es mir final klar: Handyverkäufer sind zu 70 Prozent Türken und artverwandte Stämme, 20 Prozent Polen und Rumänen und 10 Prozent Zugereiste aus Nordrhein-Westfalen, die sich in Bayern mehr Umsatz versprechen. Sagen wir es so: Meine heiteren Darbietungen zum Mikrokosmos ländliches Bayern hatten mit dem Leben dieser Personen nichts zu tun. Des Weiteren haben sie mich wohl einfach auch nicht verstanden. So rein sprachlich. Parallelgesellschaft Handyverkäufer. Dazu schreibt der Spiegel nix.

Platz 3: Bonus mit System

Fulda. Eines dieser opulenten Hotels, die in den Siebzigerjahren mit dicken Teppichen ausgekleidet wurden und es leider immer noch sind. Solche Hotels haben diese großen Konferenzsäle, die gern Kapstadt, Moskau, Paris, New York (und leider nie: Alteiselfing) heißen. Dort war ich also von einem deutschen Mineralölhersteller gebucht, um vor seinen Tankstellenbetreibern aus der ganzen Republik aufzutreten und den Damen und Herren humoristisch den wohl eher öligen Tag zum Abend hin zu versüßen. Ich wartete in einem für mich angemieteten Hotelzimmer auf meinen Auftritt, und als ich Richtung Saal ging, standen alle schon draußen bei Kaffee und es herrschte eine, sagen wir mal, latent aggressive, nahezu explosive Stimmung. Das krieg ich schon hin, dachte ich, da geh ich jetzt rein und auf die Bühne, und dann wird das schon. Drinnen: keine Bühne, sondern eine Leinwand, davor ein Sprecherpult, daneben ein Beamer im Overheadprojektorlook. Wo ich denn hier bitte auftreten solle, fragte ich die Marketingfrau der Marke »taff, kühl, aber ahnungslos«.

Sie: »Ungefähr da, wo der Beamer steht, da wäre es ideal!«

Ich: »Ja, dann stellen Sie doch den Beamer mal zur Seite, bitte!«

Frau Öl: »Äh, das ist schlecht, der ist im Boden fest verankert, also der fährt halt so aus dem Boden raus.«

Ich: »Ja, dann fahren Sie ihn halt jetzt wieder in den Boden hinein!«

Öli: »Das ist gerade schlecht, der Haustechniker ist schon weg!«

Ich: »Aha, dann schalten Sie ihn wenigstens aus ... bitte!«

Sie: »Ich glaub, da müssen Sie nur den Deckel runterklappen, dann geht er von selber aus!«

Aha. Ich also hin zum Beamer mit Gitarre im Arm, Deckel runter, Beamer ging nicht aus, ich begann dennoch ohne Mikrofon, denn das am Sprecherpult würde ich sicher nicht benutzen, um diese dreihundert Menschen zu bespielen, die mit zumeist verschränkten Armen vor mir saßen. Der Beamer ging immer noch nicht aus, im Gegenteil, er erhob seine Stimme zu lautem Gebläse, also den Deckel wieder hoch, denn das Geschlossene schien er hitzetechnisch nicht zu mögen. So spielte ich, mein Schattenriss übergroß auf der Leinwand, im Augenwinkel geblendet von der Beamerlampe, und der Standby-Beamer fuhr immer wieder hoch und runter unter immer seltsamer werdenden Geräuschen.

Es stellte sich dann raus: Die Mineralölgesellschaft hatte die Tankstellenbetreiber geladen, um ihnen das neue Bonussystem für Kunden vorzustellen und sie »mit ins Boot zu holen«. Die Tankstellenbetreiber mochten aber das alte schon nicht, und das neue stieß bei ihnen nicht nur auf Skepsis, sondern auf blanken Hass, denn sie vermuteten dahinter (wohl nicht ganz zu Unrecht) nur weitere Kosten für ihre Tankstellen. Sie müssten das ganze Kassensystem umstellen und würden nur Scherereien haben, und im Endeffekt verdiente eh nur wieder der Mutterkonzern was daran. Sprich: Die dachten sich, als sie mich kommen sahen: aha. Für diesen Trottel haben sie Geld, und wir können uns wieder mit der ganzen Scheiße rumschlagen, eine Frechheit ist das, jetzt auch noch einen auf Unterhaltung zu machen. Puh. Dennoch: Seit diesem Tag lehne ich in Verbundenheit mit Tankstellenbetreibern jegliche Treue- und Bonusaktionen an Tankstellen- und auch anderen Kassen lächelnd ab, und ich kann nur dazu auffordern, es mir gleichzutun, denn Sie werden ein freundliches, dankbares, leicht revolutionäres Lächeln zurückbekommen. Ja, wir alle gemeinsam können die Bonussysteme kippen. Verbraucher und Betreiber vereint gegen die Konzerne! Revolution von innen. Volltanken und dennoch gegen Mineralölkonzerne aufstehen und Aufgeklärtheit demonstrieren! Ja, das geht. Nur mit einem:

»Nein, ich sammle keine Punkte, nein, ich habe keine Kundenkarte!«

Wir werden mehr und mehr und mehr und wir werden es schaffen. Nieder mit dem Bonussystem!

Platz 2: Mindestlohn

»Herr Ringlstetter, ich kenn ja jetzt Ihr Programm nicht und weiß nicht, was Sie da heut so vorhaben, aber ich hätte eine große Bitte: bitte nix über Betriebsrat und Korruption und Mindestlohn. Das wäre mir sehr wichtig!« Das waren die begrüßenden Worte der Marketinggöttin eines deutschen Unterhaltungselektronikkonzerns. Abgesehen davon, dass ich von selbst nie auf die Idee gekommen wäre, mit diesen Themen eine Mitarbeiterveranstaltung zu bespaßen, war es an diesem Abend einen Versuch wert. Mehr muss dazu nicht gesagt werden, außer dass es ein klarer Platz 2 ist. Es ist zwar schon ein paar Jahre her, sagt aber mehr über den Zustand der deutschen Wirtschaft aus als ein zweistündiges Politkabarettprogramm.

Platz 1: Bonus trotzt dem System

… und zwar weit vorne und unumstößlich und für alle Zeiten. Diesmal hatte mich ein großer deutscher Automobilkonzern engagiert. Beziehungsweise natürlich wieder eine extrem erfolgreiche Werbeagentur im Auftrag des total erfolgreichen Automobilkonzerns. Die Finanzkrise 2008 hatte bei diesem Konzern derart Spuren hinterlassen, dass die Manager wegen zu erwartender schlechter öffentlicher Meinung in diesem Jahr nicht mit Boni überschüttet werden sollten. Stattdessen wurden sie eingeladen, in den Stanglwirt bei Kitzbühel. Ein Wochenende High-end-Event mit Oldtimerrallye durch die Alpen. Herrlich. Malerisch. Und auch sauteuer. Also doch Boni. Hieß halt anders. Nannte sich halt Wochenende. Für den Abend wurde die große »Stubn« gemietet im Stanglwirt und zu herrlichem Wild und exquisiten Weinen ein Unterhaltungsprogramm kredenzt. Dies war in Form einer Jazzsängerin mit Gitarre und mir mit Gitarre anwesend. Ich sollte nicht nur zwischen den Gängen auftreten, sondern auch in den Gängen. Also nicht auf einer Bühne sollte ich agieren, sondern wie ein Minnesänger durch die Reihen wandeln und jeden Topmanager quasi einzeln belustigen, was für eine tolle Idee: Ich war begeistert. Die Jazz-Menü-Sängerin musste sich schon bei der Suppe sagen lassen, sie solle doch mal was spielen, »was man kennt!«. Da war ich noch einigermaßen ruhig. Dann watschelte ich durch die Reihen und unterhielt wie ein Berserker. Ergebnis: das übliche Managementgelächter. Leichtes Anheben des Bauches mitsamt Krawatte und dabei den Nachbarn wissend, aber lautlos anschmunzeln. Nach dem »Auftritt« flüchtete ich mich in einen Nebenraum, wo der Techniker Tiroler Gröstl in sich hineinschob. Ich setzte mich zu ihm und bestellte mir eine Flasche guten Rotwein und ein Wasser. Saß da, paralysiert und doch froh, auch dieses Schiff ohne auf Grund zu laufen in den Unterhaltungshafen gelenkt zu haben. Als ich gerade die ersten Schlucke des edlen Getränks zu mir nahm, kam einer vom Vorstandstisch vom Klo zurück und in meine Richtung, und ich dachte noch, der bedankt sich jetzt sicherlich. Er aber trat zum Tisch, hob die Flasche hoch, betrachtete fachkundig das Etikett, hielt es mir vors Gesicht und sprach:

»Also, den können Sie aber schon selber zahlen!«

Rums. Bums. Zack. Comic-Katastrophenende. »Ich Cheffe, du nix!«, hätte er auch sagen können. Wenn die Erniedrigung mal im Anmarsch ist, dann erhöht sie bekanntermaßen die Truppenstärke. Ich hatte keinen Bock mehr auf Wein, Weib sowieso nicht und Gesang schon gleich dreimal nicht und begab mich auf die Suche nach dem Eventtypen, um mir den Zimmerschlüssel aushändigen zu lassen und den weiteren Abend dann mit N24-Dokumentationen übers Dritte Reich auf dem Zimmer zu verbringen.

»Den Zimmerschlüssel, äh, ja, klar, es ist so: Dein Hotel liegt zweihundert Meter den Berg hoch, dann links und dann am Ende der Straße.« Rums. Bums. Zack. Zapeng. Comic-Armageddon-Ende. Du Künstler pennst definitiv nicht hier im Stanglwirt, mit Wellness und Bar und Frühstücksbüffet, nein, du schläfst schön brav in einer Pension, die fünfzig Euro weniger kostet pro Nacht. Du bist uns das einfach nicht wert. Hast du verstanden, du Kreativdepp? Respekt ist die Grundlage eines jeden Geschäfts. Dachte ich immer. Nicht aber im Turbokapitalismus. Oh Mann.

Immer noch wie geprügelt von dieser Schmach stieg ich am nächsten Morgen ins Auto und machte mich, die Szenen des Vorabends immer wieder durchspielend, auf den langen Weg nach Niedersachsen. Winsen an der Luhe. Ich hatte gar nicht gewusst, dass es das gibt.

Winseln an der Luhe

Neuneinhalb Stunden Autobahnfahrt und entsprechend Zeit, über die Ungerechtigkeit der Welt nachzudenken, darüber zu sinnieren, wie man so ein Quadratarschloch werden kann wie dieser Vorstandsdepp, selbstmitleidig vor mich hin zu winseln, neuneinhalb Stunden fast ausschließlich die A3 hoch. Hunderte Kilometer Baustellen. King of the road. Haha. Nach der Kitzbüheler Erniedrigung wartete jetzt der Schoß der Kirche in Winsen an der Luhe auf mich. Der evangelische Gemeindepfarrer hatte mich in München im Vereinsheim angesprochen bei ›Blickpunkt Spot‹, ob ich nicht mal mein Soloprogramm (relativ hoher Katholizismusverarbeitungsanteil inklusive) in seiner schmucken Gemeindebücherei aufführen wolle. Ich hatte zugesagt, denn der Mann war nett.

In Göttingen Nord fuhr ich raus in die Raststätte, da mein Nervenkostüm zu platzen drohte. Die letzten zwanzig Kilometer hing ich in einer dieser Baustellen fest, die mit modernen Durchhalteparolen – diesen Motivations-Grinse-Schildern – arbeiten. Ein :-(Gesicht in der Farbe rot: leider noch zwölf Kilometer. Ein weiteres :-(Gesicht in der Farbe leicht rot: leider noch acht Kilometer. Ein :-| Gesicht in Orange: … sechs Kilometer, bald haben Sie's geschafft. Dann ein grünes :-) Gesicht kurz vor Ende der Baustelle mit »Jetzt haben Sie es geschafft!« und dann noch eins mit »Danke!«. Genau neben dem blöd grinsenden »Jetzt haben Sie es geschafft«-Smiley aus Blech war ich die letzte Stunde im Stau gestanden. »Jetzt haben Sie es geschafft!« Einen Scheißdreck hatte ich. Ich war geschafft, das ja. Das Thema »Automobil« wurde mir langsam zu viel.

Also runter von der Autobahn und ab in die Raststätte. Laptop raus. Kolumne schreiben. Ja, das auch noch. Abgabe in einer Stunde. Nebenbei lief Fußball. Mit mir in der Raststätte: ein serbischer LKW-Fahrer und ein fetter, verschwitzter rheinländischer Unterhosenvertreter. Mit großen Schweißrändern weit über die Achseln hinaus, schwerer Atmung, zu hohem Blutdruck und nahe dem Herzinfarkt oder dem Schlaganfall oder beidem. Neben ihm stand eine Staffelei, an der unterschiedliche Männerunterhosenmodelle präsentiert wurden. Alles Größen, die ihm nie passen würden. An dieser Staffelei hielt er sich fest wie der frisch Operierte an seinem fahrbaren Infusionsständer.

Er bekam permanent Anrufe, die er in tiefstem Rheinländisch beantwortete:

»Näää, da nehmen Se die 36 KF Strandlauf!«

»Natürlisch, Sie bekommen von der Summer Night ne Palette XL, die geht am Montag raus!«

»Ich kann bei Ihnen gerne in der Kalenderwoche 38 vorbeikommen und dann präsentier ich Ihnen unsere neue Health&Beauty-Men-Kollektion!«

So ging das die ganze Zeit. Wenigstens kam ich so durch den Buxen-Checker zu meiner Kolumne. Fußball war aus. Also weg hier, back to the highway. Winsen rief.

Nach weiteren zwanzig Kilometern kam mir mein Laptop in den Sinn. Wo war der eigentlich?! Klar. Scheiße. Liegengelassen in Göttingen Nord. Der Klassiker: Zwanzig Kilometer in Gegenrichtung wieder zurück, mit Herzrasen. Was, wenn das Teil nicht mehr da wäre, auf dem das komplette neue Bühnenprogramm gespeichert war (und nur dort!), das in vier Wochen Premiere haben sollte? Fünfundvierzig Minuten Ungewissheit, ob die gerade anschwellende Erfolgswelle meiner Kleinkunstperson nicht hier und heute Höhe Göttingen ein jähes Ende finden würde. Wildes Panikdenken: Würde ich beim Unterhosenmann anheuern und auch mit Unterpumpel-Staffelei durch die Lande gurken müssen?

Die türkische Putzfrau hatte ihn verwahrt.

So verdanke ich ihr meine dann folgende Kabarettkarriere. Ohne sie und ihre Ehrlichkeit hätte es kein »Erfolgsprogramm« gegeben. So schaut's einfach aus.

Um 17 Uhr hätte ich laut »Briefing« zum Soundcheck in Winsen an der Luhe auftauchen sollen, das war es jetzt ziemlich genau, und das Navi sagte, dass ich noch zwei Stunden und fünfundzwanzig Minuten brauchte. Showbeginn war um 20 Uhr. Konnte also eng werden. Ich hasse es, zu spät zu kommen, und ich hasse dabei in erster Linie mich selbst, weil ich es selbst auch nicht leiden kann, auf jemanden zu warten. Man muss eh so viel warten in unserem Job, unnützes Warten kostet elendig Nerven. Nach einigen Beschwichtigungsanrufen in alle Richtungen und zwei Stunden später endlich runter vom Highway und ab jetzt nur noch circa fünfzig Kilometer durch herrliche Waldlandschaft. Flach war sie, aber sehr übersichtlich, die Landstraße Richtung evangelisches Gemeindezentrum.

In den von mir forsch durchfahrenen Waldgebieten standen auffallend viele Campingbusse, ach, beliebte Pilzgegend bestimmt, und ich ergänzte innerlich im Vorbeiflug, ein angenehmes Naherholungsgebiet haben sie da in Niedersachsen. Kann man nix sagen. Weiß man bei uns gar nicht, dass es da schön ist und man auch gut campen kann.

Wegen der Verspätung extrem auf gute Stimmung bedacht, wollte ich mich gleich bei der Begrüßung beim Herrn Pfarrer mit Bekundung der Liebe zur Region beliebt machen:

»Tolle Gegend hier, wirklich, scheint auch sehr beliebt zu sein bei Einheimischen wie Auswärtigen, diese weiten, lang gezogenen Wälder die Bundesstraße entlang. Echt toll. Da sind Sie sicher auch öfter in Ihrer Freizeit, oder?«

Er sah mich an, mit der »Jetzt warte ich mal, schließlich ist er Komiker und das gerade wohl ein Witz – aber ganz sicher bin ich mir eben doch nicht«-Miene. Aber meinen Blick konnte er nach wie vor nicht deuten. Deshalb schob er nach:

»Das ist der längste Straßenstrich Niedersachsens. Das ist kein Camping, das sind Nutten.«

Amen. Halleluja. Herr Pfarrer. Halleluja. Mea culpa.

Es lebe der Regionalrassismus!

Es gibt ja so Gegenden. Gegen die hab ich nix. Aber sie geben mir auch nichts. Mit Rheinland-Pfalz verbinde ich nach wie vor Helmut Kohl, Kurt Beck, mein einziges Kneipen-Hausverbot in Koblenz in den Neunzigern und einen Kollegen, mit dem ich schon einige Male im Quatsch Comedy Club aufgetreten war. Dieser Kollege lud mich ein zu einem gemischten Abend in seiner Heimat. In: Mülheim-Kärlich. Rheinland-Pfalz.

Auftreten sollte ich im völlig geschmacklos eingerichteten Saal eines regional wie überregional geschätzten Spezialitätenrestaurants der bürgerlichen Küche mit selbst gebrannten Schnäpsen, Brotschmankerln etc. Man kennt das. Provinzmarketing im kulinarischen Overkill.

Ich reiste mal wieder an aus dem Irgendwo. Und hatte eigentlich vor, in der zugehörigen Pension dieses Spezialitätenschuppens mit Lachgarantie (an diesem Abend jedenfalls) und dickem Wirt, der jedem Fremden vor allem seine Hausmarken im Spirituosenbereich aufquatschen wollte (merke: kein Schnaps auf Tour!), zu übernachten und am nächsten Tag gegen Sonnenaufgang ohne Frühstück und vor allem ohne deutschen Brühkaffee aus Thermoskannen wieder abzureisen.

Aus der Übernachtung wurde nichts. Das vorweg.

Ich kenne das ja alles aus meiner Heimat, jeder, denke ich, kennt das Phänomen, der aus der Provinz stammt. Den größten Rassismus hegen Provinzmenschen gegen die direkt angrenzende Region. Das stimmt sogar weltweit. Dies beginnt in unseren grundsätzlich befriedeten Breiten mit dem beliebten Hass auf den Autofahrer aus dem Nachbarlandkreis, der bekanntlich nicht Auto fahren kann, aus puren Abstammungsgründen, und endet in echten Fehden. In Braunschweig etwa wurde ich mal ernsthaft von einem Zuschauer gefragt, wie ich es seelisch hinbekäme, heute hier in Braunschweig und morgen in Hannover aufzutreten.

»Für mich ist das dasselbe!«, war meine Antwort. Der Braunschweiger zog ab mit diesem Blick der Leere, denn in seiner Welt konnte es nun mal nicht vorkommen, dass man zu beiden Gemarkungen das Verhältnis: »beide relativ nichtssagend« hatte.

Zurück nach Rheinland-Pfalz. Nach Mülheim-Kärlich.

Besonders ausgeprägt ist der von mir als »gegenseitiger Landstrich-Hass, kurz: Regionalrassismus« titulierte Geisteszustand an den Schnittstellen. Also da, wo es geografisch eng wird. Wenn zum Beispiel Touristen Einheimische fragen, ob meine Heimatstadt Straubing in der Oberpfalz liege, dann kommt es zu seltenen Regungen im Niederbayern, da wird er vehement, obwohl man das als Fremder schon mal denken kann, die Grenze zur Oberpfalz ist ja gerade fünfzehn Kilometer von der Stadt weg, aber Straubing liegt natürlich im Herzen Niederbayerns. Bitte sehr.

Ich hatte mich eigentlich auf den Abend in Mülheim-Kärlich gefreut. Und ich hatte für den Auftritt eine top Idee im Gepäck. Ich dachte nämlich, ich gehe gleich mal zu Beginn meines Sets auf die Leute zu, indem ich eine pfälzische Brücke schlage zwischen der Provinzhauptstadt, unweit der ich lebe (welche – und das ist hier nicht unwichtig – die Hauptstadt der Oberpfalz ist), und den (normalen) Pfälzern. »Ich freue mich, in der Pfalz zu sein!« Mit diesen Worten wollte ich beginnen und tat das auch. Und dann wollte ich erklärbärmäßig nachschieben, dass ich soeben aus der Oberpfalz angereist sei, und so sollte es quasi zur Publikum/Künstler-Umarmung kommen, auf der dann mein Auftritt emotional aufbauen sollte.

Keine fünfhundert Meter hinter dem Auftrittssaal verlief, um die Tragweite meines Showanfangs zu unterstreichen, die Grenze zwischen der Pfalz und dem Rheinland. Und ich saß auf der Bühne mit meinem Komödiantenhintern original im Rheinland. Jetzt sind ja Auftritte im humorekstatischen Rheinland für einen wie mich ohnehin nicht so easy, da der karnevalsversuchte Rheinländer auf »alle dreißig Sekunden: ein Gag« (egal welcher

Qualität) getrimmt ist. Da ich bei meinem Material froh sein kann, wenn alle drei bis fünf Minuten ein klassischer Gag dabei ist, bin ich für den Rheinländer nahezu anstrengend, sprich: Er muss sich konzentrieren, damit er bei meinen Geschichten inhaltlich nicht zu früh aussteigt, weil er dann die Pointe nicht mitkriegt und somit keinen Spaß hat.

Das war aber nun in diesem Falle, leider, möchte ich fast hinzufügen, nicht das Problem. Es war einfach eine brutal anmutende Provokation in Sachen Heimat, die ich da, ohne jegliche Absicht, über Mülheim-Kärlich stürmen ließ. So mündete in wenigen Sekunden skeptisches Wohlwollen in blanken Hass. Ich sage meinen Satz und Mülheim-Kärlich buht. Und beschließt, sowohl kollektiv wie zeitgleich, mir bis zum Ende meiner Show keine Chance mehr zu geben. Gar keine. Die Stimmung also nicht lediglich im Keller zu halten, sondern in einem undichten Bunker, wo nur die Frage zählt, wann die nächste Bombe ins humorige Endlager einschlägt und mir alles hier endgültig um die Ohren und in die Luft fliegt. Und was soll ich sagen, ich habe ihn dann auch noch gemacht, den größten Scheißfehler, den man machen kann. Ich fand halt, ich sollte – und meine harmoniesüchtige Seite hatte sogar das starke Bedürfnis – die Situation retten. Also schwenkte ich spontan in meiner Setlist um und dachte: »Kein Problem, ich habe ja eine Rheinländer Dialektnummer in meinem Programm: ›Du sollst nicht weinen, Chantalle‹. Die spiel ich jetzt, und dann werden sie mich doch noch lieben.« Auf die Idee, dass dieses Unterfangen von Rheinländern als Provokation verstanden werden könnte, kam ich in meiner Not nicht. Aber ich bekam es zu spüren. Und wie. Sie buhten und pfiffen und mochten mich nicht, und das sollte sich im Verlauf des Abends nicht ändern. Schweißgebadet ging ich unapplaudiert von der Bühne und stahl mich sofort nach dem Auftritt unter Absingen peinlicher Ausreden davon. Weg von diesem Ort der Schmach. Ich checkte Nähe Koblenz in ein Etap-Hotel ein, und wer jemals in einem solchen genächtigt hat, weiß, wie schlimm es um mich stand, sprich: die Erniedrigung, in einem Etap-Hotel abzusteigen, wo aus dem Nebenzimmer einsam-lüsterne Erotikfilmgeräusche zu hören sind, dem Verbleib in Mülheim-Kärlich und weiteren Vor-Ort-Schmähungen vorzuziehen, war eine klassische Pest/Cholera-Entscheidung. Zugunsten von Cholera.

Junge, komm bald wieder, nein: Fahr nie wieder hinaus!

Hamburg auf dem Land- oder Luftweg zu verlassen, ist das eine. Auszulaufen aber ist etwas völlig anderes. Mit dem Schiff unter lautem, tiefem Hupen die Elbe entlang die Stadt zu verabschieden, um dann irgendwann mit einem kräftigen Schaukeln in offene See zu stechen und den Michel endgültig hinter sich zu lassen, ist pure Seefahrerromantik und funktioniert emotional sicher auch bei mir. Dachte ich. Selbst wenn man an der Reling eines touristisch ausgebeuteten Kreuzfahrt-Schiffes steht und nicht auf einem Weltentdeckersegelschiff. Aber das Meeresabenteuer des 21. Jahrhunderts findet ohnehin nicht auf Schul-, Kriegs- oder Containerschiffen statt, sondern eben auf den Kreuzfahrtkähnen aller Art. Ich war gebucht, für die ganze zweiwöchige Reise. Dabei sollte ich lediglich einmal pro Woche die Menschen auf diesem Dampfer in einem Bordtheater unterhalten, und dafür bekam ich alles umsonst, außer Alkohol vor oder nach oder zwischen den offiziellen Essenszeiten, zu den Mahlzeiten war auch der inklusive. Und es gab sogar noch Geld obendrauf. Hörte sich nach bezahltem Urlaub an. Und klang so vom Aufwand her überschaubar.

Es war August und sogar in Hamburg heiß, über dreißig Grad, als wir ablegten. Die Route: über Norwegen, die Föröer-Inseln bis hoch nach Island, dann über Schottland wieder zurück nach Hamburg. Es sollte meine erste und – diese Aussage sei vorgezogen – auch letzte Meereskreuzfahrt werden.

Ja, ganz sicher sogar. Für mich ist das nix. Das ist eine Entscheidung. Sie Außenstehenden zu erläutern ist möglich, dazu bedarf es aber einer Aufteilung der Problematik Kreuzfahrt versus Ringlstetter in einzelne, sich gerne überschneidende Themenkomplexe.

1. »Essen Sie bitte rosa Tabelette, mache schöne Bilder im Kopf!« (Der medizinische Aspekt)

Dass so ein Schiff schaukelt, war mir schon klar. Schaukeln ist zwar jetzt nicht mein Lieblingshobby, aber es ist für mich nicht schlimmer als wippen oder rutschen. Wasser in freier Wildbahn ist in erster Linie in der Position »davor« oder »am« selbigen sitzend mein Element. Sonst bin ich eher Erde und Feuer zugeneigt, Wasser und Wind haben meinen Respekt, aber nicht meine Liebe. Dass ich seekrank werden kann, wusste ich. Ich hatte mich mal in einem Kroatienurlaub von einem Fischer überreden lassen, ihn bei seinem Morgenfang auf hoher See zu begleiten, was zu einer für mich unüblichen Todessehnsucht noch während des Ausflugs führte und erst nach einer Stunde an Land wieder verflog.

Zur Verfeinerung des Gedankens: Ich schreibe dieses Kapitel in der Badewanne liegend. Was beweist, dass ich zur domestizierten Version von Wasser ein sehr gutes Verhältnis habe. Vor allem, wenn es zu Reinigungs- und Entspannungszwecken verwendet wird. Auch die Idee eines Swimmingpools ist mir nicht nur bekannt, sondern ich unterstütze sie gerne, indem ich ihn besteige und behände meine Runden drehe. Ja, sogar in wildes Gewässer wie See, Mittelmeer oder stille Atlantikbucht hüpfe ich, weil ich gerne schwimme und dazu Wasser definitiv benötigt wird, als Arbeitsgrundlage, sozusagen. Doch wie bereits erwähnt, schwindet meine Begeisterung, sobald es sich um einen Aufenthalt auf offener See handelt.

Entweder hatte ich all die genannten Fakten bei der Entscheidung, diese Reise zu machen, komplett ausgeblendet oder verdrängt oder ich war so pleite, dass ich sie einfach machen musste, oder aber ich war zu schwach, meinem Management zu widersprechen, welches mir gebetsmühlenhaft versicherte, dass man bei so einem Schiff einen Wellengang im engeren Sinne gar nicht bemerken würde. Egal wie: Es war nun mal so.

»Junge, ruf mal wieder, mal wieder nach Haus« stand fett als Telekomwerbung auf einem Containerschiff im Hafen der Hansestadt, als ich mich mit einem »Auf, Matrosen, ohé!« auf den Lippen an der Reling mit ein paar Tausend anderen wiederfand. Ein Reiseführer machte Durchsagen mit peinlicher Zwischenmusik aus extrem schlechten Schiffsboxen, aber hey, ich war jetzt ein Abenteurer, also was soll's. Noch war ich zuversichtlich ...

Es gibt meines Wissens keine Kreuzfahrtroute, die mehr sogenannte Seetage hat als die, auf der ich mich nun befand. Von netto dreizehn Tagen Reise würden wir komplette acht Tage und Nächte auf See sein – also ohne Festland in Sicht. Und es ging auch gleich in der ersten Nacht, irgendwo zwischen Hamburg und Bergen/Norwegen, so richtig los. Wie – man merkt nix auf so einem Schiff?!?! Von wegen. Das große Torkeln begann. Ständig kamen mir bei meinen Versuchen ins Freie zu gelangen, um an frischer Luft meinen flauen Magen zu beruhigen, kreidebleiche Figuren entgegen, die sich in den Treppenkurven in eine Tüte übergaben, während sie einen weiteren unsicheren Schritt ins Leere taten. Und mir ging's nicht anders: Ich trat in ein Luftloch nach dem anderen und hatte das Gefühl, die Organe würden inwendig Aufzug fahren und zwar gleichzeitig in beide Richtungen. Es folgte ein Pritzeln und ein Prickeln auf den Lippen, dann in den Fingern, kurz spürte man die Füße gar nicht mehr, bevor ein Brummen im Körper begann, das sich langsam, aber spürbar in den Kopf hocharbeitete, den Gleichgewichtssinn weiter so unter Druck setzte, dass er unter dieser Herausforderung zusammenbrach, und dann lag/saß man irgendwo und hoffte, es möge besser werden, was es aber nicht tat. Denn das Geschaukel und Gebeutel ging kräftig weiter. Man versuchte nun krampfhaft eine Regelmäßigkeit im ständigen Auf und Ab und Hin und Her zu erkennen, woran man aber scheiterte. Dann Erbrechen. Mehrmals. Und alles wieder von vorne.

Hausmittel Nummer 1: Alkohol. Soll helfen. Abgabe der Kontrolle, dadurch soll der innere Widerstand brechen und das körperliche Gegenarbeiten weniger werden, somit sei in Maßen konsumiert der Alkohol ein wahres Wundermittel bei Seekrankheit. So die einschlägige Literatur. Ich versuchte es. Dreißig Minuten später kotzte ich einen Strahl aus gar nicht heiterem Himmel der nördlichen Meere in selbige. Dann markierte ich, dem Märchen-Hänsel nicht unähnlich, meine Strecke zur Kabine, um mich dort restlos erschöpft und dehydriert über dem Klo weiter mit mir und meinen Inhalten zu beschäftigen. Das elendige Grundgefühl verbesserte sich aber auch dadurch nicht und so schleppte ich mich bereits in meiner allerersten Kreuzfahrtnacht untertänigst Richtung Krankenstation, hier »Hospital« genannt. Nur noch teilweise Herr meiner Sinne erschien mir ein blondes Wesen, das sicher Ärztin war, das ich aber in meinen Dehydrationsfantasien eher dem Bereich »Krankenschwester in sexy Uniform« zuzuordnen begann. Ihr tschechischer Dialekt tat ein Übriges:

Sie: »Junger Mann!«

Ich (tonlos): »Grrrrrrrrrr.«

Sie: »Ich gebe Ihne rosa Tabelette – müsse Sie nehme!« In meiner Birne ergänzte die Heldensynapse: »Sonst werde Sie sterbe!«

Sie schaute mir tief in meine glasigen, aber durch sie restlebendigen Augen und sagte zärtlich, nahezu bezirzend:

»Rosa Tabelette mache schöne Bilder in Kopf!«

Das stimmte. Ich verbrachte die weitere Nacht in meiner Kabine auf internationalem Gewässer, aber nach der mutigen Einnahme der »rosa Tabelette« doch auch irgendwie in Prag. Die nächsten Stunden warf ich permanent diese Tabletten ein, was zu einem halluzinogenen Dauerzustand führte. Die Tabletten des Drogenengels machten zwar weiterhin »schöne Bilder in tschechischer Umgebung« im Kopf, aber das Kernproblem Übelkeit blieb davon unangetastet und wurde bei jeder Steigerung der Windstärke linear schlimmer. An Tag drei dachte ich so bei mir: »Jetzt lies doch mal die Packungsbeilage, Arzt oder Apotheker, den man fragen könnte, ist ja hier in Kabine 303 gerade keiner.« Unter den »Nebenwirkungen« des Produkts aus Leverkusen waren kurz und knapp auch die »möglichen« aufgeführt. Die üblichen Standards: Depressionen, Kopfschmerzen, Einschränkung der Sexualfunktion. Aber auch: Übelkeit! Respekt. Bayer. Das habt ihr spitzenmäßig hingekriegt, denn das sollte eine unmögliche Nebenwirkung sein, in diesem speziellen Fall. Stichwort: Teufel mit dem Beelzebub!

Ich wollte nur noch Land unter meinen Füßen spüren. Der erste Landgang würde das grauenvolle Körpergefühl ändern, vielleicht sogar die Übelkeit lösen.

Bergen. Norwegen. Wir legten an. Feste Erde. Ich entschied mich nach einem Spaziergang durch den für Touristen herausgeputzten landestypischen Hafen mit Lachs zu deutschen Feinkostpreisen für eine Fahrradausleihe und heizte halb im Wahn mit dem Mountainbike den Berg in Bergen hoch, wieder runter und noch eine Stunde am Meer entlang. Größtmöglicher Bodenkontakt. Ich strampelte mir die Nebenwirkungen des Medizinprodukts aus Leverkusen, das offene Meer und den flauen Magen aus den dank Tschechien gestählten Gliedern.

»Junger Mann, geht besser?!«, fragte mich Miss Tschechien auf meinem Weg Richtung frische Luft, denn pünktlich nach dem Ablegen schlugen die Auswurfgedanken in ein körperliches Verlangen um.

Ich: »Nein, nicht wirklich ... mir ist eigentlich immer schlecht ... ich kann nichts essen.« (Ich musste höllisch aufpassen, nicht in ihren tschechischen Akzent zu verfallen.)

Sie: »Junger Mann, Sie müsse esse. Magen braucht Beschäftigung.« (»Sonst müsse Sie qualvoll sterbe«, ergänzte meine von schlichter Heldenhaftigkeit ins Fach der Dramatik gewechselte Synapse.)

Gut. Vor dem ersten Auftritt an Bord aß ich was. Der Vorhang hinter mir flog beängstigend theatralisch in alle Richtungen, während ich versuchte, mich auf der Bühne zu halten. Ich wechselte während meines Auftritts irgendwo zwischen Norwegen und den Färöer-Inseln permanent hin und her zwischen Steh- und Sitzposition, je nachdem, in welcher Körperhaltung ein plötzlicher Auswurf verhindert werden konnte. Zumindest für die Zeit des Auftritts. Was nachher sein würde, war egal. (Nebenbei war es mir völlig schleierhaft, wie diese Musicaldarstellerinnen und Tänzer, mit denen ich mir eine Garderobe teilte, das körperlich hinkriegten.)

Das Publikum kam in Scharen, achthundert waren es etwa, mein bis dahin mengenmäßig größter Soloauftritt, aber in erster Linie wegen Ermangelung von Abendgestaltungsalternativen. Und die hatten kein auswurfhemmendes Adrenalin im Körper, weshalb sich der Abend wie folgt gestaltete: Ich mache einen Gag oder spiele ein gar lustig Lied, die eine Hälfte lacht, ein Drittel verdreht lediglich die Augen, aber der Rest der Menge beugt sich nach vorne über mitgebrachte Tüten oder verlässt kombiniert mit einem Abendbuffetstrahl die aufgeschaukelte Location. Ich bin mir nicht sicher, ob ich diese Form des »Mit Eiern und Tomaten«-Werfens in meinem Künstlerdasein vermisst hätte. Ich denke eher nicht.

2. Über dreihundert Regentage – aber die bitte glutenfrei! Gruppendynamik und andere Grenzfälle (Der zoologische Aspekt)

Der Kreuzfahrttourist macht stets alles in der Gruppe. Er frühstückt zu vorgegebener Zeit, er speist zu Mittag, wenn alle anderen es auch tun, er nimmt Kaffee und Kuchen und auch Torten zu sich, wenn der Nachmittag hereinbricht, und futtert sich gemeinschaftlich durch die frühen Abendstunden. Er schaut nach links, wenn der Lautsprecherdurchsager sagt, dass es da landschaftlich schön ist, oder nach rechts, wenn ihm dort Wale oder Delphine versprochen werden. Er geht kollektiv von Bord und findet sich kollektiv wieder ein.

Er macht eben alles gerne in der Gruppe, und sobald sich das Schiff bewegt, tut er dies auch noch ohne Fluchtmöglichkeiten. Für einen 21.-Jahrhundert-Individualisten wie mich ein Albtraum. Dass dieses Schafherdenverhalten inhaltlich problematisch werden kann, wurde mir immer wieder bewusst:

a) Cocktail-Grieg

Wenn man Bergen verlässt, gleitet man eine Stunde lang durch ruhiges Gewässer und Fjorde, Wasserfälle stürzen hinab ins Meer, atemberaubende Landschaft komplettiert diese wirklich schöne Erfahrung. Doch das erschien natürlich einer Kreuzfahrtcrew nicht ausreichend, der reinen Naturerfahrung fügte sie Ingredienzien der Eventkultur bei. Bei der Vorbeifahrt an geschildertem Naturspektakel wurden tausend Leute an der Reling stehend mit Musik von Grieg, einem klassisch-dramatischen Komponisten, über krächzende Boxen beschallt. Ich einigte mich mit mir auf: richtige Musik. Richtiger Ort. Falsche technische Umsetzung. Mal wieder. Alle standen im Wind an der Reling und fotografierten und beglotzten abwechselnd die Reize der Natur. An der musikalisch dramatischsten Stelle und als sich gerade ein exorbitanter Wasserfall krachend ins Meer ergoss, unterbrach der Kapitän höchstpersönlich das Geschehen und teilte den Menschen gewohnt seriös mit, dass auf Deck 5 zu Freigetränken gemischter alkoholischer Art angetanzt werden dürfe. Umsonst-Drinks am Nachmittag? Zack. Alle weg. Ich blieb allein zurück. Ohne Grieg (der wurde lieblos, ohne den Schluss abzuwarten, beendet). Ohne Menschen. Also, einen an und für sich bezaubernden Moment so zu zerstören, das schaffen nur Profis, Eventprofis; Schnaps mit Zucker verdünnt einzigartigen Wasserfällen vorzuziehen, schaffen nur deutsche

Touristen. Okay, Engländer vielleicht auch noch und Holländer. Die Touristenprofis.

b) Das ist Provinz, Alter! Ein Nebel-Effekt
Auf den Färöer-Inseln leben mehr Schafe als Menschen. Gut. Die Färöer-Inseln sind weiterhin bei Fußball-EM-Qualifikationsspielen ein zweistelliges Zu-null-Fressen für deutsche Nationalmannschaften, die wenigen Menschen, die dort leben, haben halt alle möglichen Berufe, Schäfer zum Beispiel, aber nicht Fußballprofi. Die Inseln haben über dreihundert Regentage im Jahr vorzuweisen, unser Anreisetag machte da keine Ausnahme. Zu Hause hatte es dreiunddreißig Grad, Rekordhochsommer, hier blies der Wind bei maximal zehn Grad und schaurige Regenschauer garnierten das Kreuzfahrergesicht. Der Regen fiel zum einen aus Wolken über uns, zum anderen auch aus den Wolken, in denen wir eh standen, denn das, was zu Hause »Nebel« heißt, ist hier schlicht: »Wetter!« Man geht also im Nebel von Bord, fährt im Nebel fünfundvierzig Minuten zu einer der Inseln hin, dort stehen nebelverhüllt Schafe rum, kein einziger Fußballer weit und breit, und da hält dann der deutsche Privatfoto-Reisereporter inne und macht, wie Bruno aus Leverkusen unter dem Ausspruch: »Kuck ma, Erna, wat fürn schönet tolles Nebelbild!«, Bilder vom: Nebel.

»Herrschaften, das hat keinen Sinn, was ihr hier tut!«, will man rufen, schreien, flehen. Aber das war's auch schon wieder, mehr passiert nicht auf den Färöer-Inseln, also schnell wieder zurück, Marsch, Marsch, das Essen ruft. Nachdem man nachmittags Tiefkühltorten pfundweise in sich hineingeschlichtet hat, achtet man beim Abendbuffet nun akribisch darauf, dass die Mahlzeit »glutenfrei« ist. Dann lieber als Schaf auf den Färöer-Inseln ... dachte ich und hoffte auf einen längeren Landgang.

c) Höhepunkt der Reise: zwei komplette Tage Festland
Ich nix wie los. Mit Reykjavik verbinde ich etwas: Björk, Sigur Rós, andere Musik, die so herrlich traurig, regenschaurig

schön und durch die Nähe zum Pol zwar kühl und dabei auch noch so melancholisch ist. Also rein in die vielen Alternativplattenläden. Zwei Tage stöbern und durch die Stadt schlendern, die Wirkung der »rosa Tabelette« mit Steak und Fisch und viel Gluten wegfressen. Lecker. Am ersten Abend fiel mir schon auf, dass die Stadt tagsüber lebt, aber am Abend binnen einer Stunde erstirbt. Dies nahm ich ungläubig zur Kenntnis, denn eigentlich müsste die überschaubare Altstadt ja schon allein von meinen Kreuzfahrtkollegen und -kolleginnen nahezu überfüllt sein, dann noch die Einheimischen dazu, also: Plus plus Plus gibt viele. Aber hier war nach 17.30 Uhr kaum jemand, ein paar introvertierte Isländer, ja, aber keiner vom Schiff. Ach, stimmt ja, der Kreuzfahrttourist schätzt es nicht, sich gemütlich in landestypische Lokale zu setzen, nein, da wird natürlich schön ab 18 Uhr glutenfrei gruppendynamisch auf dem Schiff gespachtelt, was auch immer das deutsche Schnitzelherz begehrt.

d) Indian Summer Night – aber nicht in Kabine 303
Was natürlich auf so einem Kahn ebenfalls kollektiv vollzogen wird, ist: feiern. In einer Bar hoch oben neben dem Auspuff (zu dem wir noch kommen werden) lag die Party Area. Weil es draußen kalt und nass war, steppte der Bär drinnen. In der Bar. Mottopartys wie Black & White Party, Indian Summer Night Party, Rock Party, Saturday Night Fever Party usw. usf. Hatte thematisch ein bisschen was von katholischer Landjugend. Egal wie das Motto auch lauten mochte, die »DJs« spielten die zweihundert Hits (nur leider nicht Pink Floyd), die sie auf ihrer Festplatte abgespeichert hatten. Ende der Kreativleistung. Nur die Reihenfolge der Hits änderte sich je nach Motto, also bei der Black & White Party kam Michael Jacksons »It Doesn't Matter If You're Black or White« relativ früh, bei der Indian Summer Night erst gegen zwei Uhr morgens, wenn eh alle besoffen waren, sodass es kein Motto mehr brauchte. Um ein paar Minuten später noch zu wissen, dass man sich beim DJ ein Lied gewünscht hatte, wurde jeder Song durchgesagt

(wie bei Landjugend-Beatpartys früher. Wahnsinn. Dass ich das noch mal erleben musste). Nur nicht mit dem Namen des Wünschers, sondern mit der Kabinennummer. »Für Kabine 536 kommt jetzt Aerosmith – Crazy«. Ja, crazy, total, Identifikation über Nummern. Man sollte, auch wenn die Idee komplett politisch unkorrekt ist, Kreuzfahrern die Kabinennummern auf den Arm tätowieren. Natürlich hatte die Durchsage noch den weiteren Effekt, dass – vorausgesetzt, man passte auf, wer so zum DJ wankte, um sich zweifelhaftes Tanzliedgut zu wünschen – die Kenntnis der Kabinennummer eine Anbandelung mit dem Gegen- oder Gleichgeschlecht enorm erleichterte. Sie wissen schon. Knick. Knack.

Einen Salsa-Tanzkurs auf einem schwankenden Boot anzubieten, ist in der Sache grenzwertig und sieht übrigens auch bei der Ausführung unfassbar bescheuert aus, denn wenn sich die beim Salsa eh schon zappelig wackelnden Tanzpartner abwechselnd plötzlich um dreißig Zentimeter überragen, während bei der nächsten Welle wieder einer von beiden ins Leere tritt, dann ist das ein wahrlich trauriger Anblick. Aber es geht noch trauriger in Sachen Kombination Körper und Schiff.

3. »Guten Morgen! Heute ist Aktivtag!«
(Der soziale wie der asoziale Aspekt)

Man kennt diesen Schrei aus Cluburlauben. Hier verhielt es sich nicht anders. Es gab die Aktiv-Gruppenvariante genauso wie die Individual-»Ich-bin-im-Urlaub-ich-muss-was-für-meinen-Körper-tun«-Methode. Und auch hier war mit klassischer Fitness noch lange nicht das Ende der Schiffsfahnenstange erreicht.

Ich bin gar nicht so dagegen. Gegen das Sich-Betätigen. Körperlich. Bei dem Sauwetter auf dieser Reise nachtein, tagaus war das an und für sich sogar eine gute Idee. Auch ich wankte Richtung Fitnessraum, um meinem geschwächten Seefahrerkörper ein paar neue Muskeln entgegenzusetzen. Alle klassischen Fitnessgeräte waren auf diesem Kreuzfahrtschiff vorhanden und hinzu kam unter anderem: ein Ruderboot. Beziehungsweise so ein Ruderboottrainingsnachbau. Für Profiruderer zum Trainieren im Winter erfunden. Es stand also auf einem fahrenden Schiff ein Ruderboot. Und nicht nur das. Es stand auch noch quer zur Fahrtrichtung. Gibt es bei Sportausübung eine sinnlosere Gemütslage als auf einem schwimmenden Dampfer quer zur Fahrtrichtung zu rudern und sich somit nicht einmal einreden zu können, man trüge etwas zur Fahrleistung des Gefährts bei?! Das ist Folter, Leute. Schlimmer als Galeere. Von Sporteventprofis erdacht.

Seit ich in den Vierzigern angekommen bin, das gebe ich zu, schätze ich regelmäßige Körperbetätigung bis hin zum Sport aus purer Notwendigkeit. Das Laufen ist zumeist am einfachsten zu organisieren, weil man dazu lediglich Schuhe benötigt; und irgendeine Form von Landschaft, die man belaufen kann, ist vor jedem Haus. Nicht auf dem Schiff. Denn übers Wasser laufen ist nur einem vorbehalten. Und dennoch versuchen Abertausende von Schiffsreisenden, es ihm auf abenteuerliche Weise gleichzutun. Sie joggen an Bord. Wahrlich, ich sage euch, auf diesem Kreuz-und-quer-Dampfer gab's eine ausgewiesene Joggingstrecke. Ganz oben. Auf Deck 11 in unserem speziellen Fall. Da liefen sie und drehten permanent die vorgegebenen Runden. Um den überdimensionalen Auspuff des Dampfers herum. In der Schwerölwolke des Kreuzers hechelten sie ihren Runtastic Handy Apps hinterher. Das kommt in etwa der Idee gleich, am Samstag in der Garage sein Auto laufen zu lassen und eine halbe Stunde drumherum zu joggen. Nur der Mensch verfällt auf so einen Wahnwitz. Natürlich wichtig beim Kreuzfahrtreisenden: Running through the dust, but stets im schicken Läuferhoserl. Lifestyle-Profis halt.

Immer kann man freilich nicht sportlich aktiv sein auf so einem Schiff oder essen oder saufen oder feiern oder reihern. Zwischendurch macht man mal: NIX. Vor allem, wenn es draußen zehn Grad hat, hoher Wellengang herrscht und ein Wind der Marke »Bitte, lieber Gott, lass es nicht der Weltuntergang sein, sondern lediglich eine Standard-Apokalypse« bläst, dann muss der die sieben Meere Bereisende auch mal drinbleiben, und wenn's grad nix zu beißen gibt, dann klebt er taumelnd an den nassen Scheiben, um das Naturspektakel zu begutachten, dem er sich ausgesetzt sieht. Außer die organischen Beeinträchtigungen in Sachen Gleichgewicht lassen auch dies nicht zu, dann hockt er halbtot in der Kabine. Aber nehmen wir mal an, es ist körperlich möglich, draußen tobt der Sturm, drinnen an den Scheiben ist man in relativer Sicherheit, da könnte schon mal ein Moment des stillen Betrachtens aufkommen.

»Schau, da seind Orrrrkaaaaaaas!«

Okay. Dass Schwaben aktive und manchmal ein bisschen lautere Menschen sind, sagt man ihnen gerne nach, aber die von leichter Jazzmusik durchdrungene Haupthalle mit eben dem Schrei: »Schau, da seind Orrrrkaaaaaaas!« zu durchschneiden, ist ein Individualverhalten, das selbst mir als grundsätzlichem Schwabensympathisanten zu viel war. Immer noch hallt dieser Satz in Träumen oder beim Betrachten von Wassermengen über hundert Zentiliter in mir nach. Von der Reaktion beim Betrachten eines echten Orcas meinerseits ganz zu schweigen. Dass sich die ausrufende Person auch noch an die regennasse Scheibe stellte, um durch ein Unwetter hindurch einen springenden Orca zu fotografieren, sei der Vollständigkeit halber hinzugefügt, dürfte aber niemanden wirklich verwundern. Wer Nebel auf den Färöer-Inseln ...

Der verbale Ausstoß »Schau, da seind Orrrrkaaaaaaas!«, weiblich schneidend intoniert, führt erst zur Instabilität des Gehörs (wo bekanntlich der ohnehin schon strapazierte Gleichgewichtssinn sitzt) und dann zum spontanen Verlust desselben. Es war also das erste Mal in meinem Dasein, dass ich mich nach dem Ausruf eines Satzes im schwäbischen Dialekt über der Schüssel auf Kabine 303 wiederfand.

Merke: Akustisch anspruchsvolle Dialekte sollten auf hoher See lediglich privat zwischen mitreisenden Eingeborenen gesprochen werden.

Wer sich laut sein, Übelkeit und sinnloses Treiben an Bord nicht leisten kann, ist die sogenannte Crew oder der »Staff«. Man muss kein Sozialromantiker sein, um es schwierig zu finden, sich im 21. Jahrhundert von hoffnungslos unterbezahlten, aber dennoch freundlichen Asiaten bedienen zu lassen. Auf Kreuzfahrtschiffen arbeiten zumeist Filipinos. Sie sind acht Monate auf dem Wasser und schicken das Geld ihren Familien, die dann das ganze Jahr davon leben. Der Kreuzfahrer-Herrenmensch aus Europa sprengt grundsätzlich gerne mal Personal in der Gegend herum, beim Filipino fällt es ihm offensichtlich besonders leicht, denn diese haben leider Unfreundlichkeit nicht in ihrem zwischenmenschlichen Portfolio, also kann man's mit denen machen. »Hol Bier!« ist noch der freundlichsten Aussprüche einer, wenn fette deutsche Weltumsegler Filipinos behandeln wie ihre persönlichen Sklaven.

Als Künstler trägt man auf dem Schiff den »Staff«-Ausweis, das heißt, man kommt überall da hin, wo auch die Crew hinkommt. Die Filipinos lebten in Sechserkabinen ganz unten im Rumpf des Schiffes, wo es stank, laut und immer finster war. In einer steuerfreien Bar kostete eine Flasche Schnaps zwischen zwei und drei Euro, und so verbrachten sie ihren »Feierabend« im sinnlosen Suff, der ihnen tagsüber das Lächeln erst ermöglichte. Und als wäre die Situation nicht schon erbärmlich genug, wurde in der Crewbar auf DVD auch noch in Dauerschleife »Scorpions – Live in Manila« abgespielt:
»Here I am!
Rock you like a hurricane!«
Draußen tobte der nächste Sturm über das Nordmeer.

Eine weitere Topidee war das Showprogramm von Einheimischen im Hafen. Gern wird bei dieser Form von kultureller Ausbeutung eine der Natur gleich mitgeliefert. So geschehen auf dem Rückweg dieser Reise: beim letzten Stopp in Schottland. Invergordon hieß der Anlegepunkt direkt neben einer Ölplattform. Tote oder gerade sterbende Robben begrüßten uns fröhlich vom Ufer. Und da ertönte schon ein Dudelsack. Nein?! Klischeepolizei?!?! Doch! Am Ufer stand in vollem Kilt der Paradeschotte mit seinem quäkenden Sack und spielte das einzige schottische Dudelsackstück, das man kennt, in Dauerschleife. Toll. Mit dem musste man sich unbedingt ablichten. Terrorisierung Einheimischer per Selfie. Weil das ja so authentisch ist. Der arme Kerl sah maximal inzestuös aus, niemand würde sich mit diesem mit Verlaub von Gott und der Natur bescheiden ausgestatteten Hominiden fotografieren lassen, wäre er kein Balgdrücker. Schwäbische »Orrrrkaaaaaaas«-Ruferinnen und schottische Dudelsackspieler verletzen die UN-Menschenrechts-Charta. Das möchte ich hier festhalten. Und: Dass für den letzten Landgang der Reise unter den Touristen der Satz »Wir schauen uns heut Nessie an« kursierte, komplettierte endgültig meine Sehnsucht nach zu Hause.

Außer Konkurrenz abschließend noch folgende Erkenntnis: Aufzugfahren an Bord ist eine große Katastrophe und eine Gefährdung für Leib und Leben. Denn dieses zusätzliche Hoch und Runter während der ohnehin schon »Auf und ab und links und rechts und vor und hinter«-Bewegung eines Seegefährts führt zu Konsequenzen. Ich stand auf Deck 9 und wartete auf den Aufzug, er kam, die Tür öffnete sich und ein neunjähriger Junge verdrehte die Augen und spie mir seinen Mageninhalt entgegen. Die Mutter atmete tief ein und gab ihren Teil hinzu, der Vater schaute ausgerechnet mich hilfesuchend an, bevor die Aufzugtür sich wieder schloss.

Gut. Diese letzte kleine Anekdote ist erfunden. Ich habe sie mir auf dieser Reise ausgedacht. Als Trost. Weil schon Gandalf in ›Der Herr der Ringe‹ wusste, dass besondere Abenteuer besondere Geschichten brauchen, anders gesagt: »Ich lasse mir doch von der Wahrheit eine gute Geschichte nicht versauen.« Geschichtenprofi. Der Gandalf.

Wer jetzt glaubt, nach all den Schiffsreiseerlebnissen wäre ich von dieser Auftrittsform langfristig geheilt gewesen, der irrt, denn ich mache Fehler gerne mindestens zwei Mal. Ich bekam die Anfrage, ob ich für eine Firma auf einer Flusskreuzfahrt von Köln nach Amsterdam einen Auftritt spielen könne. Gut bezahlt. Schmerzensgeld inklusive. Ich gebe zu, dass mich das Reiseziel »Amsterdam« in erster Linie überzeugt hat. Zwei Tage Flusskreuzfahrt und hinterher ein komplettes Wochenende in Amsterdam, das klang schon sehr nach: machbar. War es auch. Doch während mir bei der Meereskreuzfahrt die offene See eindeutig zu aktiv war und die Betrachtung derselbigen auf Dauer doch ein wenig zu einseitig, ist von der Flusskreuzfahrt Köln – Amsterdam zu berichten, dass man da exakt einen Tag und eine Nacht genau auf Höhe der Grasnarbe des kanalisierten Rheins entlangtuckert. Also man sieht: nix. Nur gegen Hochwasser schützende Uferkonstruktionen. Dann drei Stunden Wiesen und Windräder, dann eine weitere circa dreißig Schleusen, und schon ist man in Amsterdam.

Grachten.

Rotlicht.

Coffeeshops.

Kein schlechtes Ende für eine Kreuzfahrt.

Aufgrund der gesetzlichen Lage in Deutschland kam ich auf die Idee, ich könnte ein bissl Coffeeshop-Gut per Post an meine Heimadresse schicken, denn Besitz und Konsum sind ja nicht strafbar, nur der Erwerb; wenn man das jetzt aber dort erwirbt, wo das erlaubt ist, dann ist das praktisch schon fast legal. Ich kaufte also einen kleinen Vorrat, verpackte ihn in ein DIN-A5-Polsterpäckchen, frankierte es und ging damit zum Schalter. Ich legte es der holländischen Postbeamtin hin, sie nahm und wog es, dann holte sie mit einem Stempel aus und drosch ihn so auf das Paket, dass es aufplatzte und ein Brocken über die Kundentheke kullerte. Sie steckte ihn ins Paket zurück und drückte mir selbiges wortlos in meine »Dealerhände«. Das jedenfalls sagte ihr Blick, der dem meiner Grundschullehrerin glich, wenn man beim

Sport nicht nach dem Rhythmus ihrer Trommel ging. Nun denn. So wurde mir inländisches illegales Verhalten erspart. Wer weiß, wofür es gut war. Aber dass ich versucht habe, noch möglichst viel vor meiner Abreise zu verdampfen, war auch nicht wirklich klug.

Hamburg – du Perle

»Versteht man dich denn da überhaupt?«, ist eine der Fragen, die ich wirklich nicht mehr hören kann. Herrschaften. Menschen. Römer. Nachbarn: Das Bayrische gehört schon auch zur deutschen Sprache und ich kann mich darin durchaus verständlich artikulieren. Kapiert? Danke. Die Hamburger und die Bayern sind sich zudem humoristisch sehr nahe.

Der Kiez. Die Reeperbahn. Ich in Hamburg. ›Ein Bayer auf Rügen‹ ist dagegen nichts. Einmal habe ich sieben Wochen am Stück im Schmidt Theater gespielt, im Jahr darauf waren es dann fünf Wochen. Der niederbayrische Provinzspaßmacher trat im legendären Boulevardtheater auf der Reeperbahn auf, dem Theater des Exmanagers von Rio Reiser, Corny Littmann, im Theater des großen Expräsidenten des FC St. Pauli, ebenfalls Corny Littmann, in seinem Haus also habe ich Abend für Abend in der ›Schmidt Wintergala‹ Hamburgern und Zugereisten ein bisschen die fremde bayrische Welt vorgeführt. Jeden Abend außer Montag, am Wochenende Doppelshow, eine um acht und eine um Mitternacht. Immer zwanzig Minuten Set, dann zwei Stunden später zum Finale wieder auf die Bühne, danach sammeln für »Hamburg Leuchtfeuer«, ein HIV-Hilfsprojekt, und das alles mit wunderbaren Kollegen: mit Wolfgang Trepper, mit Emmi & Willnowsky, mit Artisten, Hula-Hoop-Reifen schwingenden Russinnen, mit unfassbar genialen Akrobaten wie Philipp Tigris und anderen Menschen, die ihren Körper so im Griff haben, wie ich es nur bewundern kann. Mit Kay Ray, dem Paradiesvogel der Szene, der als Einziger weiß, wie große Show geht, der raucht und säuft und unflätig ist auf der Bühne, der aber singen kann, dass es mir den Atem verschlägt, wirklich, immer wieder. Varieté. So heißt das. Nach der Show entweder gegen eins oder auch gegen 4.30 Uhr noch eine Currywurst auf der Reeperbahn und dann weiter in »Karin's Treff«, ein 24 Stunden geöffnetes Lokal, wo es Astra gibt und Kurzen und wo man, wenn man nach Knabbersachen fragt, zur Antwort bekommt: »Wir sind doch hier kein Restauranggggg!« Dann entweder in die Künstlerwohnung vom Schmidt Theater oder wegen Überfüllung wieder mal für ein paar Tage Umzug ins Hotel Monopol, das Künstlerhotel, das genau gegenüber liegt und damit mittendrin in der sündigen, dreckigen, versauten, manchmal schmierigen, lauten, bei Junggesellinnenabschieden beliebten, Junkies und Wegelagerern Heimat gebenden, legendären und doch auch völlig überschätzten: Reeperbahn. Immer im Winter war ich dort. Immer im Sprühregen, im Nebel, im kalten Wind von der See her. Immer zwischen den Welten. Drinnen: Boulevardtheater der gehobenen Art, draußen eine Mischung aus Party und Sumpf.

Ich stand oft am Fenster der Künstlerwohnung, schräg gegenüber ein Haus der »Tafel e.V.«, mit den immer gleichen Gestalten, die oft gleich davor übernachteten. Jedes zweite Wochenende schraubte sich an meinem Fenster vorbei der schwarze Fanblock des FC St. Pauli, unterwegs ins Millerntor-Stadion, das hundert Meter entfernt lag von meinem Kopfkissen. Das ist Hamburg. Das ist eine Weltstadt, und das muss man erst mal aushalten als ein Mensch, der's doch eher beschaulich kennt. Oft habe ich auch an der Bar des Monopol gesessen und Männer beobachtet, die – befriedigt oder auch nicht – mit hochgestelltem Kragen und trüben Gesichtern Richtung Taxi und nach Hause gingen. Ich habe bekannte deutsche Schauspieler morgens um acht völlig zerlumpt, mit offener Hose und besoffen über den

Kiez wanken sehen. Und ich habe erlebt, wie Ben Becker gefühlt auf allen Drogen war, die es auf dem Kiez gibt, und in der »Ritze« rumpöbelte. (Das war so ein Moment, wo ich es gern gehabt hätte, dass er aus der Bibel vorliest, aber: geschenkt!) Nach ein paar Wochen, die immer gleich ritualisiert ablaufen, gehörst du dazu. Du bist Teil des Kiez. Ob du willst oder nicht. Du packst jeden Tag zur selben Zeit deine Gitarre in den Koffer und gehst zur Ampel direkt an der Davidwache. Vorbei am Plus, wo die Punks am Boden schlafen und dich irgendwann nicht mehr anbetteln, sondern dir einen erfolgreichen Auftritt wünschen. »Hau rein, Digga!«, heißt das hier. Dann über die Ampel, wieder ein Stück links zurück Richtung Esso, und beim Abbiegen winken dir ein paar Nutten, die hier ihren festen Platz haben, und wünschen dir gleichfalls eine gute Performance sowie gute Geschäfte. »Euch auch!«, rufst du zurück, und das ist nicht nur normal, sondern sogar sehr schön. Irgendwann magst du die alle, obwohl es selten zu echten Gesprächen kommt. Eines Nachts war ich mal nach der Vorstellung im McDonald's, und als ich die Hälfte von irgend so einem fiesen Nacht-Happy-Meal verdrückt hatte, konnte ich nicht mehr und wollte den Rest einer Nutte schenken. Wir kannten uns vom Sehen und hatten uns das eine oder andere Mal auch kurz darüber unterhalten, dass es schon sehr viele Primitivlinge gibt auf diesem Planeten, aber vor allem hier aufm Kiez. Ich fragte sie also, ob sie den Rest wolle. Sie: »Ich darf doch kein Essen annehmen. Is ne alte Kiezregel. Die Dreckskonkurrenzzuhälter versuchen immer, Typen auf uns Mädels abzustellen mit vergiftetem Essen. Dann werden wir krank, Magen-Darm, und die Plätze hier werden frei für die Mädels dieser Wichser. Sorry, ich kann's nicht annehmen, wenn mich mein Boss oder eine von den anderen sieht, dann krieg ich fetten Ärger, Digga!« Eine abgefuckte Welt, dieser Kiez.

Am Ende der Reeperbahn, im Planten un Blomen, ging ich mir nachmittags oft den Siff und ab und zu den Suff aus den Gliedern. Mitten in der Sünde ein wunderschöner Ort zum Flanieren, Denken, Entkatern, Frische-Luft-Schnappen, wo es nicht nach Pisse, Kotze oder Alkohol riecht und wo die Wege nicht voller Flaschen, Kippen, Kondome, Spritzen und kaputter Menschen sind. Oder runter an den Hafen, Jungfernstieg, Kopf in den Wind halten und den Schiffen zusehen, wie sie den Hafen verlassen. »Junge, komm bald wieder, bald wieder nach Haus«, sang Freddy Quinn, und »Junge, fahr nie wieder, nie wieder hinaus!«, singt man leise weiter und weiß doch, dass es nicht stimmt, denn sie fahren alle wieder hinaus. »Wir sind wie Matrosen, wir Reisenden des Humors, wir kommen an, wir schenken uns her und fahren wieder weg. Wieder hinaus ... Fort! Das Einzige, was von uns hier bleibt, ist unsere Kohle!« Wer das gesagt hat? Keine Ahnung. Vielleicht ich selbst, vielleicht einer meiner Kollegen, jedenfalls ist was Wahres dran. Ich habe in diesen zwölf Wochen nicht einmal einen anderen Stadtteil besucht, es ging nicht. Der Kiez saugt dich ein, er lässt dich nicht mehr los, er spuckt dich vielleicht irgendwann aus, entweder in die Gosse oder weit weg von dieser Stadt, die Weltstadt ist und dennoch wie ein Mikrokosmos funktioniert, wo sie einen kennen, wenn man länger da ist, wo sie einen mögen, wenn man gerne bleibt. Ich war wirklich jeden Tag gerne in Hamburg, habe aber auch festgestellt, dass ich da nicht leben möchte, wie ich das früher immer so dachte. Denn von meiner Lebenshaltung her müsste ich in St. Pauli oder St. Georg leben, was aber gar nicht gut wäre für mich. Das ist wie mit Wien: Mir fehlt dazu die Kondition.

Mich haben schon nach ein paar Wochen alte Kiezgrößen, die mit ihren russischen Geliebten in der Show saßen, auf der Straße gegrüßt und mir sogar hinterhergebrüllt oder wollten Autogramme. Das ist ein seltsames Gefühl, denn wenn dich einer von denen freundschaftlich umarmt, weißt du, du hast jetzt die gleichen Feinde wie er. Yeah. Ganz schön gefährlich, so ein Kleinkünstlerleben ... Dennoch: Zwei Jobs haben mich zum Profi gemacht: der Münchner ›Watzmann‹ und die Auftritte auf der Reeperbahn. Jeden Abend raus, scheißegal wie es dir geht, sich jeden Abend in ein Ensemble einfügen, das es regelmäßig menschlich zu sprengen droht, jeden Abend das Gleiche und doch immer frisch bleiben, jeden Abend auf den Punkt da sein, jeden Abend volle Hütte und du verdienst trotzdem auf die Stunden gerechnet maximal Mindestlohn ... Das macht dich zum Profi. Das ist die Ochsentour, die dich dankbar und demütig werden lässt, wenn du dann irgendwann in einen Saal kommst und da hocken allein wegen dir vierhundert Leute. Und ich behaupte, ich sehe es einem Künstler sehr schnell an, ob er diesen Weg gegangen ist oder in einem Hype hochgeschwemmt wurde. Das ist ein anderer Typ Künstler. Es gibt nur die Zweifler oder die Egoshooter. So einfach ist das. Finde ich. Zumindest, wenn man in Hamburg mit Kippe am Fenster steht und zusieht, wie die Bullen drei Komajugendliche Richtung Krankenhaus entsorgen, während gleichzeitig ein Liebespaar Dildos kauft und eine alte Puffmutter auf einen achtzehnjährigen Hänfling einredet, er möge es sich doch überlegen, ob er sich nicht von ihr hier und heute besoffen entjungfern lassen wolle. Da sieht man die Welt schlicht: Es gibt ein Oben, Unten, Links, Rechts, Schwarz, Weiß. Draußen oder drin. Tot oder lebendig. Freund oder Feind. Kollege oder Depp. Einer von uns, einer von denen. Wir sind die Guten. Anders hältst du es hier jedenfalls nicht aus, fern der Heimat, am Busen dieser Stadt.

 Im Schmidt Theater habe ich in der Garderobe dann noch den Mann kennengelernt, der meine Kindheit geprägt hat wie sonst vielleicht nur Otto, Fredl Fesl, Qualtinger und Loriot. Den Anarchisten, Erfinder des Telefonstreiches und einzig Lustigen bei ›Verstehen Sie Spaß?‹, also: Karl Dall. Er war so, wie ich es erhofft hatte, dieser Opa der Comedy, der Kindskopf unter den Granden, der ernsthafte Spinner, gescheite Melancholische. Einer, der nicht ohne die Menschen kann, ein alberner Großgeist. Ich musste selten in meinem Leben so lachen wie bei Karl Dall. Und diesmal durfte ich es völlig ohne Glotze. Wir saßen alle miteinander in der Garderobe, Karl Dall war als Gast ein paar Tage in der ›Wintergala‹ dabei und wollte als Gage nur eine Flasche Rotwein. Er bat unsere studentische Künstlerbetreuerin, sie möge ihm doch einen »spanischen Bordeaux« besorgen. Sie zog ab. Sie hatte keine Ahnung von Wein und war, glaube ich, in erster Linie damit beschäftigt, sich die Bestellung des großen Karl Dall zu merken. Er lachte sich schief, und wir mit, und prophezeite kichernd, dass die jetzt eine Stunde nicht mehr käme, da sie alles absuchen würde. Irgendwann kam sie dann doch mit frischer Verzweiflung im Blick und hatte einen Bordeaux dabei, aus Frankreich, denn sie hatte keinen spanischen gefunden. Er nahm sie in den Arm und entschuldigte sich bei ihr. Er wisse, es sei gemein, aber der Spaß sei einfach zu verlockend gewesen und er sei halt Karl Dall, was solle er machen, er könne nun mal nicht anders. Sie brauche sich keine Gedanken zu machen, aber wer in einem guten Haus arbeiten wolle, sollte sich mit Wein ein bisschen auskennen. Und ich bin mir sicher: Sie kennt sich jetzt mit Wein aus. Ob sie sich mit Humor auskennt, weiß ich nicht, aber zu wünschen wäre es ihr. Karl Dall hat auf der Bühne im Schmidt übrigens nur Gedichte gelesen, feine kleine melancholische. Der kann eben nicht nur albern, wie alle Großen, und nimmt sich selber doch nie ernst, wie alle ganz Großen.

In Hamburg habe ich übrigens auch gelernt, dass Touristennepp sich überall auf dem blauen Planeten gleich abspielt. Normalerweise meide ich ja solche Hot Spots der Abzocke, aber offensichtlich konnte ich mich da doch nicht beherrschen.
 Ja, ich war in Hamburg »Alsterschippern«. So heißt das, wenn man für zehn Euro in einem Tourischiffchen fünfzig Minuten aus der Binnenalster kommend die Außenalster abfährt, einmal umdreht und wieder zurückgebracht wird. Aber der Reihe nach:
 Ich verlasse mein Design-Hotel, in dem es kein Bad gibt, sondern wo die Dusche im gestylten Raum steht, und trabe durch unsägliches Wetter hinunter an den Jungfernstieg. Der Tourist und ich, der Komiker im Freizeitmodus, fahren gemeinsam nach dem Studieren von bunten Broschüren los. Dieselmotor, Gischt und ein Kapitän mit Tattoo (einem Anker, was sonst). Während der Kapitän über ein schlechtes Mikro die wichtigsten

Informationen mitteilt, beginnen Übergewichtige zu schlafen, und fotowütige Teenager fotografieren alles, zum Teil sogar Dinge, die meines Erachtens gar nicht da sind. Ein Verhalten wie im Nebel auf den Färöer-Inseln.

Wieder Schiff, wieder Kapitän-Infoalarm:

Hamburg hat die größte Seereederei Europas. Stopp.

Die Außenalster ist so groß wie das Fürstentum Monaco. Stopp.

Hans Albers wurde in St. Georg getauft und konfirmiert. Stopp.

In Hamburg steht seit 1960 eine Moschee, die einer berühmten iranischen Moschee im Maßstab 1:2 nachgebaut wurde. Stopp.

Ronald Reagan hat dem sogenannten Eichenpark im Alsterpark zwei amerikanische Bäume gespendet. Stopp.

Der Quadratmeter einer Eigentumswohnung an der Außenalster kostet 12 000 Euro. Stopp.

Man kann auf diesem Schiff auf der Alster heiraten. Stopp.

Dann allerdings wurde der Kapitän witzig und ich überlegte kurz, ob ich ihm meine Auftrittszeit schenken soll, weil er gar so lustig ist, und ich fahr dafür das Schiffchen hier. Ein paar Ausschnitte aus seinem Erfolgsprogramm »Ich erzähle das heute zum 43 239. Mal, deshalb klingt es nicht mehr ganz so motiviert!«:

Meine Damen und Herren, dieses Schiff hat einen Rettungsring backbord, den hat mein Chef mit Beton füllen lassen, die Gäste sollen nicht lange leiden müssen.

*

Gutes Personal ist ähnlich schwer zu kriegen wie nette Fahrgäste.

*

Meine Damen und Herren, auf der rechten Seite sehen Sie die einzige noch immer rein private Fläche an der Alster, das eine Haus gehört einer Hamburger Bäckereikette, das daneben einer

Hamburger Wäschereikette. Daran können Sie sehen, dass man mit kleinen Brötchen und schmutziger Wäsche einen Haufen Geld verdienen kann.

*

Meine Damen und Herren, im Hintergrund sehen Sie das Hamburger Rathaus, es hat sechs Zimmer mehr als der Buckingham Palace. Ein Wunder, dass die Queen noch nicht hier eingezogen ist.

Haha. Brrrr. Die Queens von Hamburg scheinen mir in der Regel schon mit »einem Raum« zufrieden zu sein, denk ich mir so ...

Als wir am Hotel InterContinental vorbeifahren, überlege ich, ob Udo Lindenberg da immer noch wohnt? Und warum um alles in der Welt mir diese Information, die einzige, die mich wirklich interessiert hätte, versagt bleibt.

»Ich würde ja so gerne auf ner Nordseedüne sitzen – und nicht schwitzen – aus allen Ritzen«

... singt eindrucksvoll ein auf Designerdrogen der 1980er-Jahre hängengebliebener Hippie in das friedlich vor sich hin wellende Meer im Valle Gran Rey auf La Gomera. Er unterbricht seinen ihm sicher melodiös erscheinenden Gesang, zu dem er sich selbst auf einer Gitarre mit drei Saiten begleitet, immer wieder mantraartig mit folgender Bekundung überschaubaren Inhalts: »So eine Scheiße ... so eine Scheiße hier ...«

Ich weiß nicht, wie sehr einem das dauermilde Klima auf den Kanaren über die Zeit auf den Senkel gehen kann, und ich verstehe auch nicht viel vom Heimweh an die Nordsee. Denn ich als Provinzler aus der niederbayerischen Tiefebene finde die Meeresbetrachtung hier (außer von einem Schiff aus) in Kombination mit sanft wärmender Sonne und dem Rauschen einer Windbrise, die nicht »steif« sein sollte, garniert, bedeutend angenehmer als an der Nordsee. Aber gut, Mister »Ich habe vergessen, wie lange ich schon hier bin und wer ich überhaupt bin« sehnte sich nach der Nordseedüne. Und ich wünsche ihm von Herzen, dass er in seinem Leben noch mal auf einer solchen sitzen darf. Ehrlich. Sollte dies auch für mich schicksalhaft vorgesehen sein, trete ich zugunsten des hängengebliebenen Hippies von dieser Karma-Idee gerne zurück. Ich schenke dem Hippie meinen Aufenthalt an der Nordsee. Egal auf welcher Insel sich die Düne befinden mag. Ich bin bedient. Was die Gemarkungen Norderney, Langeoog, Wangerooge, Spiekeroog, Borkum und Juist angeht, auf jeden Fall. Denn: Ich habe sie gespielt, die sogenannte »Nordsee-Insel-Tour«. Im Oktober (die Monatsangabe ist hier nicht unentscheidend).

Die Idee dieser Tournee: Vier halberfolgreiche Arbeiter im Komödiantenfach bereisen gemeinsam sieben Tage oben genannte Inseln, um als Mix Show Lustigformation herbstliche Touristen zu unterhalten. Kohle? Kaum. Ruhm? Null. Erfahrung? Ja, freilich. Mal wieder.

Neßmersiel ist der Hafen an Land, und da trafen wir uns alle vier zu unserer gemeinsamen Unternehmung – Rock the isles, Kinder!: zwei Stand-up-Comedians, ein Pantomime mit schwerem Zauber- und Requisitenkoffer in Form einer unhandlichen Alukiste, meine Gitarre und ich. Am Ende der Reise über die Inseln sollte dann in Neßmersiel der Schlussauftritt erfolgen. Tat er auch. Aber bis dahin gingen erst mal meine Erfahrungen in Sachen Schiff/Meer/Auftreten in eine zweite, nicht minder schwerwiegende Runde.

Natürlich war ich »gebrieft« und vorab informiert. Und das hörte sich ja auch alles ganz okay an: Man wird auf Norderney mit der Fähre transferiert und dann hoppt man per Kleinflugzeug oder Schnellboot von Insel zu Insel, die Luft ist gut sowie gesund, und ein bisschen den Bekanntheitsgrad würde das ja auch fördern, denn auf diese Inseln kommen Touristen aus dem ganzen deutschsprachigen Raum, da würde für die Solotour gewiss publikumsmäßig auch was »abfallen«. Zwei der Kollegen kannte ich schon, wir mochten uns, also würde das doch lustig werden, bisschen wie Klassenfahrt, drum: go! Der Anfang der Tour übertraf bereits alle Erwartungen, die ich ohnehin nicht hatte. Überfahrt nach Norderney. Soundcheck in einem Jugendstil-Theater mit wunderschöner Bühne, einem gestimmten Flügel und richtigen Theaterrängen. Und dann auch noch so gut wie ausverkauft. Ein Juwel war dieses Haus, die Show lief dementsprechend top. Alle waren glücklich. Nach der Show beim Bier gingen verständliche Fragen Richtung Veranstalter der Tour a) das Hotel und b) die morgige Weiterreise auf die nächste Insel betreffend. Hotel direkt ums Eck. Passte, war zu a) die richtige Antwort! »Weiterreise« stimme jetzt allerdings »so« nicht, sagte Mister Inselhopping. Aufgrund von Gründen. Namentlich: Wind und Wetter, Jahreszeit (ich ergänze nachträglich das Wort »Budget«, denn die nächsten Inseltage waren beschissen vorverkauft). Kurz: Kein Schnellboothopping und schon gar kein Flieger. Sondern: An jedem einzelnen Tag morgens drei Stunden zurück ans Festland nach Neßmersiel, auf eine andere Fähre umsteigen, auf die nächste Insel, wieder drei Stunden, machte täglich zusammen Netto-Schiffsreise: sechs Stunden. Jeden Tag ... auf jede Insel. Feierabendreif schon ankommen, Soundcheck, Hotel beziehen, auftreten; essen, trinken, schlafen, aufstehen und die nächste Tagesreise zu einem Ort, zu dem man eigentlich fast rüberspucken konnte. Was nebenbei gesagt mal wieder zu diesem unsäglichen Tourneezustand führte, dass man auf allen Inseln zwar war, aber praktisch nix davon gesehen hat.

Die künstlerischen Auftritte und zwischenmenschlichen Begegnungen auf Borkum, Juist und Langeoog verliefen entweder so unspektakulär, dass ich keine große Erinnerung daran habe, oder aber sie waren so furchtbar, dass meine Psyche sie verdrängen musste. Nachfragen bei meinen Kollegen sind diesbezüglich auch sinnlos, da diese die Reise therapeutisch behandeln lassen mussten und nicht darüber sprechen sollen. Und auch nicht können. So bleiben neben dem schönen Norderney weitere drei salzwasserumspülte Gegenden, die mit Erlebnissen angereichert sind, die meines Erachtens für die Nachwelt aufbewahrt werden sollten: Spiekeroog, Wangerooge und das Landdorf Neßmersiel.

Spiekeroog. Strömender Regen. Wir bestiegen, unser Gepäck sherpahaft schulternd, eine Bimmelbahn, denn Spiekeroog ist autofrei und rumbewegt wird man mit einem Kinderzimmerzug. Wir rumpelten durchs Watt und den strömenden Regen, nach drei Stunden Schifffahrt jetzt wieder nur Wasser um uns rum, und das Ganze in einem klimatischen Umfeld, das eher dem Kreuzfahrt-Nordmeer denn Bayern im goldenen Oktober ähnelte. Daheim war grad Wiesn und ich war hier. Na ja.

Am »Hauptbahnhof von Spiekeroog Center«, so möchte ich den Endpunkt unserer Bahnfahrt benennen, sollte uns laut Briefing der Agenturen eine Künstlerbetreuerin erwarten und alles Weitere mit uns besprechen in Sachen Hotel, Bühne, Zeitabläufe inklusive morgiger Rück- bzw. Weiterfahrt. Alle Menschen hier waren in Regencapes eingewickelt, eine ebenso gekleidete Dame erkannte uns, nicht weil sie uns kannte, sondern weil wir wahrlich nicht wie eine typische Spiekeroog-Reisegruppe aussahen. Denn normalerweise überfallen die Insel Damenkränzchen, Freundinnen auf Selbsterfahrung, Heilerinnen, Heilpraktikerinnen auf dem achten Bildungsweg: Ökos. Wie man in den 1980ern sagte. Und völlig alleinstehende Damen, die nach diversen Enttäuschungen anstatt Männern nachzujagen jetzt Ingwertee trinken und sich beim Spazierengehen energetisch hochwertig öffentlich dehnen. So existiert auf Spiekeroog eben auch alles, was diese Spezies verlangt, was gleichzeitig bedeutet, dass für jeden halbwegs psychisch stabilen Menschen außer sumpfigen Ländereien, kleinen Häusern und natürlich spitzenmäßiger Luft nicht viel geboten wird. Die Restaurants bevorzugen die Körnerküche, und willst du Fleisch verzehren oder raffinierten Zucker in einen Kaffee, straft dich der Nebentisch mit dem

Blick: »Du bist schuld an Fukushima, Regenwald, Krankenhausüberbelegung, dem baldigen Untergang der Welt. Wer lebt wie DU, wird karmamäßig im nächsten Leben ein Moskito.«

Die Künstlerbetreuerin am Bahnhof stellte sich wortkarg mit »Uschi« vor und ging voraus, wir hinterher. Durch die trübe Nordseesuppe. Samstag 15.30 Uhr. Es fühlte sich an wie Nacht auf den Färöer-Inseln. Jetzt wäre Bundesliga. Samstagsspiele: Anpfiff.

SCHRRRRIIIIIINNNGGGG!

Statt Schiedsrichterpfeife klingelte ein Wecker. In freier Natur. Verortung des Geräuschs (ohne Google Maps): in Uschis Jackentasche. Sie grub den Wecker aus, entschärfte ihn und sagte tief aus ihrem Regencape heraus:

»Oh, ich hab ja 'n Brot im Ofen. Is jetzt fertig.«

... und bog ohne weiterführende Erklärungen diesen Umstand betreffend ins Nirgendwo ab. Weg. »Uschi, das Brot« ist einfach im Nebel von Spiekeroog verschwunden. Wir kämpften uns also von der Führerin verlassen, nassen Pudeln gleich durch das Nirwana deutscher Esoterik und machten uns dauerkopfschüttelnd auf die Suche nach unserer Auftritts-Location. Wir wurden auch ohne Uschi fündig: Gemeindezentrum. Bibelkreis, Mandala-Strickkurs, Vollkornbackrunde. Das zum Charme des Raumes. Da hätte ich am liebsten gar keinen Soundcheck gemacht, für die zu erwartenden fünfzig bis siebzig Teefrauen. Half aber nix. Ich wollte endlich Bundesliga schauen. 19 Uhr. Jetzt lief die ›Sportschau‹. Aber Tee und Selbstfindung ließen keinen Platz für Prolo-Interessen wie Fußball. Also halt dann erst nach der Show. Im Hotel das ›Aktuelle Sportstudio‹, passt auch, da bleib ich locker. Ich ging ins Backstage und da war sie wieder: die Uschi. Jetzt, wo sie keiner mehr brauchte, war sie wieder da. Obwohl – vielleicht wusste sie ja, wo das Hotel lag? Oder kannte Uschi so was wie Hotels gar nicht, weil sie in einer verwunschenen Backstube im Schilfwald von Spiekeroog lebte? First of all gab sie mir eine silberne Platte in die Hand. Darauf lagen Leberwurstbrote mit Gurke. »Das Brot ist ganz frisch – hab ich selber gebacken!« Ach wirklich, Uschi? Deswegen frier ich ja auch immer noch, weil du zu deinem Brot musstest, und da wäre es, ehrlich gesagt, jetzt ja auch noch schöner, wenn du uns halb in der Nordsee zurückgelassen hättest wegen eines Brotes, und dann hättest du es gar nicht selber gebacken, sondern von mir aus Jutta Ditfurth. Wenn Gedanken Laut gäben ... »Oh, danke«, sag ich stattdessen, und: »Sieht lecker aus.«

So, vor der Show noch schnell ins Hotel ....

Das ist jetzt nicht euer Ernst!

Vorweg: Ich brauche kein Tebartz-van-Elst-Hotelzimmer mit freistehender Goldwanne; ich brauch nicht mehr als drei Sterne, ich habe keine Luxusgewohnheiten wie nachts Champagnerbad und Stutenmilchmaske, ich brauche keine Bediensteten, die mir den Sack kraulen, ich kann sogar in Künstlerwohnungen problemlos nächtigen, die weder ein Künstler gestaltet hat noch überhaupt jemand, ich muss wirklich keinen Flügel zur nächtlichen Liederkomposition auf dem Zimmer haben, und ich fordere nicht mal, obwohl auf einer Insel eigentlich leicht zu beschaffen: Meerblick. Ich will eine Dusche, einen Fernseher mit mindestens fünfundzwanzig Programmen und ein großes Bett. Minibar ist auch schön. Ich verlange vom Veranstalter keine Frauen, keine Drogen und keinen Chauffeur. Aber es gibt – noch mal zum Mitschreiben – eben drei Säulen des erträglichen Aufenthalts:

1. Eigene Dusche
2. Fernseher
3. Großes Bett

Die Dusche lag in dieser traurigen Künstlerbleibe für sechs Leute am Gang. Geschenkt. Fernseher war vorhanden. Das Bett war ein Kinderbett. Nicht im übertragenen Sinne, sondern im eigentlichen, es war ein waschechtes, über Generationen mit Exkrementen getränktes Kinderbett. Einen Meter sechzig lang und achtzig Zentimeter breit. In einem Kasten aus Naturholz, eingelassen mit einer extrem gesundheitsschädlichen Lasur. Ein Kinderholzbett mit Astlöchern, krebserregend imprägniert.

Ach, interessant. Bei den Künstlern, da pfeifen die Brotbäckerinnen und Matetee-Junkies auf die Gesundheit. Ich setzte mich in den Holzkasten, der diese Nacht mein Bett werden sollte, und beschloss, mich nach der Show schnellstens zu betrinken und auf dem einzigen Stuhl hier in den Fernseher zu starren. Bissl wie im Jugendknast: Zelle. Fernseher. Kinderpritsche. Und da war ein Aufenthalt nur trunken möglich.

Die Show am Abend war mittelschlimm. Keine Raucher im Publikum. Ich stand in der Pause alleine quarzend im Regen. Danach machte ich mich gleich an meinen Trinkvorsatz. Hat geklappt, allerdings dauerte es länger als gedacht, denn das Kastenkindergefängnisbett war kein Sehnsuchtsort, und das ›Sportstudio‹ wurde ja schließlich um 1.20 Uhr auf 3sat wiederholt. Zu diesem Termin erschien ich dann auch in gewünschtem Zustand jägerbemeistert. Wollte doch liegen und knickte mich also ins Bett. Fernseher an. Röhrenteile brauchen manchmal, bis sie das Signal gefunden haben, deshalb: »Geduld!«, lallte ich zu mir selbst, und es war ohnehin erst 1.15 Uhr. Aber das Bild gab nicht mehr her als Schneetreiben, ich musste aufstehen und die Antenne verändern oder zumindest herausfinden, ob 3sat noch an einem anderen Ort in der Senderliste abgespeichert war. Nein. Es ging kein Kanal. Außer dem ZDF. Da lief das ›Sportstudio‹ bereits vor zwei Stunden und jetzt gerade ›Wetten, dass..?‹ in der Wiederholung. Einer meiner früheren Rockhelden, der Sänger von den H-Blockx, trat gerade als Chorknabe der Söhne Mannheims bei ›Wetten, dass..?‹ aus Graz auf. Zumal er aus Münster kommt. Oh mein Gott. Der Rock 'n' Roll war am Ende. Zumindest ich war's. Mit Spiekeroog. Die ›Bild am Sonntag‹ lieferte mir tags darauf die Ergebnisse der Bundesliga. Der Club hatte 1:1 gespielt auf St. Pauli. Auch nicht wirklich was versäumt ...

Wangerooge. Die Überfahrten gestalteten wir mit Friesengeist. Mittlerweile betranken wir uns eigentlich ständig. Bedauerlicherweise mit Schnaps, und ich trinke das ganze Jahr keinen

Schnaps. Aber auf der Fähre wurde nun mal dieses traditionelle Schiffergetränk dargereicht, also rein damit. Hoffentlich wurde ich dann wenigstens nicht seekrank. Machte zwar keine »Bilder im Kopf«, lenkte aber vom Geschaukel ab.

Ankunft Wangerooge, wo sie eine gläserne Veranstaltungshalle für vierhundert Leute hingestellt haben. Dort sollten wir lustig sein. Am Abend erschienen dann achtzig. Dass es überhaupt zu einem Auftritt unter halbprofessionellen Bedingungen kam, war im Kern mir und meinem minimalen Technikverständnis zu verdanken. Als wir die Halle über den Bühneneingang betraten, fielen mir Kartons auf, die überall rumstanden; einige geöffnet, einige verschlossen. In der Halle dann: ein Hausmeister, eine Bühne, vierhundert Stühle, keine Boxen, kein Mischpult, keine Monitore, keine Kabel und keine Mikros weit und breit. Aber hinter der Bühne da stand einiges, und das war komplett neu. Der Hausmeister hatte mit öffentlichen Geldern eine neue Tonanlage geschenkt bekommen, und die packte er *jetzt* aus. Kaum wartete man zwei Stunden, hatte er auch schon ein rudimentäres Spielset zusammen mit seinen Schergen in die Halle gezaubert. Wurde zwar dadurch etwas knapp mit dem Soundcheck, aber es ging gerade noch zeitlich, ich war Letzter, und es war zwanzig vor acht. Jetzt also hopphopp. Ich gab dem Hausmeister von der Bühne aus Anweisungen – »Stimme lauter auf dem Monitor, Gitarre leiser ... obwohl? Auch lauter ... das Klavier bitte auf den Monitor ...« Etc. etc.

Ich beobachtete ihn dabei, wie er nach jeder meiner Ansagen in sein Pult glotzte und irgendwelche Fingerbewegungen machte, nur leider änderte sich das Mischverhältnis nicht, sondern es wurde entweder alles leiser oder eben lauter. Im Moment lauter. Alles. Dieser Vorgang wiederholte sich bis kurz vor acht. Dann schmiss ich hin, ging durch die Halle zum Meister der Regler und wusste Bescheid. Er schob tatsächlich immer nur den Master-Regler nach oben oder unten, die Einzelregler ließ er schlicht unberührt. Ich erklärte ihm das Wesen eines »Misch«-Pultes, daraufhin rechtfertigte er sich mit:

»Das ist ganz neu, da kenn ich mich noch nicht so gut aus, das müssen Sie verstehen!«

!!!Es ist scheißegal, ob das neu ist oder nicht, es ist ein Mischpult, und das funktioniert wie jedes andere Mischpult, du Koffer, und du kennst dich nicht *noch* nicht aus, sondern du kennst dich ÜBERHAUPT nicht aus!!!

... schrie ich stumm.

Weg hier.

Irgendwann hatte dann die unselige Friesengeist-Trinkerei ein Ende, und die letzte Show stand an. Am Festland.

Neßmersiel. Wieder so ein Soundcheck, der mich irritierte, weil ich ständig in meinem Monitor ein undefinierbares Klappern hörte.

Friesengeist-Folgen? Nein, es stellte sich heraus, dass hinter der Bühne ein Jugendraum lag, in dem ein Tischtennisturnier abgehalten wurde. Das Turnier zog sich bis in die späten Abendstunden!

Tags darauf war's das dann endgültig mit Meer, Inseln, Tee, bundesligafreier Zone und irgendwelchen Geistern. Wir zogen die Truppen ab. Ich fuhr im Auto mit Richtung Berlin, Hannover oder Köln. Irgendwas im Landesinneren jedenfalls. Auf der Fahrt gestand mir der Kollege, dass er als berufliches Ziel verfolge, irgendwann den deutschen Comedy-Preis zu gewinnen. Ich bewunderte ihn aufrichtig, dass er nach dieser Woche glauben konnte, das Karma würde ausgerechnet einen, der diese Tortur hinter sich hatte, auswählen, um Preise zu gewinnen. Aber gut. Meine Stimme hatte er.

Er musste eh noch eine weitere Niederlage dieser Reise verdauen. Es war in der Sauna. Da saßen Frauen, die sich mit Honig einmassierten, und er, der Halbstar auf Reisen, freute sich sehr, als sie einen Fotoapparat rausholten, denn er dachte: »Jawoll, gleich hab ich zwei honigsüße Bienen im Arm und dann fotografieren die sich mit mir.« Die Überlegung ist grundsätzlich nicht abwegig, passiert ja auch ab und an, aber die Honigdamen wollten, dass er sie, die honigverschmierten nackten Girls, für deren Reiseunterlagen knipste. Von ihm als Teil des Motivs war keine Rede. Ich verließ fremdbeschämt die Sauna und ging direkt in den Whirlpool mit Münzeinwurf. Eine Stunde = fünf Euro. Halt ohne Honig. Das war klar.

I took Berlin and Berlin took me oder: Michael Jackson, Wolfgang Lippert und: Pamela Anderson!

Ausgerechnet kurz nach dem Tod von Michael Jackson kam ich erst- und einmalig in Kontakt mit Propofol, dem Stoff, der dem King of Pop den Garaus gemacht hatte. Wer jetzt denkt, hier folgt endlich die ultimative Drogenstory, den muss ich leider enttäuschen. Ich hatte mir während der Zeit in Hamburg und den zwei Monaten Tournee davor den Magen komplett übersäuert: Schuld daran waren die Hunderte Espressi am Abend und in der Nacht während der ›Wintergala‹ im Schmidt Theater, das Astra-Bier und die Currywürste zwischen zwei und vier auf der Reeperbahn sowie der eine oder andere unfreiwillig konsumierte Schnaps in der durchgehend geöffneten Kneipe »Karin's Treff«. Ich war über Wochen permanent heiser und hatte im Schmidt schon so meine Probleme mit dem Singen, und jetzt hier in Berlin, wo vier Tage Quatsch Comedy Club anstanden, war es endgültig vorbei. Eine chronische Halsentzündung, mehrfach mit Antibiotika bekämpft, ging nicht mehr weg. Ich suchte nach der ersten Show einen ganzheitlichen Arzt auf, nachdem der Münchner HNO-Arzt keinerlei Erklärung dafür gefunden hatte, warum dieser Infekt nicht aufhörte. Der Berliner Doktor befragte mich nach meinem Lebenswandel, und ich gab freimütig Auskunft. Seine Theorie: Aufgrund der kompletten Übersäuerung stieg nachts die Magensäure hoch (Reflux ist das Stichwort), und so entzündete ich mich autoimmun ständig aufs Neue. Um aber schlimmere Dinge wie Speiseröhrenkrebs etc. ausschließen zu können, empfahl er mir dringend eine Magenspiegelung. Gut. Ich bin Hypochonder genug, dass ich mich der zweifelhaften Prozedur hinzugeben gedachte. Ich fuhr mit der S-Bahn in irgendeinen Außenbezirk Berlins und war ein bisschen aufgeregt, denn der Arzt hatte mir im Vorgespräch schon angekündigt, mich mit Propofol vorübergehend in den Off-Modus zu schicken. Darauf freute ich mich und war sehr gespannt, ob ich dem King-of-Pop-Stöffchen irgendwas abgewinnen könnte. Und ich konnte. Ich kann es nur jedem empfehlen. Das Propofol. Nicht als Dauerlösung, bitte nicht, aber so alle zwei Jahre eine Magen- oder Darmspiegelung, wo dieses Mittelchen verwendet wird, das ist schon eine tolle Sache. Ich legte mich auf die Pritsche und bekam das Propofol. Und ich muss wirklich sagen: Ich habe nie in meinem Leben eine solche hammertolle Leichtigkeit und einen solchen selbstverständlichen Glückszustand erlebt wie in diesen zehn Minuten, bevor es mich dann vorübergehend ausschaltete, das Teufelszeug. Ich erwachte wieder und war topfit, euphorisch nahezu. Der Arzt zeigte mir die Bilder meiner Speiseröhre und des Magens und sagte: »Wie ich es mir gedacht habe, Herr Ringlsetter (!), alles überreizt durch viel zu viel Säure, also ich würde Ihnen empfehlen: jeden zweiten Kaffee weglassen, jedes zweite Bier ebenso, keine fetten Speisen nach 20 Uhr und etwas Bewegung schadet auch nicht. Sie sind nämlich zu dick.« Ich grinste und war in diesem Moment sicher, dass mir das Glück auf ewig beschieden bliebe. Dann wollte ich noch wissen:

»Sagen Sie mal, wie haben Sie eigentlich gemerkt, dass ich jetzt weg bin und Sie mit der Behandlung beginnen können, wie erkennen Sie da den optimalen Zeitpunkt?«

Er: »Bei Ihnen war es sehr einfach. Ich bin auf Ihr Bett zugegangen und habe Sie gefragt, wie es Ihnen geht, und Sie haben geantwortet: Hau ab, du Arschloch ...«

Ich: »Oh, das tut mir leid.«

Er: »Da wusste ich, Sie sind hinüber, denn in unserem Vorgespräch hatte ich Sie eher höflich und empathisch in Erinnerung.«

Ich: »Hm.«

Er wirkte auf mich ein, auf keinen Fall zu schnell aufzustehen und im Straßenverkehr vorsichtig zu sein sowie einzuplanen, dass es bei Propofol zu einem Turkey kommen kann, in dem Fall müsse ich mit depressiven Schüben rechnen. Außerdem wäre er sich nicht sicher, ob die Nachwirkungen einen Auftritt am selben Abend in einem vollbesetzten Stand-up-Club erlauben würden. Ich hüpfte beschwingt von der Pritsche, nahm meine Magenspiegelungsbilder unter den Arm, wankte zur Bushaltestelle, und irgendwann in der S-Bahn begann ich zu heulen. Einfach so. Turkey. Propofol. Michael, ich versteh dich posthum: Man will das Zeug sofort wiederhaben, sofort und mehr davon.

Ich hatte durch das eingeführte Endoskop den ganzen Nachmittag einen fürchterlichen Druck auf dem Brustkorb, außerdem extreme Stimmungsschwankungen und immer wieder kurze Aussetzer. So Momente der kompletten Abwesenheit, die ich nicht als unangenehm empfand, aber die doch die Abendshow langsam gefährdeten. Ich beschloss, auf jeden Fall aufzutreten, aber mich voll und ganz darauf zu konzentrieren und ansonsten in meiner Garderobe zu bleiben und Wasser und Tee zu trinken, um den gespiegelten Magen zu beruhigen. Ja, auch heute noch bin ich der Meinung, dass es vollkommen richtig war, die erste halbe Stunde der Show nicht anzuschauen. Dadurch kriegte ich allerdings nicht mit, worüber sich meine Stand-up-Kollegen bereits ausgetauscht hatten, dass nämlich Prominente in der ersten Reihe saßen. Ich für meinen Teil saß Propofolreste verarbeitend in der Garderobe und starrte relativ leer auf Pamela Anderson, die meine Garderobentür in voller Größe zierte, und hatte noch ein paar Minuten bis zum Auftritt. Headset anlegen, noch mal schummrig die Reihenfolge der Nummern durchgehen, aber hey: Ich habe so oft gespielt, was sollte denn jetzt schiefgehen in einem Viertelstundenset hier im Friedrichstadt-Palast. Gar nix, trotz Magendrücken und Drogenresten im Körper: Das würde alles klappen. Ich schlenderte Richtung Bühnenaufgang und der Moderator sagte mich an, wie immer mit ein paar blöden Sprüchen über meine bayerische Herkunft, aber das muss man in Berlin genauso aushalten wie in Hamburg, Hannover, Krefeld, Moers oder Salzwedel. Los. Raus. Bude voll. Ich starrte ins Licht und begann mein Set. Es lief gut, wenngleich leicht an mir vorbei. Ich wechselte ans Klavier, und da fielen sie mir auf: In der ersten Reihe ... zwei Männer, und es brach einfach aus mir heraus, im Propofol-Adrenalin-Drogenrausch:

»Hey, du schaust ja aus wie der Typ, der früher ›Wetten, dass..?‹ moderiert hat. Is das nicht schlimm, wenn man so ausschaut wie der?«

Er: »Ich bin Wolfgang Lippert.«

Der Saal tobte. Die Sache war längst geklärt, denn meine Bühnenvorgänger hatten es weidlich thematisiert, der Einzige, der es nicht mitgekriegt hatte, war ich. Wahrscheinlich waren die Leute einfach der Meinung, dass das von mir Absicht war, den Sachverhalt auf diese Weise wieder aufzurollen. War es aber nicht. Doch damit nicht genug. Ob der Reaktion von Lippert und Publikum verunsichert, setzte ich propofolumwoben noch einen drauf:

»Echt? Und der neben dir, der schaut ja fast genauso aus wie dieser Unsympath aus ›Gute Zeiten, schlechte Zeiten‹!«

Er: »Ich heiße ebenfalls Wolfgang und bin Schauspieler, ja!«

Betretenes, schüchternes Gelächter nur noch im weiten Rund. Der Lippert-Gag war wohl doch stärker gewesen als die Doppelung jetzt mit Wolfgang 2. Keine Ahnung und keine andere Handhabung meines Verhaltens möglich. Danke, Propofol. Wie Michael Jackson darauf sogar tanzen konnte, bleibt mir schleierhaft.

Beide haben nach der Show eine CD gekauft. Ich habe sie ihnen signiert. »Für Wolfgang!« Jeweils. Ich muss sagen, dass der Schlechte-Zeiten-Wolfgang in echt bei weitem sympathischer war als auf RTL und dass der Wolfgang Lippert ein sehr netter

Mensch ist, jaja, seine Brille ist scheiße und ›Wetten, dass..?‹ war auch nicht seins, aber der ist wirklich ein sehr netter Typ. Er schauspielert mittlerweile im Sommer auf Rügen bei den Störtebeker Festspielen und lebt auch dort. Ich habe das leider nicht gesehen, ich fahre ja nicht mehr so gern auf Nordseeinseln und auf Ostseeinseln auch nicht. Außer vielleicht mal auf Propofol. Das könnte sein.

Quatsch nicht!

Nach Berlin bin ich auf Empfehlung von Michael Mittermeier gekommen, der mich nach der Premiere meines zweiten Solos ›Von einem anderen Stern‹ in der Münchner Lach- und Schießgesellschaft der Renate vom Quatsch Comedy Club empfohlen hatte. Fünf Jahre lang habe ich da immer wieder gespielt. Im Friedrichstadt-Palast. Wo die hübschesten Tänzerinnen der Welt mit den »lustigsten Comedians Deutschlands« am Hinterausgang Rauchpause machen. Wo Wolfgang Lippert zu DDR-Zeiten noch frivole Abende erlebt hat. Wo in den Garderoben so viele Plakate von Boulevardtheaterstücken hängen, dass man sagen muss: Es war nicht alles schlecht. Wo Pamela Anderson mir von der Tür entgegenrief: Atme die verruchte Geschichte dieses Hauses! Atme! Und lebe sie!

Will ich ja. Pamela. Grundsätzlich. Ein andermal komm ich wieder hierher: Ich check ein, Arcotel Velvet. Oranienburger Straße. Eines meiner Lieblingshotels in Deutschland. Es gibt kaum einen Ort, wo man dem täglichen und vor allem dem nächtlichen Treiben besser zuschauen kann als von einem Fenster zur Oranienburger Straße. Direkt neben dem legendären Tacheles am Straßenstrich gelegen, mit Spitzensushi gegenüber, daneben die Espresso-Ambulanz, der Kaffeedealer aller Quatsch-Comedy-Lustigmacher mit Raucherzimmern. Ich habe nie Gebrauch von den Angeboten des Straßenstrichs gemacht, von Kaffee, Sushi, Zigaretten und dem Tacheles-Club allerdings reichlich. Dennoch hatte ich im übertragenen Sinne in diesem Hotel eine meiner größten sexuellen Niederlagen:

»Willkommen im Arcotel Velvet, Herr Ringlstetter (YEAH!), schön, dass Sie wieder da sind, ich hoffe, Sie hatten eine gute Anreise!«, begrüßte mich die mit Namen beschilderte Valentina und schickte charmant und leicht beschämt hinterher: »Ich weiß nicht, ob Ihnen das bekannt ist, zurzeit ist in Berlin die Venus, die Sexmesse, und das Hotel ist nahezu ausgebucht mit Leuten aus diesem Metier, nur damit Sie Bescheid wissen.«

»Alles klar«, sagte ich und musste sehr aufpassen, dass man mir meine Begeisterung nicht ansah. Das versprach ja ein außergewöhnliches Wochenende zu werden, vielleicht traf ich neben Pamela in meiner Garderobe sogar beim Frühstück die eine oder andere Pornodarstellerin, die ich bisher nur von Internetclips kannte? Das wär's doch mal. Sicher inspirierend. Ich warf meine Sachen aufs Bett und musste gleich los in den Club. Nach der Show blieb ich irgendwo hängen und kam erst spätnachts zurück. Beim Schlafengehen beschloss ich, auf jeden Fall tags darauf zu frühstücken, denn ich wollte mir die femininen Exemplare pornographischer Filmkunst keinesfalls entgehen lassen.

10 Uhr. Ich fuhr mit dem Aufzug aus der fünften Etage runter Richtung Frühstück. Im dritten Stock öffnete sich die Tür und es kamen zwei humanoide Stiere in Trainingsjacken und ebensolchen Hosen zu mir in den Aufzug. Ihre Trainingshosen waren ausgebeult, große übermännliche Geschlechtsteile drückten den Polyesterstoff kubisch nach außen. Aus ihren breiten Schädeln drangen unverständliche, aber eindeutig dem slawischen Sprachgebiet zuzuordnende Worte. Ich trabte hinter ihnen her und nicht unbeeindruckt Richtung Buffet. Mein Blick schweifte durch den Frühstücksraum und es entglitt mir ein: »Ach du Scheiße!« Im ganzen Frühstücksraum nur Männer

mit Rühreibergen auf ihren Tellern, ausgebeulten Jogginghosen, Oberarmen im Oberschenkelformat und slawisch-babylonisches Stimmengewirr im tiefen Bassbereich. Und ich. Es war Sexmesse in Berlin, die Stadt war voll mit Pornoqueens, und ich wohnte natürlich in dem Hotel, wo sie die ganzen männlichen Pornodarsteller untergebracht hatten. Ging's eigentlich noch ungerechter?

Ich kompensierte aktiv und ging zur Thai-Massage. Die Dame fragte mich als Erstes: »Wollen Sie mit Happy Ending?« Quatsch nicht! Nein. Ich will Propofol. Bitte. Jetzt.

Ich muss zugeben, dass das bereits die zweite Pornoniederlage binnen weniger Monate war nach dem Motto: »Wer zu spät kommt oder sich im falschen Wohnraum befindet, den bestraft das Leben und nicht die Domina!« Erst wenige Wochen zuvor war ich aus meiner Münchner Wohnung nach zwei Jahren wieder ausgezogen. Ich wartete gerade auf die Übergabe, als sich die Wohnungstür gegenüber öffnete, wo zwei Jahre keiner rein und keiner raus ist in meiner Anwesenheit, und es kam – sofort als solche erkennbar – eine Edelnutte oder aber eine Pornodarstellerin oder beides raus und fragte mich: »Hey, bist du neu hier? Ich hol mir unten nen Milchkaffee – magst du auch einen?«

»!Ja!«

Sie stakste hochhackig die Treppen nach unten und ich blieb ratlos zurück. Wie gab es denn so was! Der liebe Gott hatte sich wohl gedacht: Haha, da kriegst du noch einen Knochen vor die Nase gehalten, bevor wir dich aussetzen, du Hund! Während sie den Kaffee holte, lief ich kopfschüttelnd durch die Wohnung. In einer halben Stunde wäre ich hier für immer weg, nebenan wohnte eine Pornoqueen und es begann gleich mit dem Ende: mit einem MILCHKAFFEE!? Sie kam hörbar die Treppen wieder hoch, gab mir einen heißen Becher, trank kurz von ihrem, der dadurch gleich sehr lippenstiftverschmiert war, schaute mich an und sagte: »Haben wir schon mal zusammen gedreht?« NEIN. Hatten wir nicht.

»Nein, das wüsste ich«, versuchte ich charmant zu sein,

merkte aber dann, dass es sich bei ihr wohl anders verhielt, die konnte sich wahrscheinlich nicht mehr an jedes »Gesicht« erinnern.

»Was drehst 'n du so?«, fragte ich pseudointeressiert, ich wusste es ja schon.

»Hey, hier wohnen doch immer die Darstellerinnen von der Sexfilmproduktionsfirma vorn an der Ecke. Ich bin jetzt zwei Monate hier, aber ich dreh kaum noch, ich kümmer mich mehr so um die Homepage! Is auf Dauer nicht gesund ... ich hab bislang Glück gehabt.«

Sie hatte also keine Geschlechtskrankheiten. Danke für die Info. Ich rekapitulierte: Das hieß also, ich wohnte die letzten zwei Jahre hier Wand an Wand mit ständig wechselnden Pornodarstellerinnen und habe nicht eine zu Gesicht, geschweige denn ... bekommen?! Ich überging ihre Bemerkung weitgehend und war mir in dem Moment sicher: Wäre ich eine Frau, hätte ich auf dem Weg zur ernsthaften Schauspielerei sicher den Umweg über den Pornofilm genommen. Aber als Mann bleibt mir dieses Genre in Anbetracht der Gesellen aus dem Frühstücksraum in Berlin wohl versagt. Wobei es mich schon ein bissl ehrte, dass sie sich vorstellen konnte, mal mit mir gedreht zu haben.

Ich küsste die Pamela-Tapete auf den Mund. Denn ich brauchte Trost.

DAS wäre Ihr Preis gewesen, Herr Ringlstetter!

Mister 20 Prozent rief an und sagte: »Glückwunsch, du bekommst einen Preis.« Er hat nicht von »gewinnen« gesprochen, hat nicht gesagt, er habe mich bei einem der zahllosen Kleinkunstwettbewerbe angemeldet, wo das restliche Teilnehmerfeld so schwach ist, dass er schon mal davon ausgeht, ich würde den gewinnen, nein, er hat gesagt: »Hannes, du bekommst einen Preis!« »Überreicht«, ergänzten meine Lorbeersynapsen sofort.

Die Lust auf Anerkennung oder die Sehnsucht oder gar die Sucht nach diesem Eitelkeitenmonster dürfte tiefenpsychologisch der Hauptgrund für Menschen sein, sich über längere Zeit ernsthaft Bühnenselbstdarstellungssituationen auszusetzen. Liebe, Anerkennung, Ruhm und Ehre. Das isses. Ja, der Rock 'n' Roll ist in seinen Werten im Kern altmodisch. Natürlich darf man die Leidenschaft nicht ganz vergessen, aufgrund ihres Wankelmuts bei anhaltendem Misserfolg ist sie aber meines Erachtens als Antrieb maximal halbstark. Die anderen sind im Vergleich dazu Raketen.

Wenn's einigermaßen läuft, wird Anerkennung auf verschiedenste Arten kredenzt. Applaus natürlich, der übrigens nicht das Brot des Künstlers ist, Applaus ist eben Applaus, aber kein Brot. Brot ist Brot. Applaus ist Applaus. Punkt. Also Applaus eben, Frauen, Belobigungen in verbaler Form im Stile von: »Guad!« oder »Net schlecht!« bis zu »Hat uns gefallen!« oder: »Ja, das war halt mal was anderes!« Geld, mehr Geld (größere Anerkennung), gute Kritiken, Einladungen zu persönlichen Interviews, die über das »Ich hab mal über Sie gegoogelt und da hab ich mir folgende Fragen überlegt«-Niveau hinausgehen, Porträts, Ölgemälde und: PREISE!

Preise sind grundsätzlich dafür da, anderen ins Gedächtnis zu rufen, dass einer bestimmt gut ist, weil er ja jetzt den Preis hat.

Ich bin mit Preisen nicht gerade hochdekoriert. Ich bin kein »Dem müssen wir einen Preis geben«-Künstler. Bis dahin hatte ich noch keinen Preis einfach so bekommen, sondern hatte immer was dafür tun müssen. Ist das nicht eigentlich ein Widerspruch? Einen Preis kriegt man doch, weil man schon coole Sachen gemacht hat! Aber ich: Ausscheidungsvorgänge – Wettbewerbe genannt –, am Schluss das Finale, dann Erster oder halt Zweiter, der ist auch gerade noch vermarktbar, der Dritte eigentlich nicht mehr. Mit Preisen ist es ein bisschen wie mit dem Schulzeugnis. Mich hat nie wieder jemand danach gefragt.

Wenn man sich spätpubertär dabei ertappt, sich im Geiste selbst Preise zu überreichen, ist das in erster Linie ein Grammy oder Oscar. Man denkt kurz nach, sagt leise vor sich hin: »I thank God, my parents, my producers ...«, um dann vor Rührung zu heulen oder den Gag des Lebens rauszuhauen.

Nun. Die Realität ist wie immer mit ein bisschen mehr Patina versehen.

Mit Schinderhannes haben wir im Jahr 2000 mal einen Preis erspielt. Auf dem Parkplatz des Köwe Centers in Regensburg. Einem Einkaufsparadies, optisch mehr so im Fegefeuerstil gehalten. Der Wettbewerb nannte sich »Deutschlands größter Bandwettbewerb« und wurde von einem regionalen Stadtmagazin und dem Center auch als solcher beworben. Da wir ihn gewonnen haben, sind wir Deutschlands »größte« Band des Jahres 2000. Möchte bitte immer noch so angesprochen werden: Sänger der größten Band Deutschlands 2000. Die überregionale Bedeutung des Preises war nebenbei gleich null und die Zahl der Zuschauer, die im Regen Bands lauschen wollten, die eher dem Nischensegment angehörten und aus Niederbayern, der Oberpfalz und maximal noch Schwaben angereist waren, um diesen Wettbewerb zu zelebrieren, sehr sehr überschaubar. Ich sag mal so: viel Familie und Freunde und zwischendurch ein Einkäufer, der rief: »Muss denn das so laut ...???«

Die Trophäe steht bei mir auf dem Kamin.

Das ist lange her und ich habe den Widerspruch aus einerseits Anerkennung, andererseits Lug und Trug mittlerweile als branchenimmanent verstanden. Wenn überhaupt, so waren wir in diesem Jahre 2000 maximal die »beste« Band des erweiterten Landkreises, vielleicht aber einfach auch nur »dran«, denn wir hatten die Jahre vorher auch an diesem Wettbewerb teilgenommen, und jetzt war's halt an der Zeit.

Einmal habe ich einen Lokalrundfunkpreis für eine TV-Sen-

dung erhalten und der mittlerweile verstorbene Herbert Riehl-Heyse von der ›SZ‹ hat die Laudatio per Videobotschaft gehalten, was mich trotz Virtualität sehr bewegt hat. Die Trophäe selbst habe ich aber nie bekommen, die steht im Sender. Fremder Lorbeer ziert dort die Glasvitrine und auf meinem Kamin ist dieser Platz nach wie vor frei. Sie hätten mir ja wenigstens eine Kopie machen können.

Außerdem wurde ich Zweiter bei der Tuttlinger Krähe, das ist einer der vielen Wettbewerbe, die nach Tieren, seltsamen Orten oder dämlichen Gegenständen benannt sind (wie Rabe, Mühlstein oder Weißwurst). Lediglich das Scharfrichterbeil hat einen vernünftigen Namen, doch das hab ich natürlich nie bekommen, denn ich hätte es gerne gehabt. Die Krähe habe ich auch gern genommen, aber sie stand jetzt nicht auf meiner Karriere-To-do-Liste.

»Durchgesetzt« über Vorrunde, Halbfinale, Finale, Sieg hab ich mich beim fränkischen Kabarettpreis, dessen Träger ich seitdem bin. Dass ein Niederbayer den fränkischen Kabarettpreis gewinnt, ist völlig in Ordnung, finde ich, Österreicher gewinnen ja auch regelmäßig den bayrischen Kabarettpreis.

Sich alleine freuen ist nebenbei Mist. Das ist ein Grundproblem der Solokunst auf Bühnen. Alleine Probleme haben geht super, aber alleine Siege feiern ist extrem schwierig, ich weiß jedenfalls nicht, wie. Abgesehen davon steigt der Marktwert durch einen Preis, und sei er auch noch so fränkisch, das find ich natürlich schon gut, auch wenn ich es ehrlich gesagt nicht verstehe. Ich stand jedenfalls mit dem fränkischen Kabarettpreis in der Umkleide, allein. So ... Preis gewonnen, was macht man da jetzt?! Schreit man laut oder ruft: »Da is das Ding!!!« oder macht man die Beckerfaust, weint man? Lacht man, streckt man den Daumen nach oben, macht ein Selfie und postet es bei Facebook? Ruft man die Mama an oder doch jüngere Frauen? Lässt man sich selbst allein lautstark hochleben oder wiederholt man noch mal für sich allein die geilsten Stellen aus dem Siegerauftritt? Keine Ahnung, ich hab halt blöd geschaut, *in den Spiegel, auf mich und auf den Preis, und bin dann in ein Hotel gebracht worden: Zimmer im Keller, ohne Fenster und ohne Netz. Nix Mama, nix Frauen. Nix Grammy Award. Finstere fränkische Provinz und ich hatte die Dornenkrone auf im Bett. Aber ich war zweitausend Euro reicher. Also. Gute Nacht.*

Ich: »Welchen?«

Er: »Den südschwäbischen irgendwas Preis, wird am Bodensee verliehen.«

Ich: »Is' er dotiert?«

Er: »Ja, viertausend.«

Ich: »Geil. Was muss ich machen?«

Er: »Irgendwann hinfahren, das check ich gleich, Auftritt spielen, Stunde oder so, Laudatio und Geld mitnehmen, Interviews halt noch.«

Ich: »Cool. Und wann ungefähr?«

Er: »Das klär ich.«

Zehn Minuten später rief er wieder an und war schon merklich weniger euphorisch.

Er: »Du, da gibt es einen festen Termin für die Preisübergabe, aber da hast du schon einen Auftritt, für den der Vertrag bereits bestätigt ist, aber ich klär das.«

Ich: sagte nix dazu.

Zehn Minuten später, seine Stimme intonierte merklich Richtung einer nicht gespielten Fassungslosigkeit:

Er: »Du, das geht nur an dem einen Termin bei denen, und als ich gesagt habe, dass du da nicht kannst, haben die gesagt: Dann kriegt ihn halt ein anderer.«

Ich: »DANN KRIEGT IHN HALT EIN ANDERER?«

Er: »Ja.«

Ich: sagte nix dazu.

»Dann kriegt ihn halt ein anderer« ist echt hart. Aber meine Synapsen sind noch härter: Eine Stunde später lag ich ebenso fassungslos wie enttäuscht in der Badewanne und stellte mir urplötzlich die Frage, der wievielte ich wohl war, den sie angerufen hatten? Wer hatte sonst schon alles abgesagt, an einem Samstag im Oktober, also zur Tourneehochzeit? Auf einer ewig langen Liste mit durchgestrichenen bekannten und unbekannten Kleinkunstnamen sah ich bildlich meinen – falsch geschrieben natürlich – handschriftlich unten ergänzt. Jetzt auch durchgestrichen: RINGELSTÄDTER.

Geschenke sind zwar was völlig anderes als Preise, wurden mir jedoch bedeutend häufiger überreicht. Bierkrüge, Zinnteller, regional gebrautes Bier, selbst liebevoll gekelterter Wein, schwarz destillierter Schnaps, Schokofiguren. Ohne Ende wurde mir Zellophan raschelnd in die Hand gedrückt. Irgendwo in Franken mal, genauer da, wo Playmobil hergestellt wird und es einen reichen Kulturverein gibt, vor welchem ich mich 2011 darbot, schickte man nach den Zugaben den Vorsitzenden auf die Bühne und der überreichte mir eine regionale Wurstspezialität in der guten alten Wurstdose. Ohne Schnickschnack und Zellophan, einfach nur eine Wurstdose. Für die man diesen verrosteten Dosenöffner braucht, der nie geht. So eine. Ich stand da, und weil ich nicht wusste, was ich darauf sagen sollte, begutachtete ich unsicher die Wurstdose. Und dann sagte ich: neunundneunzig Pfennig. Denn das stand da. 99 Pf. Im Jahre 2011. Die Leute lachten sehr laut und schneller, als ich selbst verstanden hatte, welche Dimension diese Aussage hatte. Ich habe sie mitgenommen, nie aufgemacht, irgendwann weggeschmissen. Feig, eigentlich.

Aber merke: besser eine abgelaufene geschenkte Wurstdose in der Hand als ein Preis, den dann ein anderer kriegt.

»Vorsicht, Kopf!«
Die Krone der Schöpfung: der Hausmeister

Gott, das Universum, die Illuminaten, der Rat der überirdischen Herrscher oder wer auch immer in Sphären agiert, die unsereins nie erreichen wird, haben ihn dazu bestimmt, über allem zu thronen. Er ist der Herr der Schlüssel, der Wächter über Stadthallen, öffentlich betriebene Säle und andere Anstalten subventionierter Darbietung: der Hausmeister oder neudeutsch Facility-Manager, aber ich finde: »Meister des Hauses« trifft es dann doch besser. Denn in diesem Wort liegt schon die Allmacht, die Personen dieser Spezies eigen ist, zum einen aufgrund ihrer Position, aber vor allem aufgrund eigener Überzeugung.

»Letzte Woche war der Priol da, da war's voll!«
… ist einer der drei Standard- wie Lieblingsaussprüche von Hausmeistern, der keiner weiteren Kommentierung bedarf, aber dennoch sehr viel über die Empathiefähigkeit dieser Berufsgruppe verrät. Immer schön, bei der Ankunft am Spielort mit diesem Satz begrüßt zu werden.

»Vorsicht, Kopf!«
… ist ein zweiter Ausspruch, der zwar auch nicht zwingend empathiegetrieben ist, aber immerhin zwei Dinge klarmacht:
1. Der Hausmeister ist mit der erfolgten Modernisierung der Halle und den damit verbundenen exorbitanten Baumaßnahmen der letzten Jahre unzufrieden, denn seitdem hängen zur Soundoptimierung der Location die Boxen so tief, dass man sich bei der ersten Bühnenbegehung gleich mal die Birne anschlägt, und das will der Hausmeister nicht, weil er
2. überhaupt keine Lust auf einen Versicherungsvorgang hat und schon gar nicht wegen eines Künstlers, dessen Veranstaltung dann verletzungsbedingt auch noch ausfällt, was Scherereien ohne Ende bringen wird, was bedeutet: Arbeit. Stress.

Nerven. Darauf hat er so gar keine Lust. Der Hausmeister an sich.

»*Wennsd ein gscheites Bier brauchst, das findest du bei mir im Schub!*«
... ist der Dritte im Bunde der Hausmeisterweisheiten. Verbrüderung über Alkohol. Die Grundlage nahezu jeder guten deutschen Geschäftsbeziehung. Zumeist beherbergen Hausmeister in ihrem ominösen »Schub« nämlich eine weitaus schmackhaftere Biersorte als die, die das Catering bereithält. Denn Hausmeister sind nicht brauereigebunden, die von ihnen verwalteten Stadthallen hingegen schon. Der freundliche Hinweis auf den von ihm gehüteten Schatz hat außerdem was von »Hey, von Alkoholiker zu Alkoholiker – ich weiß doch, wie das ist!«, was zwar in meinem konkreten Fall falsch ist, aber nicht branchenunüblich, sagen wir es mal so.

Was zuerst da war? Der Alkoholismus oder der Hallenhausmeister?

Ich denke, nach jahrelangen Recherchen kann ich von löblichen Ausnahmen abgesehen sagen: Sie sind wohl gemeinsam auf die Erde gesandt worden.

Dass die beiden folgenden Hausmeisterexemplare in Gemarkungen des Bayerischen Waldes auf- und zusperren, mag Zufall sein, kann aber auch im Bereich »Wundern tut es einen nicht!« inhaltlich verortet werden.

Freyung-Grafenau. Spielte ich hier im zweiten Teil des Stadtnamens vor zwanzig Jahren noch in der öffentlichen Toilette, tue ich dies mittlerweile im ausverkauften Kurhaus. Und ich spiele wirklich gerne im Bayerwald. Der Hausmeister heißt Sepp, hat natürlich einen »Schub« mit Bierdepot und kann unabhängig von der für mich bereitgestellten Tonanlage Durchsagen machen. Hoch über der Halle schwebend hat er sein Kabuff, von wo er »Zwanzig Minuten Pause! Für das leibliche Wohl ist im Foyer bestens gesorgt!« oder Ähnliches ins bestuhlte Rund zum Besten gibt. Er hat auch Gong, Klingel, die Steuerung des Bühnenvorhangs wie auch der Lüftung, Heizung und der Klimaanlage zu seiner alleinigen Verfügung.

»Eigentlich bin ich schon längst in Rente!«, begann er um 19.59 Uhr bei meiner Prä-Show-Zigarette vor der Halle direkt am Bühneneingang das Gespräch mit mir.

»Es waren ja, das kann man so sagen, praktisch schon alle da!« Es folgte, einer Litanei nicht ungleich, die Namensflut aller erfolgreichen deutschen, aber vor allem bayerischen Kollegen, die jeder der von ihm Genannten einschließlich meiner problemlos auswendig mitbeten kann.

»Aber sonst ist hier auch viel los. Viele Veranstaltungen, nicht nur Kabarett!«, fügte er leicht lallend hinzu. 20 Uhr. Ich sollte los ... Richtung Auftritt.

Aber er: »Kennen Sie Wort und Geist?!«

Ich: »Äh. Nein!«

Er: »Wort und Geist?! Nicht? Ach geh. Kommen S'. Wort und Geist! Die Sekte!!! Nicht!?«

Ich: »Nein, und ich muss jetzt auf die Bühne ...«

Er: »Wort und Geist! Die sind oft da bei uns. So eine Sekte ist das ... Wort und Geist!«

Ich: »Ja, aber ... ich muss!«

Er: »Denen hab ich mal von hinten durch den Vorhang zugeschaut. Du[3], da haben die getanzt, wie wild haben die getanzt, direkt in die Ekstase hinein oder wie man da sagt. Richtig ausgeflippt sind die. Du, und dann haben sich da dreißig bis fünfzig Leute auf den Boden geworfen ... du ... und sind ewig nicht mehr aufgestanden. Wie die Toten sind die da am Boden rumgelegen ... du ... und dann hab ich mir gedacht: Sepp!, hab ich mir gedacht, wenn jetzt wirklich was wär, ich könnt denen gar nicht helfen, weil wir haben ja in Freyung nur einen Sanka.«

20.03 Uhr. Ich trat auf. Die Menschen im Kurhaus saßen. Auf ihren Stühlen. Ganz normal. Keiner tanzte oder lag am Boden herum. Kein Sanka nötig an diesem Abend. Wort und Geist

---

[3] Jetzt hatten wir also endgültig die persönliche Ebene erreicht.

konnte ich auch versprühen, eine Sektengründung war dazu nicht nötig.

Ostersonntag. Arberlandhalle. Bayerisch Eisenstein. Das hinterletzte Eck Deutschlands an der Grenze zu Tschechien. Das hier immer noch »Tschechei« heißt. Obergefährliches Crystal-Meth-Gebiet für zukunftslose Jugendliche aus dem Bayerwald. Tourismus am Arber, Grenzlandförderung und sonst nicht viel. Leider. Schade um die schöne Gegend. Die Hotels werden zumeist von Tschechen betrieben, die Bedienungen sind alle von »drüben«, wobei das ja jetzt nicht mehr »drüben«, sondern »daneben« ist.

Backstage dürfe ich nur die rechte Toilette benutzen, sagte mein Tourmanager, und der Veranstalter wies mich nochmals ausdrücklich darauf hin, nach Vorgabe des Hallenhausmeisters »bitte, bitte nur die rechte Toilette« zu frequentieren. Meine Anmerkung, dass es sich bei der rechten um die Damentoilette handle, wurde mit klassischem Tourmanager-/Veranstalter-Schulterzucken beantwortet. Also nur die rechte Toilette, wenn auch für Ladys, nicht weiter drüber nachdenken. Auftritt spielen. Es dauerte gute zwanzig Minuten, bis die Bayerwäldler ihren Festtagsbraten und die dazugehörige nervige Verwandtschaft verdaut und sich vor allem daran gewöhnt hatten, dass erneut jemand auf sie einlaberte, wo doch gerade erst die kommunikativ überfordernden Kinder und Enkelkinder abgereist waren. Für so eine nachvollziehbare Energielosigkeit habe ich großes Verständnis, und ich erinnere mich noch an den wahrlich beruhigenden Moment auf der Bühne, als mir bewusst wurde, warum sich die »Aufführung« (wie der Waldler eine Vorstellung gern nennt) ein wenig schleppte. Ostersonntag mit seinen Strapazen verursacht beim Publikum Scheintod.

Aber wie auch im richtigen Leben muss man das Problem nur benennen und schon verschwindet es nahezu. Ich äußerte meine Vermutung, es lägen kulinarisch-soziale Gründe für die Ausgelaugtheit der feiertäglichen Halle vor, und bekam für diese Meldung den größten Applaus des Abends. Ab da lief die Kiste.

Nach der Show: Schnellrückbau der multimäßig einsetzbaren Halle auf »unbestuhlt« und »abgeteilt« für einen Firmenevent. Ich durchschlenderte gerade die Baustelle, als mich der Hausmeister, dessen ich jetzt erst gewahr wurde, fragte, ob denn alles »gepasst« hätte.

»Ja, freilich, aber das mit den Toiletten, das habe ich nicht ganz verstanden.«

Er: »Ja, das ist so. Die Toiletten teilen sich die Feuerwehr und der Trachtenverein. Die sind an unterschiedlichen Tagen hier drin und haben sich gegenseitig vorgeworfen, den anderen die Klos zu verscheißen[4]. Jetzt hat jeder der zwei Vereine seine eigene. Heute ist Sonntag, und da ist normalerweise der Trachtenverein da, und denen gehört die rechte Toilette.«

Da war sie wieder. Die Situation.

Die ich auf Tour, in diesem Leben von wechselnden Schnellbegegnungen, so oft erlebe, dass ich also dastehe, mir einen Text anhöre und dann überlege: Ist die Geschichte jetzt zu Ende? Darf ich gehen? Darf ich laut lachen? Meint der das ernst? Soll ich's gleich aufschreiben? Wie verhalte ich mich ansatzweise so, dass ich an diesen Ort irgendwann wieder zurückkehren kann, ohne Verletzungen davonzutragen?

Der Hausmeister aber missinterpretierte meinen Gesichtsausdruck als »verwirrt nachfragend« und ergänzte, was mich zunächst beruhigte: »Ich versteh es ehrlich gesagt auch nicht, so sind sie halt, die Leut!«

Gut. Er ist einer von uns. Dachte ich. Denn verstehen konnte man das Verhalten wohl nur als Mitglied eines der beiden Vereine, aber als halbwegs funktionierender Sozialkontakter staunte man schon angesichts von so viel Ignoranz auf engstem Raum. Aber dann, ja dann, fügte er wie aus dem Nichts noch einen Satz hinzu, der mich bis heute immer wieder mal gedanklich besetzt und herausfordert.

---

[4] original Hausmeister-Zitat

»Ich versteh es wirklich nicht, weil die Leut sind ja zum Großteil in beiden Vereinen.«
Danke.
Okay. Aufschreiben. Sofort.

»*Bier steht im Kühlhaus – einfach Hausmeister Gerd fragen :-)*«
Diese profunde Auskunft auf einem altmodischen Zettel, dafür garniert mit einem neumodischen Smiley fanden wir im Backstage einer schwäbischen Halle vor, wo wir mit ›Ringl on Fire‹ gastierten. Der Erstkontakt zu Gerd, dem Hausmeister, war, als er schlüsselbundklimpernd vor der Bühne stand und den Soundcheck jäh unterbrach, indem er auch noch laut rief: »Wenn ihr a Bier brauchts, na miassts as oifach nur saga. I bin der Gerd, der Hausmeischter!«

Wir mussten also Gerd nicht fragen, denn er war schneller, sein Tag hatte ja augenscheinlich nur diese überschaubaren Aufgaben – neben den vielen vielen, die die Leute gar nicht mitkriegen, denn »die Leute können sich ja nicht vorstellen, was hinter den Kulissen alles nötig ischt für so eine Veranstaltung«: aufsperren, Strom freigeben, Kühlhaus auf und zu wegen des Biers für die Künstler, Strom abstellen. Zusperren. Feierabend.

Mit den Worten »Getränke sind komplett auszutrinken!!!« beschriftet, klebte tags darauf ein Zettel auf dem Künstlerkühlschrank. Vom Hausmeister angebracht. Wegen Sparmaßnahmen und sonst womöglich Sauerei. Wahrscheinlich. Uns egal. Dem Wunsch jedenfalls wurde unsererseits anstandslos entsprochen.

Eine bewegende Hausmeistergeschichte gibt es auch. In Schliersee spielte ich einmal solo im Bauerntheater. Super Raum, schön und nicht »verjodelt«, obwohl im touristisch versauten Voralpenraum gelegen. Als ich in die Garderobe ging, saß da ein Männlein, alt, schweigsam, aber zufrieden wirkend.

Er: »Ich kümmer mich halt hier ein bissl um alles. Schon immer, und ich sterbe auch da herinnen. Wahrscheinlich.« Und lachte dabei. Später stellte sich heraus, er war der Bühnenbaumeister, auch der Bühnenbildner und der Regisseur, außerdem Gründungsmitglied des Bauerntheaters. Das hier war sein Platz seit über siebzig Jahren. Am Abend erzählte mir der Veranstalter, dass der alte Herr während des Zweiten Weltkriegs zunächst vom Dienst an der Front befreit war, denn: Das Bauerntheater musste ja irgendwie weitergehen. 1944 sind sie dann mit Leiterwagen und anderen Fahrzeugen, vollgepackt mit Theaterutensilien, Richtung Ostfront aufgebrochen. Sie zogen vom Schliersee aus, bauten ihre Kulissen an der Front in Russland auf und spielten für die Freunde von zu Hause und deren unglückselige Kriegskameraden Theater.

Mit Verlaub: Da sind glamourös abgehaltene Truppenkonzerte à la Monroe oder Dietrich oder Elvis ein feuchter Dreck dagegen. Irgendwie wünsche ich ihm, dass er das Geschenk bekommt, auf seinem Stuhl in seinem »Lebenswerk« irgendwann friedlich und zufrieden einzuschlafen.

Simon's speech

An manche Orte kommt man einmal und nie wieder. An andere öfter, als man will, und an wieder andere kommt man immer wieder und merkt erst, wenn man da ist, dass man da schon mal war. Letzteres passiert nach einigen Tourneejahren relativ häufig. Meistens erkennt man entweder schreckliche Einrichtungsgegenstände im Hotel wieder, die sich rudimentär im Langzeitgedächtnis festgesetzt haben, und wenn das noch nicht reicht, um Reminiszenz hervorzurufen, dann helfen als Trigger die After-Show-Kaschemmen des jeweiligen Ortes, gern auch in Form der dort ansässigen Hotelbar.

Es gibt nicht mehr viele dieser Kellerbars, durch eine feuerabweisende Tür geschützt, die sich seit dreißig Jahren in Sachen

Interieur und Betreiber nicht verändert haben und einem Geschichten aufs Papier diktieren. Die meisten Hotelbars gleichen den Innenstädten, dem Fernsehprogramm und der Political Correctness. Sie sind langweilig, mit mäßigem Personal vor und hinter dem Tresen beseelt und dementsprechenden Gesprächsinhalten, zudem teuer und sicher nicht: kultig. Die Ausnahmen befinden sich wie so oft genau da, wo man sie am wenigsten vermutet.

Irgendwo im Oberland, in der Idylle einer bayerischen Ferienpostkarte, in einem dieser unzähligen Aktiv-Sport-Resorts. Am Parkplatz schauten Fahrer/Techniker/Künstler sich ungläubig an, hier waren wir schon mal, definitiv, und dann riefen alle zeitgleich aus: SIMON! Seimon ausgesprochen, das wäre dem Simon sicher wichtig zu erwähnen.

War es ein Jahr her oder zwei? Keine Ahnung, auf jeden Fall sind wir damals schon in dieser Kellerbar gelandet und ein gewisser Simon war dort allein. Hinter dem Tresen. Der Tresen war das Zentrum in seiner Bar, das Interieur denkbar geschmacklos. Viel Rot. Eine hyperaktive Lichtanlage über einer leeren Tanzfläche. Siebzigerjahre-Überzüge in Farben, die man nicht zu erkennen vermochte, da ständig irreführende Lichtkegel über sie wackelten. Bilder von New York. Von Musikern. Viele Spiegel. Nischen mit Vierertischen, ein Tanzcafé der späten Siebziger, in den Achtzigern zur Disco emporbehauptet und mit Technik vollgestopft, dann aber nichts mehr dran gemacht. Optisch war es ein Eintauchen in einen schlechten alten Provinz-›Tatort‹, Rotlichtmilieu, der Kommissar betritt eine völlig verrauchte Szenerie ... so in etwa.

In dieser Kellerbar also stellte uns der Simon um Mitternacht ein Getränk hin, Wodka O, sein Allheilmittel, wie er sich ausdrückte, weil: »Da kannst reinschütten, so viel du willst, bleibst immer fit!« Der Wodka Red Bull der 1970er-Jahre sozusagen. Er hob das Glas und sagte: »Wer hat heut Geburtstag? Der Simon hat Geburtstag!«, und deutete dabei auf sich selbst. Wir waren seine Geburtstagsrunde. Später kam noch ein Italiener, der in der örtlichen Pizzeria als Kellner arbeitete, und bestellte sich beim

Simon eine Fertigpizza mit ordentlich Tabasco drauf, damit man den Rest nicht mehr schmeckte. Und dann erzählte uns der Simon bis zur Schließung des Lokals, wer schon alles bei ihm hier unten sein Feierabendbier getrunken hatte. Alle Stars der Rockmusik. Russ Ballard zum Beispiel.

Er: »Der Russ Ballard war schon da, schon ein paar Mal, der Ambros, die STS, Cornelius, alle ... glaubts des nicht? Da!!!« Er ging zu einer Schublade und holte einen Stapel Autogrammkarten heraus. »Schauts: Russ Ballard. Und der Keith Richards war auch schon da. Glaubts des nicht? Da. Freilich. Da! hat er unterschrieben, der Keith Richards. Da ist er gesessen, wo du jetzt sitzt, und hat's unterschrieben.«

Er deutete auf mich und streckte mir die umgedrehte Autogrammkarte von Russ Ballard hin.

»Da schau, da hat er unterschrieben, der Keith Richards.«

Ich nahm die Karte und da stand, sauber notiert und einwandfrei zu entziffern: »Kind Regards!« und dann die Unterschrift von Russ Ballard.

Ich: »Ja, da steht was von Kind Regards.«

Er: »Nein, das heißt Keith Richards. Logisch. Keith Richards, der ist ja da gesessen und hat's unterschrieben, weil er keine eigene dabei gehabt hat, also keine Autogrammkarte, keine eigene, der Keith!«

Prost. Happy Birthday, Simon! With kind regards ...

Wir haben dann nach der Show Management und Booker eingepackt und befohlen mit hierherzukommen, denn die waren mit angereist, um den Abend auf DVD aufzuzeichnen.

Klar, wir wollten ihn vorführen, den Simon, eher herzeigen, um Verständnis bei der Agentur werben, für unseren schrägen Alltag so auf Tour, und sie sollten sehen, wie wenig Glamour und wie viel Skurriles sich in unserem Zigeunerdasein abspielt. Deshalb hatte ich im Vorfeld darum gebeten, sollte Simon wieder seine Stimme erheben und zu einer »Ich weiß, was der echte Rock 'n' Roll ist«-Rede ansetzen, das unbedingt auf Handy mitzuschneiden. Dies ist geschehen. Hier kommt die Generalabrechnung des Simon mit dem aktuellen Mainstream, ein Plädoyer stattdessen für den Rock, die Wahrheit des einzigen verbliebenen Rockfans, eines echten Faktotums, eines Helden der Nacht, eines Wirts, wie es ihn kaum mehr gibt, eines Kenners und Formulierungskünstlers, eines echten Helden. Der nach eigenen Angaben »zurzeit vier Weiber« hat, obwohl er sieben Tage die Woche bis vier Uhr früh hinterm Tresen steht. Schafft nur der Simon so was. Das Ganze hätte besser nicht inszeniert werden können, denn während er sprach, lief laut im Hintergrund »Nothing Else Matters« von Metallica.

Was für ein würdiger Soundtrack zu Simon's speech:

»Ja, überleg amal, was is denn mit unserer Jugend los? Wir haben Deep Purple und Pink Floyd gehört, damit wir unsere Eltern ärgern haben können, die ärgern ihre Eltern mit dem Gabalier.«

Im Hintergrund Flaschengeklimper in Sachen Herstellung des Allheilmittels Wodka O. *Forever trust in who we are. And nothing else matters.*

»Und dann sagen sie zu mir: Kannst du den Andreas Gabalier auflegen? Sag ich: Den kenn ich nicht! Sagen sie: Du wirst doch den Andreas Gabalier kennen … Sag ich: Den kenn ich nicht! Einer von denen: Des ist so ein Alpenrocker. Ich: Vom Musikantenstadl oder was? Bürscherl, willst du einen Musikantenstadl, musst du ins Bierzelt gehen!!!«

Never opened myself this way. Life is ours, we live it our way …

»Nein, es ist furchtbar. Und jetzt, jetzt haben sie wieder was Neues: Helene Fischer! Sagen die: Die Helene Fischer, die is so gut. Ha, sag ich da: Was? Gut? Helene Fischer? Nananana. Es ist ein Wahnsinn, da könntest durchdrehen.«

Never cared for what they do. Never cared for what they know. But I know, yeah!

Flaschengeklimper.

»Aber der Gabalier, der geht gar net! Volksrocker! Volksrocker! Was is'n bitte des? Volks-Rock-'n'-Roller ... Wenn ich mit der Quetschn spiel: ›I sing a Liad für di‹ – dann bin ich ein Volksrocker oder wie? Ja, was hat denn der für eine Ahnung von Rock? Was hat denn das mit Rock zu tun?«

Open mind for a different view. And nothing else matters.

»Oder die anderen, mei, kennst die anderen? Von ›We Will Rock You!‹ is der Anfang voll gut, und dann geht's auf Deutsch weiter: Ja, wenn wir Burschen den Maibaum aufstellen ... Auf ›We Will Rock You‹!!! Ja sag amal. Da spinnens dann total. Bierzeltmusik ... We will rock you, Burschen den Maibaum aufstellen ... Ja, geht's noch.«

And nothing else matters.

»Am Samstag, wenn ich hinten steh und aufleg ... die Alten, die hören ja a gute Musik, aber die Jungen: Hast du ›Atemlos‹? Sag ich: Nein. Hör auf, das ist doch Wahnsinn, das ist doch, als hätte ich damals Roy Black gehört oder ›Weiße Rosen aus Athen‹ oder so.«

Gitarrensolo.

»Neinneinnein, da stimmt was nicht mehr, da is irgendetwas faul. Gotthard, die haben in Tölz in der Eishalle ein Konzert gegeben, Gotthard!!! Dann kommen da dreihundert oder vierhundert Leute. Und dann spielt Bitter Lemon oder der andere Trottel irgendwo im Freien in den Bergen, verstehst, dann kommen da hunderttausend Leute. ›I sing a Liad für di‹. Ja, was soll denn das? Normal gehört er derschossen. Ich hab schon viele da herunten gehabt, Russ Ballard war auch da, hab ich ja schon erzählt. Aber der Gabalier, wenn der irgendwann hier ins Hotel kommt, dann sperr ich die Tür zu. Das garantier ich dir. Das mach ich. Dann sag ich: Nein, hab schon zu. Den pack ich nicht.«

Aus der zweiten Reihe meldete sich kurz der Tontechniker, der noch einen Wodka O wollte.

So close, no matter how far. Couldn't be much more from the heart!

»Gern. Nein, der kommt hier nicht rein, das schwör ich

euch. Der Ambros war jetzt schon zwei Mal da. Letztes Jahr hätt ich ihn beinahe nicht mehr erkannt, ich sag's dir, der ist am Ende.«

Nothing else matters.

»Der Typ ist so kaputt. Aber er ist in Ordnung, er ist auf dem Boden geblieben, der Ambros. Aber der Gabalier, der ist das Schlimmste, was mir die letzten sechsundfünfzig Jahre passiert ist. Der Gabalier.

Was macht's ihr für einen Sound? Country? Da hab i a Frage, heißt das ›Kauntri‹ oder ›Kantri‹?«

Alle: »Kauntri!«

Word! Logo!

Er: »Kauntri is super. Aber der Gabalier, der Gabalier …«

»Nothing Else Matters« fadete aus, »I Still Haven't Found What I'm Looking For« von U2 übernahm die akustische Szenerie, ein großer Moment neigte sich und verschwand in dem Gitarrenteppich von »The Edge«. Simon ging zum Mischpult, unterbrach U2 und startete »Rock 1«, seinen All-time-hero-Rock-Sampler. »Voices, I hear voices, voices, I hear voices« von Russ Ballard. With kind regards.

Sterbezimmer!

Ich habe in meinem Leben schon nahezu jede Bühnenform bespielt. Vom Rockclub bis zum Wirtshaussaal, vom stilgebeugten Theater über die klassischen Kleinkunstbühnen bis zur Open-Air-Steaksemmel-Bratwurstduft-Bühne. Jede dieser Bühnenformen hat nicht nur ihre Eigenheiten technischer wie publikumsmäßiger Natur, sondern sie unterscheiden sich auch wesentlich hinter den Brettern, die vielleicht was bedeuten: im Backstagebereich nämlich. Das Backstage ist der Ort, an dem ich mich aufhalte, bis jemand kommt und sagt: Los geht's! Raus mit dir!

Das Backstage ist in unserer Branche sagenumwoben. Viele Traumbilder des Rock 'n' Roll sind dort zu Hause. Drogen, Fressorgien, Schampus, Frauen, Schweiß gehören zu den Hauptbestandteilen der Backstagemystik.

Üppiges Catering fordere ich nicht, auch keine Orgien. Irgendwelcher Art. Es stört mich freilich nicht, wenn es ein bisschen edler und großzügiger ausfällt, das Catering. Dusche mag ich. Plakate von Kollegen an der Wand: hängt von den Kollegen ab.

Auf frische, kühle Getränke, Kaffee und heißes Wasser sowie Knabbereien und Handtücher lege ich Wert. Und das ist nicht übertrieben, finde ich, schließlich ist so eine Tournee auch kulinarisch wie hygienisch durchzustehen. Fenster im Backstagebereich helfen, um nicht der Tourneetagesdepression anheimzufallen, sind aber nicht notwendig. Der Kern eines Backstage ist allerdings: dass man seine Ruhe hat. Denn es ist ein Ort des Rückzugs. Eben keine Bühne, sondern hinter der Bühne. Zumindest meistens.

Es kann aber auch ganz anders kommen, wie ein rustikales Beispiel aus Oberfranken beweist.

Auftrittsort: ein Brauereigasthof mit Schnitzelbewirtung und nach wie vor eigenem Bier. Bühne und Saal im ersten Stock. Ich trug also Gitarren, Merchandising, Bühnenklamotten und weiteres Gewerk in Richtung Spielstätte, und nach langer Fahrt hatte ich einen schlichten und nicht gerade divenhaft angehauchten Wunsch: Backstage. Hinsetzen. Wasser und Kaffee trinken, runterkommen. Dann Soundcheck. Dann Auftritt.

Eine Ein-Meter-fünfzig-Ausgabe an dicker Oberfränkin, die aussah wie die Wirtin und es auch war, redete im Augenblick des Betretens der Wirtsstube sofort fragend auf mich ein: Was-wann-wo ich essen wolle und vieles andere Unverständliche. Ich so: Ich würde erst mal gern ins Backstage. Einfach ankommen, alles bisschen locker und entspannt, denn es war halb fünf und die Show ja erst um acht. Essen würde ich irgendwann und mich dann melden. Da das Wort Backstage bei ihr einen Gesichtsausdruck auslöste, wie ich ihn bekomme, wenn ich Dokumentationen über Kernphysik verfolge, schob ich verständnisvoll nach: »Umkleide?! Aufenthaltsraum?!« Das verstand sie zwar, aber sie führte mich nicht etwa hin. Nein, sie zeigte mit ihren dicken kurzen Armen direkt in die Schnitzelfett-Küche.

»Da durch – einfach durch die Küche durch und dann hinter ins Sterbezimmer!«

Im Weggehen: »Da hinten, im Sterbezimmer, da können Sie sich aufhalten und umziehen.«

Sterbezimmer.

Also. Ich habe es mir durch jahrelange Tourneefahrerei eigentlich abgewöhnt, seltsame Momente dieser Art zu hinterfragen, aber in diesem Fall gelang mir innerliches Ignorieren leider nicht.

Sterbezimmer.

Ich schleppte mich also durch die mit weiteren ähnlich gebauten alten Frauen bestückte Küche, in welcher diese große Fleischlappen durch Eier und Semmelbrösel zogen und gemischte Salate präparierten mit den für mich nicht überraschenden Zutaten: Karotten (geraspelt), ein Blumenkohlkränzchen, Gurkenscheiben in Dill-Sahne-Soße, Tomate, übergroßes einzelnes Kopfsalatblatt und das ganze Ensemble übergossen mit einer anderen Sahnesoße als der des Gurkenanteils. Alle diese Frauen begrüßten mich mit den Worten:

»Wo wollen S' denn hin?«

Ich: »Umkleide. Aufenthaltsraum. Ähhhh. Sterbezimmer.«

Sie: »Ach, Sie sind der Künstler ... dann da durch!« Wieder winkten die Arme, Richtung: aus der Küche hinaus.

So versuchte ich also mit Sack und Pack keine Zutaten durch Schwenkbewegungen von den Präpariertischen auf den Boden zu katapultieren, und plötzlich stand eine dieser Damen vor mir und öffnete mir die Tür. Eine ganz normale, schlichte, weiß getünchte Tür aus den Sechzigerjahren des vergangenen Jahrhunderts.

Ich stand im Sterbezimmer.

Nicht dass jetzt Krimifeeling aufkommt, ich beschreibe im Folgenden einfach, was ich vorfand, denn das gebührt schon allein diesem Ort.

Ein Bett. Weiß überzogen. Leer. Weiß gestrichen wie die Tür auch die Wände. Ein riesengroßer Kühlschrank. Weiß. An der Wand gegenüber vom Bett Fotografien, aufgenommen vor circa hundert Jahren, die sich alle verdächtig ähnlich sahen. Schwarzweiß. Kein Stuhl. Kein Tisch. Nicht geheizt. Warum auch ... Sterbezimmer eben. Da macht heizen wenig Sinn. Sah ich ja ein.

Ich stand da.

Erster Gedanke: Nein. Sich ins Bett legen und kuschelig zudecken ist keine Alternative zum Dastehen.

Noch zwei Stunden bis zur Show. Draußen Graupelschauer. Drinnen wie draußen kalt. Den Tod vor Augen. Fassungslos starrte ich gegen die Wand, auf den Boden, immer wieder auf die Fotos. Und zu diesem Kühlschrank. Gerade, als mein Gehirn, fantasiemäßig die letzten Jahre versaut von amerikanischen Serien, fragen wollte: »Und was ist bitte in diesem Kühlschrank?«, ging die weiße Tür auf, eine dicke Frau kam rein und brachte einen Schwall heißen Schnitzelfettdampf mit in die schlechte Stube. Sie sah mich verloren rumstehen und fragte mich:

»Ham S' jetzt an Hunger?«, wackelte dann zielstrebig zum Kühlschrank, musste sich kaum bücken, um die untere Schublade zu öffnen und dem Raum dahinter eine Stange weißen und eine Stange roten Pressacks zu entnehmen. Und ich sagte einfach nur:

»Nein. Danke.«

Blutwurstgebilde in einem Sterbezimmer angeboten zu bekommen, ist nicht mein Favourite. Um es mal deppert urban auszudrücken.

Sie schüttelte den Kopf und ging wieder hinaus in ihre Schnitzelhölle.

Schließlich stand ich auf der Bühne, schaute in permanent essendes und trinkendes und schwitzendes Publikum, und bei jedem Gast, der Presssack aß, dachte ich mir: Der frisst die Verwandten von der Wirtin. Sagte es aber nicht, wollte ihnen ja das Essen nicht verderben.

Am Ende des Abends, als ich Hab und Gut ins Auto verfrachtet hatte, fragten mich die kleinen dicken Frauen, ob ich denn mal wiederkäme, weil es doch so schön war.

»Irgendwann!«

Sagte ich. Gedacht hab ich: Wenn's ans Sterben geht. Dann komm ich wieder. Sie haben so ein schönes Sterbezimmer!

Es gibt so Berufe, da braucht man deutlich mehr Humor als in anderen, für den Mitarbeiter in einem Bestattungsinstitut etwa ist Humor, denke ich, dringend erforderlich, für einen schlichten Verwaltungsbeamten vermutlich weniger. Ein Stammgast von ›Blickpunkt Spot‹ fragte mich in den Münchener Anfangszeiten, ob ich auf seiner Verabschiedung in die wohlverdiente Rente auftreten würde. Das würde er sich wünschen, kleines Fest mit ein paar Kollegen, eine Sau sollte gegrillt und ein bissl was getrunken werden, und das alles in der Firma. Am Spätnachmittag, Auftritt eine Stunde, ich sollte zudem verpflegt werden und ein paar hundert Euro gab's auch. Zugesagt. Klar.

Ich: »Und wo ist das?«

Er: »Im städtischen Bestattungsinstitut.«

Ich schnappte mir an besagtem Tag meinen Lieblingstechniker aus dem Vereinsheim und wir liefen mit Gesangsanlage, Gitarre, Barhocker und Kabeln im Bestattungsinstitut ein. Die Feier war im Keller. Zwischen Abertausenden von vergilbenden und vor sich hin modernden Akten zu verstorbenen Münchnern hatten sie es dem frischgebackenen Rentner nett gemacht. Lange Tische, Papiertischdecken, Kartoffelsalat, Sau vom Grill, Bier und dreißig bis vierzig Menschen aus der »todesverarbeitenden Industrie«. Quasi. Ich musste aufs Klo.

Er: »Das ist einen Stock höher in der Sargausstellung!«

Dann der Auftritt. Ich kalauerte mich zur Begrüßung durch die Themen »Abschied« und »letzter Tag« und erzählte vom

Sterbezimmer-Gig. Der rüstige Rentner hatte gerade von seinen Kollegen branchenübliche, extrem makabre Abschiedsgeschenke bekommen, wie etwa eine Stola, die man Toten mit in den Sarg legt. Ich merkte an, dass dem mit Tellern und Besteck und Gläsern gezierten Tisch zufolge noch mindestens acht bis zehn Leute fehlten, und zwar genau vor der Bühne.

»Ach, da sitzen die schon verstorbenen Kollegen aus unserer Abteilung, das machen wir immer so. Wir decken für die mit ein ...«

Dinner for dead.

»So. Dann krieg ich hier von Ihnen bitte noch ein Autogramm!«

Diesen Satz dürfte jeder kennen. Aus dem ganz normalen Alltagswahnsinn. Seien es Bestätigungen von DHL-Lieferungen für einen selbst oder für den Nachbarn, erfolgreiche Vertragsgespräche, Kredite, Eheschließungen, Abholung von abgeschleppten Autos oder verlorenen Gegenständen: All dies wird gerne beendet mit obigem Satz. Der zweifelhafte »fame« oder die »Prominenz«, wie man wohl eher sagen sollte, will man mit Mitte vierzig nicht wie ein Friedrichshainer Rapper klingen, bringt es mit sich, dass ich seit ein paar Jahren wirklich aufpassen muss, Offizielles nicht mit meinem Künstlerservus zu quittieren, denn beim Wort »Autogramm« denke ich nun mal in erster Linie an das Signieren von Eintrittskarten, CDs, DVDs, Autogrammkarten mit meinem Konterfei darauf, Flyern, Plakaten, Goldenen Büchern, Gästebüchern von Veranstaltern und leider viel zu selten bis nie: weiblichen Körperteilen. Das ist halt der Preis, wenn man nicht mehr mit Right Said Fred auf der Bühne steht, sondern mit Inhalt. Ich gebe Autogramme weder gerne noch ungern, ich gebe sie halt, und wenn sich Menschen drüber freuen, dann freut's mich auch, ansonsten muss man an dieser Stelle schon auch mal sagen dürfen: Mir persönlich bringt jetzt das Signieren nicht allzu viel[5]. Die ersten Male ist es noch aufregend, aber von der überschaubaren Tätigkeit her nutzt es sich relativ zügig ab, und dass ich mittlerweile zusammengerechnet bestimmt ein halbes Jahr meines Lebens dagesessen oder rumgestanden bin und vor mich hin »autogrammiert« habe, finde ich bisweilen schräg. Mir selbst erschließt sich eben der Sinn von Autogrammen nicht wirklich, ich habe als Kind und Vorpubertierer lediglich Autogramme von folgenden Personen in meinem Nachtkästchen aufbewahrt: Thomas Gottschalk, Karlheinz Förster, Klaus Augenthaler und Andy Köpke. Die Letzteren drei sind Fußballer. Zu meinen Stagehand- und Backliner-Zeiten habe ich backstage- und handsignierte Tourpässe gesammelt und später natürlich alle Pässe von Festivals, auf denen wir gespielt haben, aber dass ausgerechnet mein Edding-überschriebenes Bild private Halls of Fame bereichern soll, bleibt mir immer noch fremd. Am liebsten signiere ich Kaufprodukte, so merkantil ehrlich will ich an dieser Stelle sein.

Prominenz bedingt, dass man nicht nur nach Bühnenauftritten oder TV-Shows Gegenstände unterschreibt, sondern auch einfach so zu der Abgabe von Autogrammen mehr oder weniger charmant aufgefordert wird. Auf der Straße (»Jetzt weiß ich nicht, wie heißt er noch mal? Äh, ja, genau, Django Asül, oder?«), auf dem Oktoberfest (»Ingletter, kann du damals underscheiben?«), im Zug (ratterrratterkritzelkritzel), an Tankstellen (»Hey, Ringlstetter, hast volltankt, ha? Und? Autogramm dabei?«), in Restaurants (»Normal stör ich ja nicht beim Essen, aber jetzt, wo ich Sie schon mal treff!«), in der Bank (»Muss er auch auf die Bank ... Da, unterschreiben S' ruhig auf meinem Kontoauszug!«), auf Ämtern (»Haha ... dann können Sie gleich zweimal unterschreiben, einmal auf dem Dokument und einmal

---

[5] Übrigens scheint es ein ungeschriebenes Gesetz zu sein, dass man immer dann Autogramme geben soll, wenn man keine Autogrammkarten dabeihat. Wenn man allerdings dran denkt und sie sich ins Sakko schiebt, dann fragt mit Sicherheit keiner. Murphy's Law.

da für meine Frau!«), an der Supermarktkasse (»Wohnen Sie bei uns in der Gegend?«) und: beim Arzt.

Jetzt ist ja Arzt nicht gleich Arzt. Es gibt Ärzte, ach ja, da würde ich jeder der hübschen Arzthelferinnen sofort und auf der Stelle Autogramme geben, wohin auch immer sie sie möchten, keine Frage. Beim Hausarzt, bei Halbgöttern der inneren Medizin, beim Orthopäden, beim Neurologen sogar. Aber es gibt nun mal Ärzte, da muss ein Mann tun, was er tun muss, damit er weiter tun kann, was er tun will: also den Urologen aufsuchen. Und es ist nun mal so: Jeder Mann schleicht sich zum Urologen hinein und wieder hinaus. Weil Männer, und da bin ich keine Ausnahme, Schwäche grundsätzlich nicht gut aushalten, Defizite im Männlichkeitsbereich noch weniger und als Rock 'n' Roller geht's gar nicht, dass es auch noch öffentlich bekannt wird, dass man »da unten was hat«. Und sei es nur eine Routineuntersuchung, es ist völlig egal: Urologen sollten tagsüber geschlossen haben und nur in kalten Nebelnächten, wo kein Mensch auf der Straße ist, öffnen.

Wie so oft: Die Realität ist anders. Ich hockte im Wartezimmer beim Urologen, alle schauten mit dem »Ja, das isser doch, der ausm Fernsehen«-Blick in meine Richtung, und meine angespannte Psyche ergänzte kleinlaut in mir: »Noch so jung und hat trotzdem schon was da unten!« Ich musste nicht lange warten. Der Arzt ist mir bekannt, das hilft in diesem Fall, finde ich, auch ein Musiker, ein Rocker, einer, der normal mit einem spricht. Offen, geradeheraus, unkompliziert. Nicht nur über Medizinisches, auch über die sonstige Unbill und die Themen des Lebens. Während der Untersuchung unterhielten wir uns über legendäre Konzerte, über London, über Motorradtouren, über Gitarren. Ich hätte nicht gedacht, dass man mit so einem unguten Körpergefühl aufgrund urologischer Maßnahmen so interessante Fragen behandeln kann. Anschließend schickte er mich an die Rezeption, um einen Folgetermin auszumachen, und nahm mich vorher noch zur Seite:

»Hannes, meine Mädels, die sind große Fans, und du würdest denen einen wahnsinnigen Gefallen tun, wenn du beim nächsten Mal für jede ein Autogramm mitbringst, ich schreib dir die Namen auf.«

Dabei reichte er mir einen Zettel mit Tanjas, Sandras und Martinas, den ich ebenso einsteckte wie meinen Terminzettel, bevor ich mit Mütze im Gesicht aus dem »Der hat was unterrum«-Gebäude verschwand. Im Auto studierte ich den Zettel, neben all den Namen stand da noch: »1 für die Praxis«. Also, es ist ja schon hart zu wissen, dass hübsche Mädels, die Spermabecher von einem entgegennehmen, zu Hause ein unterschriebenes Bild von mir rumliegen haben, bei dem sie doch unweigerlich daran denken müssen, dass sie eben von dem schon Sperma untersucht haben. Aber »1 für die Praxis« hieß natürlich, das hängt dann exponiert vorne an der Rezeption, und jeder, der kommt, schaut hin und denkt oder sagt sogar: »Ja, da schau her, der Ringlstetter, der hat auch was unten rum! Dabei ist der doch noch jung ...« Und dann fragen die vielleicht sogar die süße Tanja oder die heiße Sandra: »Was hat er denn, der Ringlstetter? Hm?«, und dann lächelt die nur wissend und haucht: »Arztgeheimnis!«

Eine Freundin hat vor Jahren mal zu mir gesagt:

»Pass auf, was du dir wünschst, du könntest es bekommen!«

Das hab ich mir nie gewünscht. Und hab's trotzdem bekommen.

Einfach nur: Oed

Wochenlang unterwegs, immer wieder und das schon seit Jahren. Show an Show an Show. Säle, Hallen, Theater, Orte halt. Tausende Tassen Kaffee und schlechte Matratzen. Und immer weiter geht die wilde Fahrt. Steigen Sie ein, fahren Sie mit, wenn es wieder heißt: Frühstücksbuffets in Hotels, die sich gleichen wie die Fußgängerzonen der Städte, in denen sie stehen.

Cateringträume aus: Lachs mit Meerrettich, fetten Fleischpflanzerln, Kochschinken, Presskäse, Rührei aus Pulver, hartgekochten Eiern, Snacks, Schokomüsli und Cornflakes, Teebar und Kaffeevollautomat. Abgepackte Butter, Marmelade, Honig, Nutella. Joghurt in einer Eisvitrine, daneben Tomatensaft, Multivitamin- und Orangensaftspender. Schlechter Prosecco (seit sechs Uhr geöffnet), süßes Gebäck auf Backmischungsbasis, das bereits gegen neun Uhr alt schmeckt. Akustisch garniert mit dem auf Fahrstuhllautstärke dudelnden lokalen Pop/Rock-Radiosender, der die besten Hits aus den letzten drei Jahrtausenden spielt. Bildwerk an der Wand, von einer gewissen Rosina Wachtmeister gestaltet, wer immer das sein mag. Und geöffnet von sechs Uhr bis zehn Uhr. Kurz gesagt: Ich habe mir das Frühstücken weitgehend abgewöhnt, wenn auch noch nicht ganz. Angegilbte Makrele, ausgetrockneter Hüttenkäse, ein zweites Mal sterbende Minibratwürste und Schrumpelspeck taten schon hunderte Male das Ihre, mir das Erlebnis »Frühstück« zu versauen. Also, die schlimmste Einladung, die man mir aussprechen kann, ist: Brunch! Scheißidee.

Einstellen. Sofort. Bitte. Danke.

Und weiter geht die wilde Fahrt. Steigen Sie ein, fahren Sie auch diesmal mit, wenn es wieder heißt: Massagen zur Rettung des Rückens, Ingwerberge zur Errettung der Stimme, Kneipenaufenthalte zur Rettung der Laune, Heimatlosigkeit als Herausforderung, Hotelbars zur Abschreckung, Tankstellen und Raststätten als fragwürdiger sozialer Treffpunkt, technische Katastrophen, Shows zwischen harter Arbeit und kindlicher Euphorie, Begegnungen mit Menschen, männlich, aber auch weiblich. Tausende Kilometer auf Autobahnen, Landstraßen, Nebenstraßen, Umleitungen, durch Städte, Dörfer und hinter Pilgerzügen sowie Schafherden her. Das Ganze in einem Reisekonstrukt der stets selben Männer, das zu einer Art Familie wird, das Intimitäten langsam aufhebt und mir – manchmal glaub ich es selber kaum – immer noch Spaß bringt.

Und jetzt ging Solotournee Nummer irgendwas langsam dem

Ende zu. Sechzig Shows in fünfundsiebzig Tagen. Der letzte Kaffee vor der Heimkehr:

Oed. Niederösterreich. 14.30 Uhr. Hunger.

Das Studium der bebilderten Plastikspeisekarte mit Essen, das aussah wie von chemischen Waffen verseucht, war mal wieder frustrierend. Strammer Max, Jäger-, Zigeuner- und Schnitzel Wiener Art, Würste und eine Pasta, die man in Italien keinem Hund geben würde. Und man gibt in Italien dem Hund fast alles. Also nur Kaffee? Gar nix essen? Auf zu Hause warten? Ein Burger King ist in die Raststätte integriert. Also Burger. Schmeckte grauenvoll, wusste man aber vorher. Würde spätestens in einer Stunde schlimm im Magen liegen. Sodbrennen. Wahrscheinlich. Egal. Runter damit, dann raus und rauchen bei Sturm und Regen, schließlich war Ende November. Da: ein Jahrmarktutensil! Ein hölzernes Toilettenhäuschen. Mitten auf dem wegen Wind, Wetter und Jahreszeit unbesetzten Freisitz der Raststätte Oed stand ein Toilettenhäusl mit Herzerl. Plötzlich ging die Tür auf, ein Holzschrat erschien, fuhr geisterbahngleich heraus und spuckte aus einem Rohr im hölzernen Mund literweise Wasser in das traurige Sitzensemble und in Richtung ein paar schlecht gelaunter Raucher. Doch das war längst nicht das Ende dieser spektakulären Parkplatzshow: Aus einem Lautsprecher verkündete der Schrat jetzt auch noch anzügliche Sachen. Auf Fränkisch. In Niederösterreich. Bei drei Grad Celsius und Regen. Vollautomatenkaffee in der einen, schnell gerauchte Kippe in der anderen Hand, Burger im Bauch, zunehmendes Sodbrennen und eine Staumeldung für die nächsten zwanzig Kilometer. Als Rastplatz-Entertainment kam die Performance bei unserer Dreier-Reisegruppe eher so lala an. Nach sechzig Shows ... und dem Burger.

Vor Kurzem bin ich schon wieder an Oed vorbeigekommen und dann auch rausgefahren. Es hat mir keine Ruhe gelassen, ich wollte unbedingt wissen, was dieser Holztyp da genau gesagt hat. Und so stand ich wieder rauchend und mit einem Kaffee bewaffnet mit meinem Schreibbuch da und habe versucht zu verstehen und aufzuzeichnen, was er aus den Lautsprechern absonderte. Hier kommt das Original:

Erst ertönt ein grausamer, alles vernichtender Pfurz, dann fliegt die Toilettentür mit Herz schlagartig auf, auf Fränkisch folgt dann dieser nahezu Jelinek-hafte Kurzmonolog:

»Ja, da zieht's einem ja die Arschbacken auseinander, aber dass deswegen gleich die Scheißhaustür auffliegt, so ein Mist!« Und dann spuckte er wieder drei Meter ins Parkplatzcaféverandanirwana.

Wer kommt auf so was? Warum? Bitte? Wieso gibt es das? Für wen? Wer zahlt Geld für so was? Wer stellt so was her? Was soll das? Ich verstehe es nicht und ich werde es auch nicht verstehen, selbst wenn es mir der Marketinggott erklären sollte. Für ein fränkisches Comedy-Scheißhaus auf österreichischem Boden mit Geisterbahncharakter gibt es keine Erklärung – und auch keine Entschuldigung.

Diese Raststätte heißt so, wie sie ist. Fahren Sie ruhig mal raus. Und bitte, bitte haben Sie den Mut, den ich nicht hatte: Spucken Sie zurück.

Übrigens: In der Raststätte auf dem Irschenberg ist in einer Glasvitrine (!) im McDonald's die Jacke ausgestellt, die Thomas Gottschalk in irgendeiner ›Wetten, dass..?‹-Sendung im Jahr 2009 getragen hat. Das ist auch oed. Und auch hier: Warum? Wer kommt auf so was? Was soll das? Ich verstehe es nicht.

Der optisch-kulinarische Albtraum wiederum hängt in Transparentform auf der Raststätte Bayerwald an der A3 zwischen Straubing und Schwarzach. »Bayerwaldschnitzel mit Pilzsoße, Pommes oder Bratkartoffeln 8,49 Euro«. Es hing dort schon in meiner Jugend mit demselben Preis in Mark, da sind wir nachts ab und an hin zwecks Heißhunger nach dem Baggerseebaden. Wind, Wetter und Sonne haben die Abbildung massiv verfärbt. Die Pilzsoße hat ein Gelbgrün wie Regenpfützen in Bitterfeld vor der Wende, die Bratkartoffeln sehen aus wie die Pyrenäen im Hochsommer vom Flieger aus betrachtet, das Schnitzel wie ein persischer Teppich nach einem Wohnungsbrand. Drunter steht: im Restaurant. Das muss man wirklich dazuschreiben, denn dass es so was in einem Restaurant geben könnte, darauf kommt man von selber wirklich nicht. Guten Appetit. Auf Wiedersehen.

Zu Hause brach ich nach der Tournee ins Familienkonstrukt ein. Wie so oft. Die Frau, die mich liebt, ging mit mir zum Update und zum Rauchen auf unsere Loggia. Auch hier war es kalt. Aber kein Franke aus Holz, der versuchte uns anzupissen. Wir rauchten und redeten. Sie ging vor mir wieder hinein ... und sperrte von innen zu. Mich aus. Aus Gewohnheit. Wochenlang saß sie jeden Abend alleine draußen zur Feierabendzigarette, da schloss sie aus purer Routine nach dem Reingehen zu. Sie hatte mich einfach vergessen. Ich klopfte. Wir lachten. Ich dachte mir: »Wenn dich deine Frau auf deinem eigenen Balkon aussperrt, dann warst du zu lange auf Tour!« Vielleicht wäre mal ein bisschen Zuhausesein gar nicht schlecht, obwohl ...

Kaffee, Kippen, Kopfhörer

This is the place I always wanted to be. Zwölf Betten rollen über die Straße. Die Band ist on the road. »Ringl on Fire« heißt die Show auch auf dieser Tour, die wir spielen. Zwölf Betten in einem schwarzen Nightliner, auf dem das Logo prangt: Blackstar. Yeah. So muss das sein. Schwarz. Mächtig. Cool. Mit verdunkelten Scheiben. Ich habe vorne das Bett in der Mitte, Chefbett. Ich liege, ja fläze, der Diesel gluckert ein paar Meter unter mir, aber genau in der beruhigenden Lautstärke, die es braucht, um pennen zu können. Die Spieluhr des Rock-'n'-Roll-Kindes ist der brummende Diesel. Wir fahren irgendeine Autobahn die Nacht hindurch von einer Show zur nächsten. Wenn ich nach der Party zum Einschlafen den Vorhang meiner Koje ein bisschen aufziehe, dann kann ich aus dem Fenster schauen, die Nacht fliegt vorbei, Schilder, LKWs, andere Busse, Baustellen, Wälder, Wiesen.

Ausgerechnet der Herr Tontechniker hat ganz entgegen seinen sonstigen Gewohnheiten die Lightshow im Bus auf die Farbe Rot eingestellt. Es ist zwischen vier und fünf Uhr morgens. Die Party ist am Laufen. Hinten im Fond eine Leder-Lounge mit DVD-Player. Kaffeemaschine. Kühlschränke. Also für Männer eigentlich eine perfekte Küche. Und die legendäre Aldi-Knusperbox – unser Catering für jede Nacht. Ein paar Semmeln, belegte Brote, kein Obst. Bier in ausreichender Menge. Wein, Gin, Tonic. Meine Lieblingskneipe. Am Steuer sitzt unser norddeutscher Busfahrer. Er fährt uns bereits die dritte Tournee. Ich will keinen anderen mehr. Er gehört zur Crew. Die erste Tour mit dieser bayerischen Kapelle hat ihn, glaube ich, noch befremdet. Aus mehreren Gründen. Sprachlich zum einen. Zum anderen fuhr er eigentlich nicht. Normalerweise transportiert so ein Ding ja irgendwelche internationalen Bands heute nach Istanbul, am nächsten Tag nach Sofia, dann nach Wien, nach Zürich und anschließend nach Hamburg. Zum Beispiel. Wir fuhren an Tag 1 von München Glockenbachviertel (wo er natürlich nicht stehen bleiben konnte und deshalb drei Kilometer entfernt am Schlachthof parkte, weshalb wir in Taxis das ganze Equipment hin und her shutteln mussten) ans nicht wirklich andere Stadtende zum Tollwood Festival, da blieben wir zwei Tage für einen Auftritt, und anschließend nach Niederbayern, dann nach Reichenhall. Und das war's dann auch schon wieder. Wieder zurück nach München halt noch. Das war die ganze Tour. Also der Bus wurde nur dreckig, aber eigentlich nie wirklich warm. Und der norddeutsche Busfahrer konnte ja nicht wissen, welchen Lebenstraum es zu erfüllen galt. Natürlich braucht man für solche Strecken und bei solchen Gagen keinen Nightliner. Schon klar. Aber wert war er es allemal. Und Abenteuer konnten selbst wir, wenngleich keine internationalen, auf dieser Tour sehr wohl bieten. Da muss man nicht mit einer Heavy-Metal-

Band in Istanbul in einer Einbahnstraße landen, das lässt sich durchaus auch im niederbayerischen Neurandsberg/Rattenberg bewerkstelligen. Das ist nicht mal ein klassisches Dorf, eine Gemarkung eher, mit einem Bierzelt leicht erhöht auf einer Wiese. Dort gab's auch den Starkstrom, den der Bus braucht, also musste er »auffi«. Das Setting ansonsten: klassisch niederbayerische Festivitäten-Traurigkeit. Also ein weißblaues Bierzelt, die Bühne mit einem Holzgitter umzäunt, eine Hendl-/Haxenbratstation, Bier aus einem 2500-Liter-Container. Ausgeschenkt in Maßkrügen selbstverständlich. Bierbänke, ebensolche Tische und draußen neben das Stromaggregat an den abschüssigen Wiesenrand eine Schießbude in die Gegend gestellt und einen Losstand vom Roten Kreuz oder den Maltesern oder den Johannitern oder der Feuerwehr. Daneben eine weitere Wiese mit Parkplätzen. Das war's. Als wir beim Ausladen die holzumgitterte Bühne sahen, hieß es vonseiten des bewundernswerten Kulturveranstalters dieser Gegend, der dafür sorgt, dass dieser Landstrich mehr Kultur bekommt als so manche Kleinstadt, dass jetzt gleich der TÜV vorbeischaut. Und erst mal alles abnehmen muss. Er zwinkerte. Soundcheck also erst danach. Okay. Kaum war der TÜV weg, wurden die Akkuschrauber rausgeholt und fort mit dem Latten-Boxring. Das ist auch Niederbayern ... Bei der Vorband (!) schon volle Hütte. Trotz Bierzelt war ein Konzert möglich und nicht nur Saufpublikumsbespaßung. Danach weihten wir den norddeutschen Busfahrer in die Mysterien des bayerischen Masstrinkens ein und er lernte schnell. Und ein Bayerwaldschnitzel mit Meerrettichpanade hat er auch gekriegt. Mit Ketchup und Bratkartoffeln. Na ja. Er ist halt aus der Nähe von Hannover. Da isst man das wohl so.

Tags drauf: Problem bei Fahrtantritt. Von der Wiese zurück auf die Straße ging's ganz schön grabenmäßig nach unten. Endlich eine Busfahrerherausforderung. Fenster und Vordertüre offen, schlich er Zentimeter für Zentimeter hangab. Von rechts kam eine Frau fortgeschrittenen mittleren Alters mit einem Hund auf dem Arm und fing sofort an zu »helfen«, sprich, sie brüllte in niederbayrischem Mezzosopran auf den Busfahrer ein: »Da musst dein Kastl hernehmen, des geht so net, glaub mir's. Des Kastl brauchst da. Ich weiß des, ich fahr ja auch Bus, an Schulbus, 's Kastl brauchst!«

Busfahrer: Kippe im Mund, schweigend, verrichtete weiter seine Millimeterarbeit, an der für ihn richtigen Stelle griff er zu seinem »Kastl«, das mit Luftdruck oder wie auch immer den Bus anhebt, dann ging es weiter Zentimeter für Zentimeter. Routine. Die örtliche Schulbusfahrerin brüllte ihm zur Seite stehend nach wie vor für ihn unverständliche Worte, es hätte auch Suaheli sein können, durchs offene Fenster. Als wir endlich unbeschadet wieder auf der Straße nach Mendocino rollten, fragte er uns: »Was hat die gesagt?« Wir erklärten ihm, was ein »Kastl« ist und dass er eh alles richtig gemacht hat und sie halt den Schulbus hier fährt und dass es hier so üblich ist, wenn man Busfahrer ist und den Kollegen nicht traut. So in etwa.

Auf der zweiten Nightliner-Tour sind wir dann allerdings schon gefahren. Sogar über Nacht. Was ja der eigentliche Auftrag eines Nightliners ist. Dass er in der Nacht fährt. Tagsüber stehen, Bus putzen, kleine Reparaturen und schlafen, während die Band arbeitet. So sieht der Tag eines Rock-'n'-Roll-Drivers aus. Und dann nach der Show: Fahren durch die Nacht bei wenig Verkehr. Den Bus habe ich von meinen letzten Soloshows bezahlt. Band an Bord: bezahlt. Backgroundsängerinnen: bezahlt. Crew: bezahlt. Fahrer: bezahlt. Ich verdiene dabei nix, es geht sich halt grad so aus. Scheißegal. Ich bin über vierzig, und es hat lange genug gedauert, bis das alles so war, wie ich es mir immer vorgestellt habe, und das kann mir keiner mehr nehmen. Hier und jetzt: Rock 'n' Roll dreams come true. Aus einem Nigtliner aussteigen, der vor der Halle oder dem Festivalgelände steht, zur Bühne gehen, die Show spielen vor ein paar Hundert oder auch mal tausend Leuten Autogramme geben, einladen, verschwitzt glücklich sein, Party im Bus und indoor rauchen, dann in ein, wie ich finde, gemütliches Bett fallen, kutschiert werden und am nächsten Tag in einer anderen Stadt wieder aufwachen.

Duschen, rumsandeln, noch mal ein Nickerchen, Soundcheck, essen, wieder zurück in den Bus, umziehen, in Ruhe vorbereiten und dann wieder: aus einem schwarzen Nightliner aussteigen, der vor der Halle oder dem Festivalgelände steht ... Pubertär? Kindisch? Rock-'n'-Roll-Romantik? Kann sein. Mich macht es glücklich. So hab ich mir das gedacht, als ich mit sechzehn in meinem Zimmer vor dem Spiegel stand und auf meiner Konzertgitarre das »Shine On You Crazy Diamond«-Solo geübt habe.

Es schnattern die Sängerinnen, es schnarcht ein Gitarrist, es lachen die Kumpels, der Tontechniker wird jetzt auch noch zum Schankkellner, es herrscht Ausgelassenheit in diesem U-Boot der Unterhaltungsindustrie. Und ein Busfahrer, der nie bremst. Der das Riesengefährt gleiten lässt und es so sanft zum Stehen bringt, dass du das nicht einmal merkst. Zu Hause hat er eine Frau und drei Töchter. Da geht man natürlich gern zwischendurch auf Tour. Früher hat er unter Tag in einem Kalibergwerk gearbeitet, dann Lungenriss, und jetzt ist er eigentlich wieder unter Tag, sein Bett liegt neben der Toilette direkt an der ersten Stufe des Einstiegs hinten. Klappe zu. Dahinter verbirgt sich wahrscheinlich ein Riesenreich mit Küche, Kneipe und Frauen. Zumindest eine lustige Vorstellung, in Wahrheit ist es ein Kabuff. Sein Motto sind die drei K. Nicht die altkonservativen – Kinder Kirche Küche (auf seine Frau bezogen, nein, gar nicht) –, nein, seine drei K lauten: Kaffee, Kippen, Kopfhörer. Das braucht er zum Cruisen. Aircondition auf 23 Grad Celsius. Und die Welt ist in Ordnung. Wahrlich. Got it, Baby!

Was das Coolste ist? So in der Außenwirkung?

Das Coolste ist, an den Autobahnraststätten am Busparkplatz zu halten, zwischen den ganzen Rentner-, Schüler- und Spießerreisebussen als wuchtiges schwarzes Zäpfchen. Aus den anderen Bussen steigen jeweils vierzig bis fünfzig von ihren engen Sitzen und der langen, unbequemen Fahrt gestresste Pauschalbusreisende aus und ergießen sich Richtung Sanifair-Toiletten, opfern 70 Cent, um den schlechten Brühkaffee wieder loszuwerden. Pfffffff ... da öffnen sich bei uns die Türen und zehn verstrahlte, verpennte Typen torkeln in Hoodies und Flipflops und Sonnenbrillen aus dem Fremdkörper auf dieser Autobahn, und alle, die das erleben, sind offensichtlich neidisch. Zumindest beeindruckt.

Man sieht es ihnen sofort an. Und egal ob sie dich kennen oder nicht, sie denken in jedem Fall, du bist ein Star. Ein Blackstar sozusagen. Stimmt schon auch. Man muss ja nicht erzählen, dass man einen Bierzeltgig in Niederbayern gespielt hat, wo man ohne »Kastl« nicht mehr weggekommen wäre.

Ach ja, falls jemand auf den Gedanken verfällt, dass das Unterwegssein auf diese Art in irgendeiner Form beanstandenswert sein könnte: Isses nicht. Gar nicht.

»Bau ma auf, bau ma ab, fahr ma wieder weiter. Wir sind älter worden, aber net viel gscheiter«, so geht der Refrain des Titelsongs der Show, mit der wir bald wieder in diesem schwarzen Gefährt von Stadt zu Stadt cruisen werden. Vielleicht nicht bis nach Paris, ziemlich sicher nicht nach New York, aber vielleicht wenigstens bis nach Alteiselfing. Und wenn dann da unten mehr Leute sind als auf der Bühne, dann bin ich glücklich. Wir sind alles in allem zu zehnt …

Dank

Meine Gefährten und Musikanten:

Silent Running (SR): Harry Graf, Mike Adam, Tom Rothammer, Thomas Merkt

Schinderhannes 1990 bis 1998: »Mister 30 Prozent« Rainer Hackl, Hansi H. Höhendinger, »Mischer« Martin Staudigl, Michael Holzinger, Markus Binöder, Adrian N. Humbs, Christian Boijko, Hannes Däschlein, Martin Zauner, Jochen Weinmüller, Roman Baldauf, Tom Turtle. »Tourmanager« Stephan Donaubauer

Schinderhannes 1998 bis 2004: »Chefgitarrist« Jochen Goricnik, der »schöne Keyboarder« Marco Köstler, »Zweifinger-Bassist« Markus Paul, »Fellmeister« Michael Thomas, »Professor« Edgar Feichtner, »Herr Tontechniker« Bernhard Frank, Franz »Travis« Gründl, »Monitormischer« Sven Ferchow, der »bierbrauende Mäzen« Georg Schneider

Ringl on Fire/Band: Richie Necker, Christoph Schultheiß, Manfred Müller, »Fellmeister« Michael Thomas, »Keyboard und Onlineshop« Christian Schmalz, »Professor« Edgar Feichtner, Peter Feichtner, Laurentius Retzer, Tom Peschel, Georg »the Reverend« Schiessl, Christian Tramitz, »Backgroundsängerinnen« Angela Oswald, Rosalie Fellner, Silvia Beyerle, »Tontechniker« Bernhard Frank, »Tourmanager, Backliner« Claus Biedermann, »Nightlinerfahrer« Torsten Fräßdorf

Zusätzliche Menschen in Sachen Begleitung, Freundschaft und Inspiration:

»Mister 20 Prozent« Wolfgang Friedrich, »Booker« Sebastian Knoch, die ganze »Mannschaft« der Konzertagentur Friedrich, Martin Hiendlmayer (Jimbob Events), Till Hofmann, Michaela Hohl, Julia Jahn, Peter Brugger, Susanne Brugger, Vereinsheim,

»Blickpunkt Spot«-Stammtisch, Lustspielhaus, Lach- und Schieß, Eulenspiegel Concerts, Agenturzentrale Gerlinde und Marlene, Andreas »Fu« Fuderer, Fritz Aumayr, Walter Landshuter, Luise Ramsauer, Michael Sailer, Sven Kemmler, Moses Wolff, Manfred Oskar Tauchen, Watzmann Ensemble, Adele Neuhauser, Harald Sicheritz, Danny Krausz, Matthias Matuschik, Markus Othmer, Carmen und Christian Schuh, Helmut und Gitta Zillner, Stoppok, Simon & Jan, Max von Milland, Raith Schwestern, Dornrosen, die »Blaskapelle« Kapelle Josef Menzl, der »Pfarrer« Hermann Eckl, »Nordseeinsel Mix Show« Vera Deckers, Mathias Jung, Herr Niels, Quatsch Comedy Club Renate Berger, Franz Schumacher, Rainald Grebe, Alexia Agathos, »Schmidt Theater-Kollegen« Woffgang Trepper, Emmi & Willnowsky, Kay Ray, Karl Dall, Katharina Festner (dtv Lektorat), Marie Kaufmann (dav Lektorat), Christian Tramitz, Helmfried v. Lüttichau, »Hubert & Staller«-Team, Thomas Becker, Condrobs Team (Eva Ehgartner, Frederik Kronthaler), Christian Faust (BR), Ulrike Bundschuh (BR), Stefan Gundel (BR), Annette Siebenbürger (BR), Wolfgang Aigner, Christa Niederreiter, Thomas Koppelt, Achim Bogdahn, Norbert Joa, Stefan Parrisius (alle Bayern2), Thomas Becker, Sissi und Thomas Tuchel, Sebastian Pufpaff, Maike Kühl, Günter Grünwald, Michael Mittermeier, Gudrun Mittermeier, Stephan Zinner, Martin »Teng« Naber, Joschi Wiegand, Jess Jochimsen, Dagmar Schönleber, Martina Schwarzmann, Jochen Malmsheimer, Georg Schramm, Willy Michl, Georg Ringsgwandl, Patrick Salmen, Mathias Egersdörfer, Bernd Regenauer, Matthias Tretter, Moop Mama, Gerd Baumann, Sebastian Horn, Mathias Kellner, Björn Puscha, Stefan Leonhardsberger, Paul Harather, David Schalko, Gerald v. Foris, Ingo Pertramer (Foto und Video), Wolfgang Ambros, Haindling, Peter und Bärli Enderlein, Georg Danzer, Rainhard Fendrich, Willi Resetarits, Birgit Denk und Herren, Gerda Juvan, Michael Krupp, Wolfram Campe, Alexander Urban, Gerhard und Kiki Hecht, Sugar Veranstaltungstechnik, Gehrke Veranstaltungstechnik, Micks Guitar Center Mick Krämer, TVA

Renate Pollinger, Johannes Muhr, Sound aktuell Regensburg, Nico (Stage Management), meine Eltern und Geschwister samt Anhänge und Nachkommen, Nil, Sarah, Lui, Conny. In Liebe.

Orte, Veranstalter und Besucher (Gute Reise – Voyage! Voyage!)

Passau (ca. 20), Deggendorf (4), Straubing (5), Feldkirchen, Rattiszell, Landshut (5), Pfarrkirchen (2), Bad Kötzting, Freyung (3), Niederhausen (3), Dingolfing (2), Vilshofen, Waldkirchen, Bayerisch Eisenstein, Viechtach, Roding, Reißing (2), Rattenberg/Neurandsberg (3), Riedlhütte (3), Traunstein (3), Trostberg, Dorfen (3), Traunreut, Siegsdorf, Bad Reichenhall (3), Burgkirchen, Burghausen, Ruhpolding, Laufen, Mühldorf (3), Unterwössen, A-Wals, A-Salzburg, A-Innsbruck, A-Wien (10), A-Linz, A-Neunkirchen, A-Spielfeld, A-Kitzbühel/St. Johann, A-Braunau (4), Waldkraiburg, Wasserburg, Kolbermoor (2), Rosenheim, Bad Tölz, Schliersee, Murnau, Tegernsee, Wolfratshausen (3), Neukeferloh, Kirchseeon, Isen, Oberhausen/Bay. (3), Dietramszell, Ottersberg (2), Haar, Wörthsee (4), Unterdietfurt, Ebersberg, Freising (3), Dachau (4), Rohrbach a.d. Ilm (3), Schrobenhausen, Pfaffenhofen, Donauwörth, Ingolstadt (3), Stammham, Reichertshofen, Painten, Kelheim, Abensberg (3), Mainburg, Regensburg (50 plus x), Neumarkt, Regenstauf, Burglengenfeld, Amberg (4), Schwandorf, Neunburg v. Wald, Nabburg, Bodenwöhr, Pfreimd, Weiden, Waldershof, Wunsiedel, Coburg, Lichtenfels, Hassfurt, Bayreuth, Nürnberg (10), Zirndorf, Dietenhofen, Erlangen (5), Fürth (6), Schweinfurt, Arnstein (3), Forchheim, Roth, Weißenburg, Marktheidenfeld, Ansbach, Würzburg (5), Aschaffenburg (4), Bad Mergentheim, Kulmbach, Burgebrach, Bad Staffelstein, Uehlfeld, Öhringen (2), Langenau, Frankfurt/M. (3), Mainz (4), Fulda, Hanau, Köln (4), Bonn, Krefeld, Moers, Oberhausen/NRW, Dortmund, Castrop-Rauxel, Duisburg, Aachen, Neuss, Mülheim-Kärlich, Winsen, Goslar, Hannover (3), Braunschweig, Hamburg (80 plus x),

Bremen, Kiel, Salzwedel, Bünde, Berlin (40), Potsdam, Leipzig, Erfurt, München (100 plus x), Grünwald, Erding, Augsburg (7), Landsberg, Kaufbeuren, Kempten, Memmingen (2), Ravensburg, Baienfurt (6), Singen, Markdorf, Aalen, Ludwigshafen, Freiburg (5), Baden-Baden, CH-Winterthur, CH-Zürich, CH-Biglen, Stuttgart (10), Tübingen, Karlsruhe, Reutlingen, Ulm, Neu-Ulm, Bad Dürrheim, Hüttlingen, Schwäbisch Gmünd, Tuttlingen ...